最佳零售银行缔造方法丛书

零售银行消费信贷管理

李国全　编著

企业管理出版社

图书在版编目（CIP）数据

零售银行消费信贷管理／李国全编著．—北京：企业管理出版社，2010.4

ISBN 978-7-80255-490-0

Ⅰ.①零… Ⅱ.①李… Ⅲ.①商业银行—消费信用—信贷管理 Ⅳ.①F830.33

中国版本图书馆 CIP 数据核字（2010）第 066602 号

书　　名：	零售银行消费信贷管理
作　　者：	李国全
责任编辑：	韩天放
书　　号：	ISBN 978-7-80255-490-0
出版发行：	企业管理出版社
地　　址：	北京市海淀区紫竹院南路17号　　邮编：100048
网　　址：	http://www.emph.cn
电　　话：	出版部 68414643　发行部 68467871　编辑部 68701292
电子信箱：	80147@sina.com　zbs@emph.cn
印　　刷：	北京智力达印刷有限公司
经　　销：	新华书店
规　　格：	170毫米×240毫米　16开本　18.75印张　200千字
版　　次：	2010年5月第1版　2010年5月第1次印刷
定　　价：	68.00元

版权所有　翻印必究·印装有误　负责调换

前　言

对所有开办零售业务的国内金融机构来说，消费信贷的重要性和发展前景是不容置疑的。但是，在竞争日趋激烈的市场中，谁才能真正赢得竞争优势呢？

带着这个问题，我们曾求教于国内银行同业，希望找到他们优势背后的根源。但结果却只看到了产品的雷同、管理的同质，其优势只是源于这些银行的规模、市场竞争的不充分以及宏观经济的高增长。我们也曾查阅国内已经出版的各种文献，希望找到满意的答案。不知是所阅文献有限，还是求之过于挑剔，总之，我们也未能如愿。

现代消费信贷产生于世界二战之后，在发达国家至今已经走过60余年的历程，在这方面已经积累了丰富的经验。难道这60余年的时间就不能给国内消费信贷经营者一些真正的启迪吗？

于是，我们开始了对国外消费信贷管理先进经验的思考和剖析。基于银行经营者的敏感性和专业性，我们没有去纠缠消费信贷管理领域繁琐的技术细节，而是始终关注于那些能够赢得竞争优势的本质特征，诸如：如何获得足够的优质客户，如何避控高风险客户，如何掌控信贷额度，如何促进向优质客户交叉销售，以及如何管理消费信贷盈利能力等等。历时数年，我们终有所悟。

研究别人的先进经验，初衷当然是为我们自己所服务的银行寻求竞争优势。当我们把一些来自发达市场的先进经验尝试应用后，确实使自己的单位在一个局部的市场赢得了明显的业绩优势。这使我们相信,对消费信贷管理领域的国际先进经验,我们没有看走眼!

鉴于国内这类图书的空白,应出版社的要求,我们将这几年来反复思考所提炼的发达国家消费信贷管理的先进经验进行了整理,编写成了这本《零售银行消费信贷管理》。这是我们作为切身参与消费信贷业务市场竞争的从业人员,到目前为止所认同的国内消费信贷管理赢得竞争优势的解决之道。

本书适合国内消费信贷管理领域专业人士阅读,也可供相关研究机构和高等院校的师生作为参考。

广东发展银行的高新莉、薛芳、许西莲、李洪伟等参加了本书的编写,在此一并致谢。

李国全

目 录

第1章 导论 ··· (1)
    消费信贷的产生基础 ·· (1)
    消费信贷的现行特征 ·· (3)
    消费信贷的发展趋势 ·· (4)
    消费信贷管理的基本原则 ·· (6)

第2章 产品规划 ·· (16)
    银行总体战略 ·· (19)
    背景分析 ·· (20)
    产品开发 ·· (21)
    产品测试与市场推广 ·· (40)
    小 结 ·· (44)

第3章 信用评分 ·· (45)
    信用评分概念 ·· (45)
    开发信用评分系统 ·· (50)

一般信用评分模型 …………………………………… (72)
　　小　结 ……………………………………………… (76)

第4章　客户获取 ……………………………………… (80)
　　寻找潜在客户 ……………………………………… (81)
　　客户筛选 …………………………………………… (86)
　　通知被拒客户 ……………………………………… (107)
　　分配信用额度 ……………………………………… (108)

第5章　客户组合管理 ………………………………… (111)
　　常规客服与客维 …………………………………… (111)
　　客户组合管理 ……………………………………… (114)

第6章　贷款回收战略 ………………………………… (135)
　　制定贷款回收战略 ………………………………… (138)
　　寻找战略突破口 …………………………………… (151)
　　小　结 ……………………………………………… (152)

第7章　贷款回收战术 ………………………………… (153)
　　贷款回收系统 ……………………………………… (156)
　　催款电话 …………………………………………… (158)
　　特殊的贷款回收战术 ……………………………… (162)
　　个人破产 …………………………………………… (166)
　　外部贷款回收机构 ………………………………… (171)
　　小　结 ……………………………………………… (174)

第8章　间接消费信贷 ………………………………… (176)
　　涉及经销商的间接消费信贷 ……………………… (177)

贷款审批决策 …………………………………………… (188)
　　违约贷款处理 …………………………………………… (191)
　　识别和防范经销商欺诈 ………………………………… (192)
　　管理信息系统 …………………………………………… (195)
　　汽车租赁融资 …………………………………………… (196)
　　涉及零售商的间接消费信贷 …………………………… (199)
　　专营卡业务的打包出售 ………………………………… (202)
　　一点经验教训 …………………………………………… (203)

第9章　住房抵押贷款 ………………………………… (205)
　　贷款的实际到期期限 …………………………………… (209)
　　产品规划 ………………………………………………… (211)
　　贷款审批流程 …………………………………………… (214)
　　信息的进一步验证 ……………………………………… (224)
　　房屋净值贷款/第二抵押贷款 ………………………… (227)
　　贷款回收流程 …………………………………………… (231)
　　违约贷款处理 …………………………………………… (232)

第10章　产品盈利能力分析 …………………………… (235)
　　消费信贷业务的盈利能力分析 ………………………… (236)
　　贷款的资金来源 ………………………………………… (246)
　　小　结 …………………………………………………… (248)

第11章　管理信息系统 ………………………………… (250)
　　小　结 …………………………………………………… (261)

第12章　组织与管理结构 ……………………………… (262)
　　管理结构 ………………………………………………… (263)

职权划分 …………………………………………………（268）
风险经理的职责 …………………………………………（271）
风险管理培训 ……………………………………………（274）

第13章 经济衰退与消费信贷管理 …………………………（278）
历史上的经济衰退 ………………………………………（279）
经济衰退期的消费信贷管理 ……………………………（286）
小　结 ……………………………………………………（291）

第 1 章

导 论

在竞争激烈的消费信贷市场中，业绩领先的金融机构是如何走向成功的？在长达 60 余年的现代消费信贷历程里，基业长青的零售银行又是怎样永续辉煌的？在看似简单的消费信贷业务背后，到底有哪些管理原则是至关重要的？

本章将基于发达国家和先进银行的经验总结，向读者首次公开这些关于消费信贷管理的基本原则。这些原则将是国内业界对消费信贷实现卓越管理的基石，是读者开启消费信贷管理这门学问的钥匙，也是我们这本著作的开篇内容和全书核心。不过，我们在讲述这些管理原则之前，有必要先简单介绍一下我国消费信贷的产生、现状和发展趋势。

消费信贷的产生基础

消费信贷是由金融机构向消费者提供资金，用以满足消费需求的一种信贷方式。消费信贷的贷款对象是个人，贷款用途是用于消费，目的是提高消费者即期消费水平，促使消费者合理安排终生消费。

消费信贷的产生和发展，有其自身的发展规律，并与经济发展水平密切相关。微观上，它是消费水平发展到一定阶段，消费者合理安排跨期消费水平的必然结果；宏观上，它是经济发展到一定时期，从卖方市场走向买方市场的必然产物。

按照消费发展规律，消费需求具有两个特征：一是层次性。随着收入水平的提高，消费需求逐渐由较低层次向较高层次发展，由简单需求向多样化需求发展；二是无限性。消费需求是无限的，其满足程度，受可支配收入影响。可支配收入又分为即期收入和持久性收入。即期收入决定了即期消费水平，持久性收入决定了消费者对未来消费水平的预期。

对消费者而言，既要满足其可支配收入的预算约束，又要实现日益增长的消费需求，一个可行的办法是实行借贷消费，即以个人的持久性收入为保障，通过借贷，增加即期消费能力，实现跨期消费。通过消费信贷，一是可以解决消费者在消费过程中金额大、期限长的资金需求，缓解可支配收入增长滞后于有效需求增长的矛盾；二是可以给消费者更多的消费选择。消费者可以选择用即期收入消费，也可以选择借贷消费，以减少即期收入预算约束，实现跨期消费，合理安排即期与远期消费水平。

在宏观上，消费信贷是卖方市场向买方市场转型的产物。在卖方市场下，总需求大于总供给，产品供不应求。这时，由于信贷资金短缺，而资源配置到投资领域效率较高，所以信贷资金主要流向投资领域，用于扩大生产，刺激总供给，而不是用于消费。随着经济的发展，宏观经济由卖方市场逐渐向买方市场转变，商品出现过剩，经济发展中的主要矛盾变为总需求不足（主要表现为消费需求不足）。这时，信贷资金在消费领域的配置效率显著提高。通过发展消费信贷，将资金部分转向消费领域，就可以合理安排资源在投资与消费两个领域的分布，提高资源配置的整体效率。

在西方国家，消费信贷是在二战以后发展起来的。二战以前，西方国家调控消费的主要手段是财政和收入政策。从 20 世纪 50 年代引入金融政策作为调控消费的重要手段开始，消费信贷就得到迅速发展。到了 90 年代，西方国家先后陷入经济衰退，有效需求不足，各国更是纷纷发展消费信贷，以刺激消费需求。

目前，在美国、西欧等国家，消费信贷在整个信贷额度中所占的比重越来越大，一般为 40%~60%。借债消费已经成为许多国家居民的一个重要消费选择。在法国，1/2 的家庭有债务，1/4 的家庭靠贷款买房子。

在我国，自改革开放以来，我国经济持续快速发展，居民收入和消费水平不断提高，消费成为经济稳定增长的重要力量，消费需求及消费层次呈多元化发展，客观上为消费信贷发展创造了条件。

消费信贷的现行特征

1. 消费信贷总量逐年增加，增长速度逐年放缓。

我国消费信贷业务发展迅速，1997年到2008年的年均增长率为61.16%，超过同期人民币贷款增速47.6个百分点。但受宏观经济政策和消费信贷基数不断增加的影响，增长率呈逐年走低趋势，最近五年的年均增长率为15.8%，个别年份的增长率甚至跌破10%，虽然在开办初期，消费信贷的成倍增长具有需求集中释放的不可持续性，但是近年消费信贷增速的持续下降在另一方面也揭示了消费信贷业务缺乏新的增长点。

2. 消费信贷总体深度较低。

从供给深度看，消费信贷余额占全部人民币贷款的比重提高很快，从1998年的0.2%提高到2008年的12.28%，但是与发达国家40%～60%的比重相比，差距仍然很大。从需求深度看，2008年底全国消费信贷占GDP的比重为12.4%，占居民消费的34.35%。

3. 住房贷款持续占据主导地位。

目前，我国消费信贷主要有住房、汽车、助学贷款、大件耐用消费品、个人信用卡透支和其他贷款等品种。自开办消费信贷以来，住房信贷一直居于主导地位，其比重基本在60%～75%之间。以个人房贷为主的个人消费贷款明显受制于房地产政策和市场变化。随着房地产市场的逐步成熟，以及2003年以来国家加强房地产宏观调控等因素影响，房地产信贷高速增长的势头难以长期持续。2008年金融机构个人房贷合计余额29831亿元，新增2808亿元，与2007年新增7147亿元相比可谓冰火两重天，相当于同比减少了60.7%。

4. 期限结构以中长期贷款为主。

受住房信贷占据主导地位影响，中长期消费信贷占个人贷款的比重一直在75%以上。以住房信贷为主的消费信贷结构，对银行来说，在通过抵押完善内控的同时也带来了资产负债期限结构匹配的问题。随着利率市场化过程的深入和经济周期的波动，也对银行的经营管理带来重大考验。

5. 地域和人群分布不均衡。

主要表现为由于居民收入水平以及消费能力存在较大差距，我国东西部地区的消费信贷情况分化明显。分地区看，东部地区个人消费贷款余额占全国个人消费贷款余额的 70% 以上，而中部、西部和东北地区的消费信贷市场规模相对较小，多数省份个人消费贷款在人民币贷款中的比重不到 10%。分人群看，数据显示，截至 2005 年底，有 6330 万人缴纳住房公积金，累计金额 6260 亿元人民币，但只有 45% 的住房公积金被用来发放住房贷款，而且只有 17% 的缴费者获得了公积金贷款。因此公积金贷款是低收入的成员对高收入家庭的补贴[①]。分家庭而言，消费信贷与居民家庭资产结构密切相关。对社会来说，住房信贷在推动安居乐业的同时，也带来了城乡不均、贫富不均的问题。

6. 信贷风险总体较低。

从资产质量看，个人消费贷款的不良率低于全部金融机构贷款不良比率，属于优质资产。分业务看，汽车和助学贷款风险管理压力较大，而住房信贷的整体风险还没有完全暴露。但是 2008 年 6 月以后，随着经济下滑态势进一步显露，失业压力增加，部分地区个人贷款逾期现象也有所增加。根据国外的经验，住房信贷风险暴露一般在 10～15 年。从 1998 年开始发展住房消费信贷至今，我国住房信贷发放已超过十年，防范住房信贷风险显得尤为重要。美国次级债券危机爆发，一个重要原因就是银行对不合格信贷者放松要求，随意发放抵押贷款。这为我们敲响了警钟。

7. 银行卡产业发展迅猛。

据中国银联统计，截至 2008 年底，我国银行卡发卡总量达 18 亿张，同比增长 22.45%。境内联网商户 118 万户，联网 POS 机具 185 万台，联网 ATM 机近 16 万台，同比增长 30.1%。在发卡量大幅度上升的同时，银行卡交易规模也相应增长。2008 年，我国银行卡消费额约占同期社会商品零售总额比重的 30%，比 2007 年提高近 8 个百分点。

消费信贷的发展趋势

考虑到以下几个方面的原因，预计在未来相当长的一段时间内，中国的

---

① 世行报告显示公积金贷款主要使高收入家庭受益 http://finance.sina.com.cn 2006 年 11 月 15 日 中国青年报。

消费信贷市场还将继续呈加速发展态势。

首先，国民收入将继续保持较快增长。按照国际经验，人均GDP在1000～3000美元之间是消费信贷发展最快的时期。随着消费结构的升级，以住房和汽车为主导的消费信贷业务将进入快速增长期。从现在到2020年左右，中国正好处于这个时期。国际经验显示，中国消费信贷市场的潜在规模在十几万亿元人民币，目前开发的还不及5%，中国消费信贷还有巨大的发展空间。

第二，中国人口总量还在继续增长。由于消费观念的转变，对消费融资的需求将不断增加。根据预测，中国人口将在2040年达到高峰，总数达到16亿（国家计划生育委员会课题组，2000），新增的消费群体缺少储蓄实力但有巨大的潜在需求。按照生命周期理论，人在年轻时收入低但支出大，要打破融资约束就必须依靠消费信贷。随着消费观念的转变，新的消费群体的潜在消费需求正迅速转化为对消费信贷的需求。

第三，直接融资比重的上升，迫使银行重视对个人业务的开发。随着资本市场的发展，优质企业正以发行债券、股票等融资方式取代贷款，银行如果想保持长期、持续发展，必须加大对个人客户市场的开发。根据摩根大通的资料，国内股债融资比例已由2004年的4%增至2006年的9%，而银行贷款相应由93%急降至84%。

第四，国际经验表明，消费信贷的市场规模通常也会随着经济的增长而增长。以美国为例，美国消费信贷（含住房按揭）起步早，消费信贷的增长随着经济周期而呈现巨大波动，但总体发展迅速。美国消费信贷余额（包括美联储发布的美国资金账户流动上的消费信贷与住房按揭贷款）占GDP的比重1971年为59.4%，2001年底上升至103.6%。因此综合起来看，随着中国经济的持续增长，中国的消费信贷市场将进入一个比较长期的快速增长阶段。

第五，消费信贷市场竞争不断加剧，由若干家银行控制消费信贷市场的局面将一去不复返。市场中将不断有新的竞争者踊入。如2010年1月，银监会正式批复了三家银行筹建消费金融公司的申请。中国银行、北京银行、成都银行将分别在上海、北京、成都筹建消费金融公司，办理个人耐用消费品贷款和一般用途个人消费贷款。此外，一些跨国银行也会加大在中国消费信贷市场的扩张。

随着消费信贷市场的发展，与之相关的法律法规体系、信贷监测体系以及社会信用体系都将得到不断的强化和完善。

消费信贷管理的基本原则

对消费信贷管理基本原则的归纳与总结，必须依靠发达国家消费信贷业务所取得的经验。发达国家银行开办消费信贷历史悠久，基本上已形成了一套较为成熟的消费信贷业务运行管理模式，消费贷款发放范围广泛，已经渗透到了各个社会阶层和区域，而且消费贷款的种类丰富，已经涵盖了绝大多数商品。基于我们研究团队的课题成果，我们认为，完善的消费信贷管理必须遵循以下五大基本原则：

1. 必须合理平衡风险与回报。最大化利润要优于最小化风险。
2. 必须周密做好事先规划。在获得和管理客户两个环节进行完善的事前规划，能有效防范绝大多数的事后问题，如催收贷款和核销呆坏账。
3. 必须科学运用概率管理。运用科学的统计概率管理工具，可以有效地提前预测风险。
4. 必须建立健全管理信息系统。在建立健全管理信息系统的基础上，有效利用和持续分析管理信息。
5. 必须明确界定风险管理职责。风险管理有多种途径可供选择，但最关键的是要明确界定风险管理的职能。

这五大基本原则是贯穿本书的核心。

平衡风险与回报

任何业务的最终目标都是为了获得利润，从而满足管理层的要求并给股东提供合理的回报。同样，消费信贷业务的终极目标并不是最小化呆坏账水平，而是尽最大努力平衡风险（损失额或呆坏账核销额）和回报（最优利润）。这可以理解为，在未参考产品利润或损失数据的情况下，单纯谈论呆坏账核销水平毫无意义。此外，不同产品的风险/回报特征有很大差异。以美国为例（次贷危机发生前），信用卡的呆坏账核销率高达5.5%~6.5%，而住房抵押贷款的呆坏账核销率只有0.2%~0.4%（20~40个基点）；与之相平衡，信用卡的资产回报率也显著高于住房抵押贷款。

示例1.1给出了美国市场中不同消费信贷产品的损失率数据，这些数据基于次贷危机发生前的历史业绩给出。事实上，各种产品的损失率会随时间变化，并且在不同的国家，同种产品的损失率也会有所不同。当然，损失只是消费信贷管理中要考虑的一个方面，如前所述，撇开产品的利润率单纯考虑呆坏账核销水平毫无意义。根据产品价格、成本结构及核销成本的不同，各个产品的盈利能力要求也有所不同。示例1.2在框形图中绘制了各种消费信贷产品的风险/回报特征。

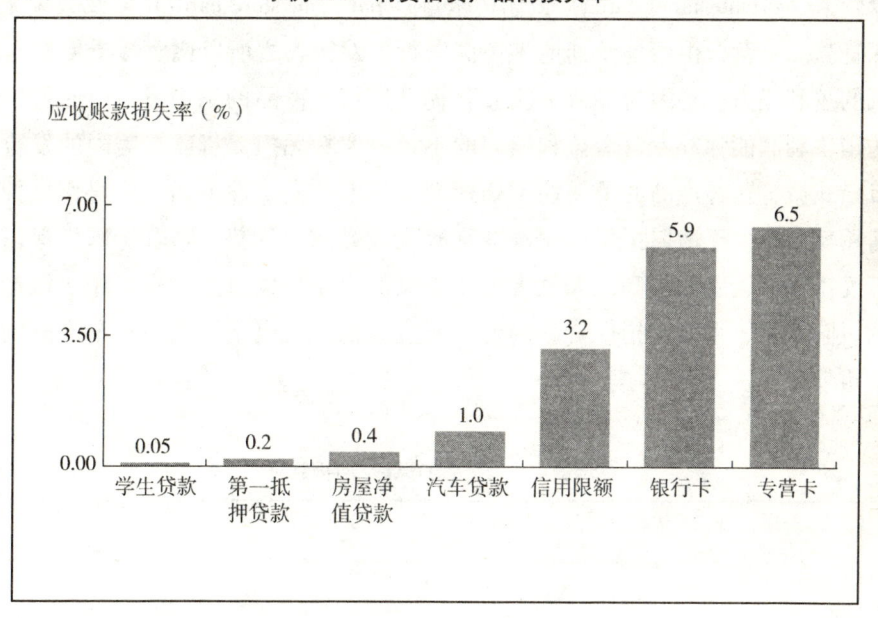

示例1.1　消费信贷产品的损失率

产品	应收账款损失率（%）
学生贷款	0.05
第一抵押贷款	0.2
房屋净值贷款	0.4
汽车贷款	1.0
信用限额	3.2
银行卡	5.9
专营卡	6.5

理论上讲，可以沿着示例1.2框形图的左下方至右上方画一条直线，大部分消费信贷产品都位于这条直线的附近。对银行来讲，是否应推出或保留某个消费信贷产品的关键决定因素是，该产品能否带来足够的利润。也就是说，该产品所带来的收入与该产品的成本（尤其是核销成本）之间是否有足够大的利差，从而使得承担该产品的风险对银行而言有利可图。有时（当然并不总是这样），消费信贷产品的回报足够大，能完全弥补与该产品相关的风险；例如，在框形图的左下方，即低风险/低回报区域，分布在前述理论直线两侧的信用卡、抵押贷款和其他主要消费信贷产品均具有可以接受的风险/回报特征。再比如，在框形图的右上方，即高风险/高回报区域，次级贷款或C&D贷款也具有可以接受的风险/回报特征。有些高风险的消费信贷产品的盈

利能力并不强，比如框形图左上方的一些产品。还有一些产品的盈利能力太差，风险又太高，以至于在框形图中无法为这些产品找到合适的位置，这里干脆省去了这些产品。落在框形图右下方即低风险/高回报区域的只有唯一一件产品，即借记卡。借记卡具有相对较高的交换费（Interchange fees）收入，由于其根本不提供任何信用，因此风险很小。这些产品的风险/回报特征能否像示例1.2中所描述的那样保持不变，也许只有时间才能够回答。

示例1.2框形图的左上方即高风险/低回报区域给出了两种问题产品，即专营卡（Private label cards）或店内卡（Department store cards）以及大额无担保贷款。专营卡由商场及其他零售商发行。发行人之所以愿意接受专营卡较低的盈利能力，是因为专营卡能显著提升发行人商品的销售量，由此所带来的销售利润能弥补专营卡盈利能力的不足。大额无担保贷款在美国的发行量日渐式微，这种产品的灵活性不如标准信用卡，安全性不如以住房作抵押的信用额度。由于房屋担保信用额度具有税收方面的优势，随着房屋担保信用额度市场渗透度的提高，大额无担保贷款的市场份额日益丧失。相比该产品的风险水平，大额无担保贷款的定价明显偏低，这也是该产品日渐没落的一个重要原因。

示例1.2　产品的风险/回报特征

	高风险	
低利润	·大额无担保贷款 ·专营卡 ·商业贷款 ·汽车贷款 ·房屋净值 （循环贷款） ·银行卡 （支付便利）	·旅行和娱乐信用卡　·C&D贷款 ·标准银行卡 ·金卡 ·优质卡 ·房屋净值贷款 （分期偿还） ·第一抵押贷款　·借记卡| 高利润
	低风险	

本书将探讨各种消费信贷分析技巧，以帮助零售银行合理地管理其贷款

组合。在此基础上，银行就能判断自己是否有能力接受风险更高的贷款产品（即从这些产品中所获得的回报能否足以抵销产品的高风险），或者是否只能满足于传统的低风险贷款产品。

很多银行都是风险厌恶型的贷款人。银行中负责消费信贷审批的相关人员经常被告诫，贷款审批以保守为宜。传达给贷款审批人的信息就是，向少数信用不佳的客户发放贷款无异于给银行的经营埋上了定时炸弹。如果银行的目标是最小化坏账核销额，而不顾虑这一目标对银行业务量和盈利能力的影响，管理层就不会花费太多精力考察业务量和盈利能力方面的负面结果，毕竟，对业务量的负面影响短期内很难量化（尽管长期内负面影响会日渐显著），而核销额方面的正面结果在短时间内即一目了然。

在某些情况下，临时采用风险厌恶政策比较可取，比如在银行面临严重的资本不足问题时。这种资本不足问题可能源于呆坏账，如贷款损失、交易损失或某一地理区域或某种产品的不良业绩。在即将面临监管检查时，为改善资本不足问题，银行管理者可能会采用最小化核销额和费用的政策，或采取任何必要的措施，直至银行的运营步入正轨。

做好事前规划

完善的事前规划是成功的消费信贷管理不可缺少的一环。规划开始于明确利润来源和获利方式，好的规划还必须确定实现利润目标的详细步骤，以及规避潜在损失的具体举措。在信用卡业务刚刚兴起并蓬勃发展之际，一些银行的高级管理层为迅速开展信用卡业务，在未作全面的事前规划的情况下，敦促属下立即着手信用卡业务的部署和实施，这种仓促上马的做法会造成严重的后果。规划可以十分简单，比如只需明确贷款回收人员是否有能力在一个月之内处理上千个电话；规划也可以十分复杂，比如需要在银行中建立控制和测试单元，以全面了解即将发起的面向新的目标市场的大批量邮寄征购的潜在结果。操作系统失败（包括过时的信用评分系统、计算机处理能力不足以及未受过培训的员工或员工数量不足等问题）会给正处于扩张期的消费信贷业务带来致命的打击，特别是当运营经理甚至都不能获得准确的数据以明确问题出在哪时，情况会更为严重。很多银行都没有完善的损失规避计划，然而该计划对消费信贷业务的成功运行至关重要。下一章将讲解事前规划流程的具体步骤。

运用概率管理

消费信贷业务的一个显著特点是，每笔贷款的额度相对较小，但贷款的笔数很大。这种特点使得消费信贷业务具有统计意义上的风险分散性，也就是说，利用多种数学工具和计算机软件，贷款人能以一定的置信水平从统计意义上预测消费者的行为。在消费信贷业务中，表示概率管理的一般术语为"信用评分"。如果贷款人能获得足够多的关于客户和潜在客户的信息，他们就能给客户打分，并计算客户发生特定信用事件的可能性。由此就能很好地控制客户的信用风险，并能完善消费信贷业务的风险管理。

消费信贷业务与博彩业和保险业具有惊人的相似之处，三者都通过统计手段来控制风险。尽管博彩业总是大张旗鼓地宣扬个人高中头彩（比如报纸上不乏这样的醒目标题："一工人高中 3 500 万元头彩"），但这个行业的规则永远是"赌徒必输"。概率结果永远有利于博彩公司，而不是参与赌博的个人。正是因为如此，大西洋赌城、蒙特卡罗及拉斯维加斯才能从当初名不见经传的小村庄发展成为如今举世闻名的休闲城市。博彩公司永远赚大头，因为每场赌博的输赢概率都经过了仔细计算，博彩公司稳操胜券的概率会更大一些。

类似地，保险公司的经营也以自然灾难的发生概率为基础，比如飓风、1 000 万元的人寿保险支付以及地震等小概率事件，当然概率计算的结果永远都会更有利于保险公司。以人寿保险为例，一个 30 岁的人活到 31 岁的概率几乎等于 100%，但 95 岁的人活到 96 岁的概率就要小得多。

在消费信贷业务中，信用评分适用同样的概率法则。世界上还没有哪个系统能准确地预测某个个体是否会违约，信用评分系统只能给出该个体违约的概率。类似地，在博彩业中，某个赌徒在某一天的输赢也是一个概率问题。

统计技术的应用使得银行能在一定置信水平下预测大量账户（即消费信贷组合）的未来业绩，这是消费信贷业务最令人兴奋的地方，同时也给消费信贷管理带来了一定的挑战。仅仅知道有哪些统计工具可用还远远不够，必须对这些工具加以科学管理和合理应用。最重要的是，银行必须拥有一套合适的管理信息系统，才能准确解读业务信息并根据这些信息采取行动。

关于信用评分的系统开发与一般模型，将在第 3 章中详解。

开发和利用管理信息系统

消费信贷业务的管理取决于银行设计、开发和解读管理信息的能力。这里的"管理信息"是指为全面了解消费信贷业务所需的运营数据以及收入和费用数据。管理信息既包括有关未来将会发生什么的预测信息,也包括当下正在发生什么的实时报告。如果消费信贷组合得到了很好的管理,那么通过考察相关管理信息,银行往往能很快揭示出业务运营是否存在问题以及问题出在哪。通过管理信息系统(MIS),银行能及时发现贷款质量的任何变化,比如某业务区域高风险的 D 级贷款的实际比例为 27%,而预算比例仅为 8%。对于管理不善的消费信贷组合而言,比如在相关管理信息系统缺位的情况下,对最基本的问题都很难找到答案,例如没有人知道为什么实际单位成本与预算单位成本间的差距会这么大(比如实际单位成本为 156 美元,而预算单位成本仅为 75 美元)。没有健全的管理信息系统,银行管理层甚至都不知道到底应查看哪些信息,直到会计人员告诉他们"上月的费用的确过高",但这时往往已错过了最佳的管理干预时机。

面对数目繁多的消费信贷业务,管理信息系统的设计只是问题的一部分,并且不是最棘手的部分。最艰巨的挑战也许在于获得运营部门对管理信息系统开发的支持与配合。在业务扩张和实施管理信息系统之前,银行管理层必须明确这些问题,以确保管理信息系统能得到整个银行的接受并能顺利运行。

还有一个问题是,职能经理向高级管理层提交的信息往往过于琐碎。例如,信用评分经理所提交的消费信贷组合业绩报告可能会按评分区间(620、625 及 650 等)、月份、业务达成日期、产品以及子产品等范畴来分析消费信贷组合的业绩。尽管这些范畴可能是十分重要的指标,它们能揭示信用评分系统的效用,银行也的确应授权某个个体负责分析这些指标,但这种分析太过琐碎,以至于它们已失去了管理信息的要义,充其量只能称之为"数据"。用图形展示管理信息十分有用,与单纯的数据相比,图形的好处是,业务趋势和业务结构一目了然。例如,管理人员只需瞥一眼示例 1.3 中的图形,就能大致了解信用评分系统的效用如何。

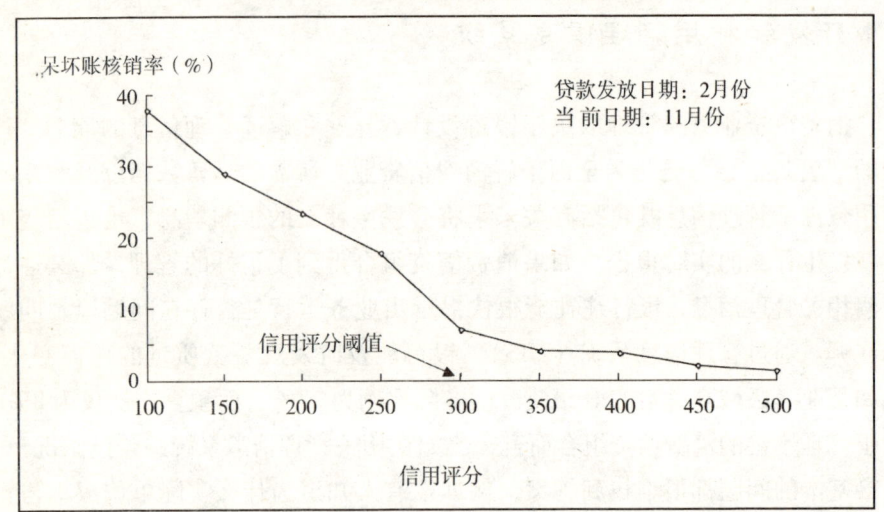

示例1.3　不同评分区间的呆坏账核销率

呆坏账核销率（%）

贷款发放日期：2月份
当前日期：11月份

信用评分阈值

信用评分

在示例1.3中，信用评分较低的高风险客户的确有较高的违约率。随着信用评分的提高，呆坏账核销率稳步下降。示例1.3中所给出的图形与我们的预期一致，即随着信用质量的改善，贷款的安全性越来越高。假设实际的图形并不像示例1.3中所给出的那样是一条向下倾斜的曲线，而是（比如说）在信用评分较高的地方曲线明显反转，这种形状的曲线传递给管理人员的首要信息是：一定要好好研究一下导致这种曲线形状的原因，即为何信用评分较高的客户其违约率反而较大？这是否表明银行的信用评分系统有问题？完善的管理信息系统能有效地组织信息，包括将消费信贷业务的实际发展趋势与先前的预测进行对比，以便管理层能了解业务现状并采取切实的应对措施。管理信息系统的存在使得银行管理层不用为收集数据以及为从浩如烟海的数据中搜寻有用信息而大伤脑筋。对银行来讲，如果只见数据的"树木"而不见"森林"，这样的管理信息系统一定存在问题。

开发和利用管理信息系统的诀窍在于，银行应仅依赖于少数真正重要的信息的关键报告，与此同时，这些信息又有足够的细节数据提供支持，从而允许银行进一步调查和确认业务运营中所存在的根本问题。对管理信息系统而言，有时简单比复杂好。具体到消费信贷业务，没有完善的管理信息系统，成功开展消费信贷业务将不可想象（本书中的很多实例都验证了这一点）。我们将在第11章中详细探讨管理信息系统。

界定风险管理职能

银行应明确界定消费信贷业务的风险管理职能。这种界定有各种途径可供选择，两种极端的情形是：（1）所有人都需承担风险管理职能；（2）任命一个专门的风险经理，风险经理负责考察和平衡消费信贷业务领域不同个体的目标体系的差异，比如有些个体以最大化业务量为目标，另一些个体以最小化成本为目标，还有一些个体具有其他的业务目标，这些目标相互之间可能具有内在冲突，如果不加以协调，很可能会损害整个消费信贷业务的利益。由于单个个体的目标一般仅局限于个体自身的利益考虑，为使个体在自身局部利益最大化的同时能兼顾到整个消费信贷业务的总体利益，有必要从全局出发，对不同个体的目标作总体协调。

上述两种职能组织方式都具有现实可行性，其中第一种组织方式（即所有人都需承担风险管理职能）要求消费信贷业务领域的相关人员都具备风险管理专业知识和经验，并在实现完善的消费信贷风险管理方面具有共同的意愿。第二种组织方式（任命专门的风险经理）在业务量较大的银行中更为常见。理想状态是，各个风险管理专家能利用完备、简练的管理信息系统，开诚布公地探讨其对消费信贷风险管理的不同意见，以使各种观点能取长补短，最终达成消费信贷业务的风险管理目标。

关键是要记住，不存在适合于所有银行的消费信贷风险管理模式。无论银行选择哪种风险管理方式，如果不能协调各个风险管理专家对风险/回报特征的认识，银行的消费信贷风险管理势必会变得一团糟。

消费信贷管理的上述五个基本原则是理解和控制信用循环的基础。下面将简要地探讨一下本书在描述和定义消费信贷业务时所用到的理论模型。

示例 1.4 展示了信用循环管理中所涉及到的五个步骤，这五个步骤环环相扣，形成了一个相互关联的整体。如示例 1.4 所示，这五个步骤是：规划消费信贷产品，获得客户，维持客户，回收到期贷款，以及核销部分呆坏账。模型的核心是信用循环管理，上述五个步骤都围绕这一核心目标进行。健全、完善的管理信息系统是实现信用循环管理目标的关键所在。随后各章将详细探讨这五个步骤，每一步的结果都是下一步的开始。例如，只有了解了拖欠贷款和发生贷款违约的客户的数目和类型，银行才可能规划新的消费信贷产品或对现有产品作出修正。类似地,在增大信用限额后或在改变获得客户政策后,消费信贷客户的业绩信息是事前规划流程的重要参考因素。

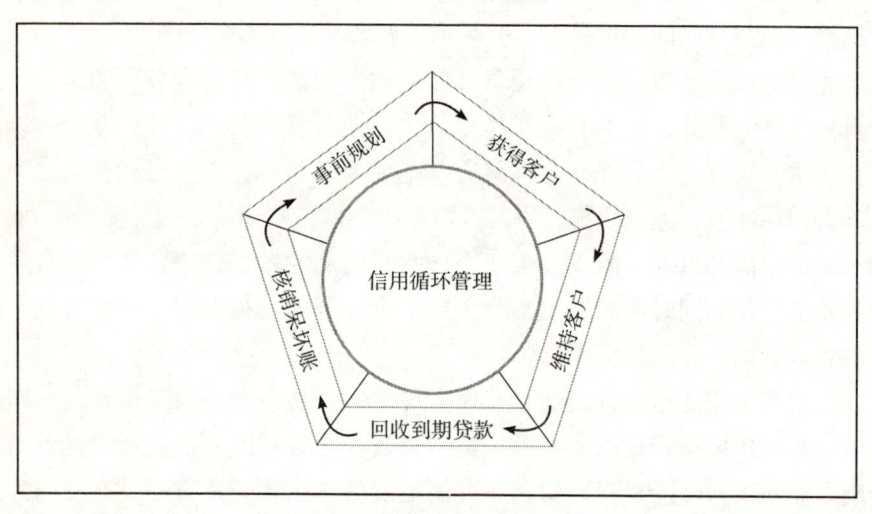

示例 1.4 信用循环模型

```
        事前规划    获得客户

    核销呆坏账   信用循环管理   维持客户

           回收到期贷款
```

本书总结了美国最前沿的消费信贷管理知识,涵盖了消费信贷管理人应了解的所有管理要点,比如如何获得足够的优质客户,如何规避或控制高风险客户,如何控制客户的信贷额度,如何鼓励优质客户更多地使用银行的消费信贷产品,如何前瞻性地管理消费信贷业务的盈利能力,等等。对于那些想高效、批量地运作消费信贷业务的银行来讲,上述管理领域必须兼顾,忽视任何一项都会对消费信贷业务的操作造成不良影响。

本书立足于消费信贷业务的本质特征,避免对该业务作过于复杂化和过于技术化的阐述。有位银行家曾说:"消费信贷业务再简单不过:银行以较低的利率借款,以较高的利率发放贷款,中间的利差就是银行的利润。"这种定义未免过于简单,但它的确从一定程度上揭示了消费信贷业务的本质。一些银行太过关注消费信贷业务的技术细节,以致忽视了该业务所赖以建立的基本原则。

消费信贷管理中最糟糕的事情莫过于,银行管理层将消费信贷决策完全交予纯技术人员解决。事实上,消费信贷管理不仅需要用到技术层面的信息,而且更为关键的是,银行管理人员应有能力超越技术层面的信息,从中揭示出更为基本和更为本质的事实,并依据这些事实制定合理的业务决策。管理人员必须具备足够的背景知识，以迅速抓住问题本质，提出一针见血的质疑；管理人员必须确保自己不会被那些夸夸其谈的所谓"专家"糊弄，这些专家往往只看到了问题的一面，缺乏全局观念和必要的背景知识，因此不能基于合理的判断以制定恰当的决策。本书能给银行管理人员提供全面的指导，使他们至少能提出正确的问题（提出正确的问题等于解决了大半问题），并能探索出一条适合自己银行的独特消费信贷管理模式。

第 2 章

产品规划

完善的产品规划是消费信贷管理的关键,消费信贷产品的规划涉及多个层面的工作,比如开展市场调研,以明确应提供哪些产品;了解如何获得优质客户以及如何筛选高风险客户;管理整个信用循环,同时给银行提供合理的回报;等等。本章将探讨消费信贷产品规划中所涉及的各个步骤,以帮助银行成功地实施产品规划工作。

消费信贷产品规划工作包括:

- 引入新产品。
- 评估和修正现有的产品。
- 必要时淘汰掉已过时的产品。

现实中,银行很少设立正式的消费信贷产品规划职能,该规划工作一般由一个来自银行各个领域的代表组成的委员会负责实施(有时是临时委员会),包括市场营销、业务运营、分支机构管理、财务以及风险管理等领域的代表,各个委员会成员按高级管理层的指示,通力合作、共同规划消费信贷产品。这种做法要求银行具备强有力的领导,同时参与各方之间应抱持合作态度,避免内讧。

由于规划失误或规划不足,消费信贷产品可能表现不佳甚至完全失败。规划失误一般发生在这样的情况下,即银行决定迅速扩张某个现有产品或进入一个全新的、自己从未尝试过的业务领域,管理层对扩张现有业务或开辟全新业务的可能影响的认识很有限。消费信贷行业的发展日新月异,旧有的规则很快就会失效,如果银行中没人有能力或具备相关的知识以应对业务环境的重大变化,由此所造成的后果将是灾难性的。20 世纪 90 年代中后期所发生的一些事件对消费信贷业务影响巨大,包括个人破产率的上升,贷款损失率达到新高(尽管个人破产率和贷款损失率在 1999 年均有所回落),网上银行用户的增长，以及面向高风险客户的贷款（次级贷款市场）。此外，激烈的竞争导致信用卡余额代偿机制（Balance – transfer）的出现以及较低的导入利率（Introductory rates），这提高了信用卡的风险同时降低了信用卡的盈利能力。在这种市场氛围下，一些贷款人取得了成功，另一些贷款人经营举步维艰。

尽管规划失误通常发生在新产品引入之时或现有产品大幅扩张之时，但产品条款和条件的细微变化也可能会导致产品规划的失败，比如当更多的贷款是二手汽车贷款而不是新汽车贷款时、降低首付款要求时、降低有担保产品的文件要求时、温和调高信用限额时，等等。如果银行在未作合理的规划和测试/评估以对产品的真实风险有透彻了解前，就贸然进入某个未知的业务领域，结果无疑是失败。

单线发卡公司

规划失败的例子有很多，失败的原因多种多样。这里具体考察一下一家在20世纪90年代中期急速扩张其信用卡业务的单线发卡公司。华尔街认为这家公司管理完善，受华尔街正面评价的鼓舞，该公司的股票价格一路上扬。

示例2.1a展示了该公司信用卡业务的快速扩张。在1994～1996年期间，信用卡应收账款每年的增幅超过60%；得益于公司目标明确的大批量邮寄征购，具有竞争力的余额代偿机制以及出色的信用卡产品（优质卡），公司在信用卡业务领域与同行相比获得了明显的竞争优势。华尔街对该公司的好评如潮，公司股价一路飙升，该利好局面一直持续至1997年初。金融分析师、证券经纪机构的专家一致预测该公司的盈余会继续增长，他们预计该公司在1997年的每股盈余将达到4.85美元，与1996年相比增幅达27%（参见示例2.1b），尽管后来的事实表明，这一切并未成为现实。

1997年第1季度厄运来临。公司宣布该季度将核销一笔信用卡损失，并且公司季度报表上将出现大额损失。一夜之间公司股价被腰斩（参见示例2.2b），因为金融分析师大幅下调了对该公司的盈余预期。

那么，到底发生了什么呢？具体细节也许永远无法为外人所知。事后看来，在最初的急剧扩张之后，信用卡核销率势必会在一段时间内持续上升。此外，随着公司扩张速度的放缓，新的信用卡邮寄征购数量明显下滑，信用卡应收账款不升反降。如示例2.2a所示，信用卡核销率从前两年的3%～4%上升到1997年的7.8%。

示例 2.1a 信用卡应收账款

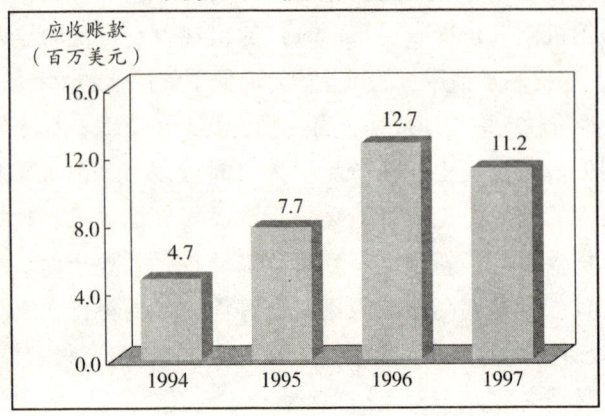

应收账款（百万美元）
- 1994: 4.7
- 1995: 7.7
- 1996: 12.7
- 1997: 11.2

示例 2.1b 每股盈余

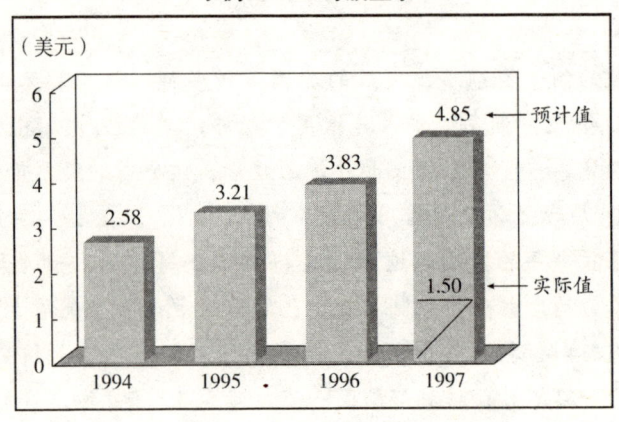

（美元）
- 1994: 2.58
- 1995: 3.21
- 1996: 3.83
- 1997: 4.85 ← 预计值；1.50 ← 实际值

示例 2.2a 呆坏账核销率

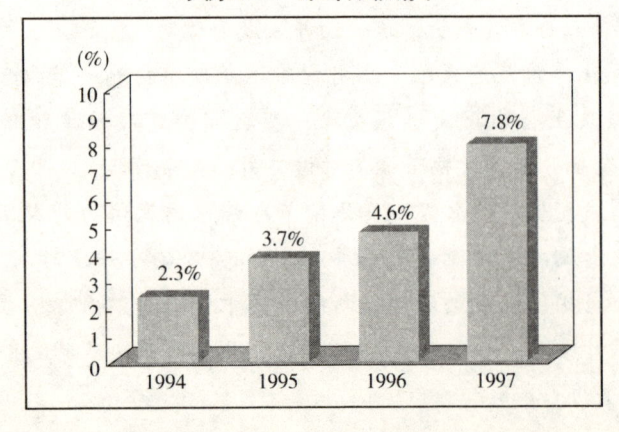

（%）
- 1994: 2.3%
- 1995: 3.7%
- 1996: 4.6%
- 1997: 7.8%

第 2 章 产品规划

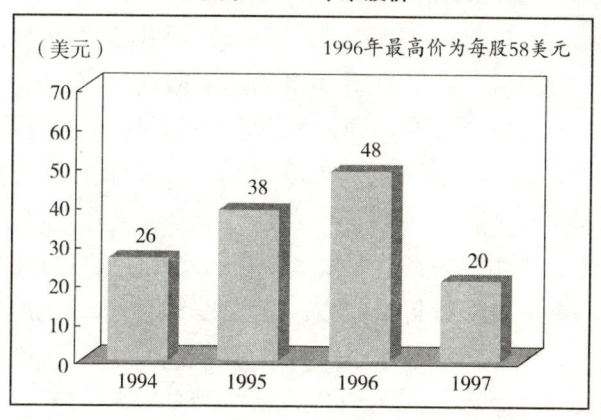

示例 2.2b 年末股价

（美元）　　　　　　1996年最高价为每股58美元

年份	股价（美元）
1994	26
1995	38
1996	48
1997	20

从该公司信用卡业务的失败中所吸取的主要教训就是，快速增长的背后潜伏着危机。新的信用卡用户需要花一些时间才能建立起信用卡余额，然后有些用户会违约，最后会核销信用卡呆坏账，新增的信用卡应收账款在某种程度上掩盖了真实的核销率（第 6 章 "贷款回收战略"中会更为详细地探讨这个问题）。实际上可以根据贷款达成日期单独追踪各个消费信贷组合，这样管理者就可以尽早明确时间上较为靠后的消费信贷组合的业绩表现是否明显不如较为靠前的消费信贷组合。该公司的悲剧表明，公司管理层并未遵循基本的管理常识，即应在第一时间了解公司业务运营的不良势头。在这场悲剧中，公司管理层和股东都付出了惨重的代价，公司股价的急剧下挫给管理人员和股东造成了巨额损失。

银行总体战略

好的规划开始于对银行基本战略的了解，以及明确银行董事会和高级管理层对总体业务规划的态度。一般而言，银行的业务战略可以分为以下三种形式：

- 扩张主义。管理层十分激进，希望迅速扩张业务领域。银行愿意承担风险并对业务中所存在的风险有合理的认识，银行也愿意投入必要的资源（人力资源和技术）以开拓该业务。银行认识到，在新业务最终能获利之前，银行可能必须作出长期投入，并不断完善新业务的每个细小方面。

- 改良主义。管理层只希望最大限度地利用现有的资源。银行会不遗余力地寻找途径以改善当前的产品和当前产品的盈利能力,银行无意于继续扩张其业务领域。"稳定"和"可靠"是银行追求的目标。
- 保守主义。管理层十分保守,不愿意承担任何风险。银行很少有动力改变现有的业务方式,在竞争对手的激烈攻势下,银行甚至愿意出售资产或削减业务范围。

上述每种形式在实践中都存在很多变种。此外,银行可能综合采用上述三种战略,即一些业务实行扩张战略,一些业务实行改良战略,另一些业务采用保守战略。无论采用哪种战略,对银行管理层来讲,关键是要明确银行的业务发展目标,并愿意为实现该目标分配必要的资源。

背景分析

在确立了银行的战略发展方向(包括承担风险的意愿)之后,规划流程的下一步就是要评估对银行的战略执行能力有影响的各种因素。

外部因素

外部因素如宏观经济形势、市场竞争态势、市场现有的产品类型等方面均需加以分析。就宏观经济形势而言,银行需要考虑以下问题:
- 目前是适合于进行业务扩张,还是应保持观望?
- 应尽量避免在某些地理区域中开展业务,还是应将目标市场定位于这些地理区域?
- 住房价格是在上涨、下降还是处于稳定水平?
- 监管要求是更加严格,还是在逐渐放松?
- 消费者对经济前景是充满信心,还是持谨慎观望态度?

无论宏观经济处于繁荣周期还是衰退周期,经验丰富的市场专家总能找到推出合适产品的机会,尽管在条件不是十分成熟时,这些市场专家也会保持观望。

内部因素

明确了外部因素以及当前条件是否适合于进行业务扩张之后，银行接下来就需要确定自己是否拥有必要的内部资源以实施该业务发展战略：
- 银行是否拥有足够的有能力履行该业务的管理人员？
- 能否通过人员招聘弥补该缺口，或是将该工作外包给其他公司？
- 如果有必要将银行迁址，主要管理人员是否愿意迁到新的地方？
- 新员工能否很快适应银行的客户服务风格和贷款回收流程？

银行还需要检查一下自己是否拥有必要的运营支持能力：
- 银行是否拥有必要的计算机、系统资源和编程能力，以满足业务扩张所需的簿记、支付、账务及其他处理要求？
- 银行是否拥有足够的办公空间，以能容纳下所有人员和设备？或者银行能否在新业务全面铺开前准备好所需的办公空间？

最后，银行还需评估自己是否拥有扩张业务所需的资金和财务资源：
- 银行是否拥有可靠的存款/借款来源和足够的资本，以支持新业务的开展？
- 在业务发展未能达到预期水平时，比如规划失败、呆坏账核销率超过预期水平，或者业务未能在预期的时间内实现盈利，银行是否拥有备用的财务资源以继续业务运营或免于破产？

如果背景分析表明该业务可行，同时业务发展规划与银行的总体战略相一致，那么银行就可以进入到规划流程的下一步，即实施产品开发。

产品开发

明确了战略目标并实施了内外部因素分析之后，银行就可以着手进行产品开发工作。由于消费信贷管理针对的是大量同质贷款，也就是说，消费信贷管理应在产品的层面上进行，因此在详细探讨产品开发细节之前，有必要先对"消费信贷产品"的含义作明确界定。

"消费信贷产品"的定义

"消费信贷产品"是指具有标准条款和条件的一系列贷款或信用限额的集合。例如，新汽车贷款的条款一般不同于二手汽车贷款；不同地方的新汽车贷款条款也会有所不同，比如香港的新汽车贷款条款与美国或德国的条款就有所不同。类似地，金卡是一种消费信贷产品，普卡是另一种消费信贷产品，提供给学生的首张信用卡是不同于金卡和普卡的又一种消费信贷产品。不同的消费信贷产品具有不同的审批要求，每种消费信贷产品都需要独立追踪其业绩表现，并且各个产品的利润动态特征也会有所不同。

示例2.3展示了市场中的主要消费信贷产品。这些产品之间存在内在的差异，比如定期/分期偿还贷款 vs 循环贷款，直接贷款 vs 间接贷款，以及担保贷款 vs 无担保贷款等。

示例2.3 主要的消费信贷产品

产品名称	有无担保		偿付特征		贷款方式	
	有担保	无担保	分期偿还/定期	循环贷款	直接贷款	间接贷款
银行卡（普卡、金卡、白金卡等）	√	√		√	√	√ 亲和卡
旅行和娱乐信用卡（如美国运通公司发行的信用卡）		√		√*	√	
店内卡或专营卡		√		√	√	√
石油公司信用卡		√		√	√	
信用限额		√		√	√	
个人贷款		√	√			
住房抵押贷款						
• 第一抵押贷款	√		√		√	√
• 房屋净值贷款/第二抵押贷款	√		√	√	√	√
汽车贷款	√		√		√	√
移动房屋贷款	√		√		√	√
游艇贷款	√		√		√	√
休闲车贷款	√		√		√	√

*每月偿还全部余额。

定期/分期偿还贷款 vs 循环贷款

定期贷款或分期偿还贷款有固定的到期期限，要求借款人在预先确定的期限内偿付固定的额度（贷款本金加上利息）。本金和利息的支付额在贷款期限内可能会发生变化，并且分期偿还贷款或定期贷款都会在贷款合同中事先界定支付额发生变化的时间或变化方式。定期贷款一般有具体的用途，比如用于购买住宅或汽车，但第二抵押贷款可能不会限制具体的用途。

循环贷款是无固定到期期限的贷款，借款人可以自主提取信贷额度或偿还贷款，循环贷款的总信贷额度会有一个上限限制。循环贷款的条款可能会规定每月的最小本金偿付额，或者可能允许开始的一段时间内只偿还本金。循环贷款一般会设定一个到期期限。

直接贷款 vs 间接贷款

直接贷款是通过银行自己的分销渠道如分支机构或通过互联网、广告、直邮（Direct mail）或促销活动提供的消费信贷产品。间接贷款是通过第三方分销渠道或代理人提供的消费信贷产品，如通过汽车经销商或游艇经销商、零售商或抵押贷款经纪商提供的贷款产品。经纪商或经销商业务活动的开展依赖于银行所提供的信用，因此经纪商和经销商都特别关注这类间接贷款。

担保贷款 vs 无担保贷款

有无担保也是贷款的一个重要特征。对担保贷款来讲，贷款人只有在取得了借款人资产的留置权后才会提供贷款（如住房贷款和汽车贷款），或者只有在借款人提供了具体的资产作抵押后才会提供贷款（如以存单或有价证券作抵押）。对无担保贷款来讲，借款人无需提供任何资产作抵押，尽管在借款人违约后，贷款人可能有权获得借款人的某项资产。

目标市场定位

产品规划流程的一个重要组成部分就是目标市场定位，即选择合适的目标客户群。目标市场的选择从很大程度上决定了消费信贷产品的风险水平。通过选择合适的目标客户群，银行能控制产品盈利能力的两个关键决定要素，即产品的使用率和呆坏账核销率。

目标市场定位中的主要考虑因素是地理区域以及目标客户群的特征和客户来源（如杂志订阅者名录、车主名录等）。

目标市场定位中的第一个决策是银行所在地距离潜在客户所在地的距离远近。在信息社会，距离远近并不构成消费信贷业务的潜在障碍。接下来的问题就是，银行应了解潜在客户所在区域的整体经济状况。当然，在整个国家都面临经济衰退时，所有区域都不可避免地会受到影响，但这里更重要的是考察各个区域的经济衰退或繁荣周期。以美国为例，"生锈地带"（Rust belt，传统的重工业区）已面临衰退；农业地带经历了衰退和繁荣的更替；如果波音飞机的订单锐减，西雅图将面临衰退。银行必须跟踪区域性的衰退和繁荣周期，以选准促销时机，争取更多的优质客户。

那么，银行应选择哪种类型的潜在客户呢？复杂的数据挖掘[①]技术使得银行能准确地定位特定客户群。

很多银行都不知道如何利用交叉销售机会，即充分挖掘现有客户的购买潜力，而不是将宝贵的资金盲目投资于寻找新客户上，因为与新客户相比，银行对现有客户更为了解，更容易从现有客户身上获得利润。

尽管现实中存在上百种潜在目标市场（比如按地理区域、按人口统计特征划分的细分市场），但从总体上讲，所有目标市场可以划分成以下三类：

● 高使用率高风险市场。该市场中的潜在客户急需信用，但获取信用的渠道有限，潜在客户愿意为信用支付较高的价格。

● 中等使用率中等风险。该市场中的潜在客户会定期使用信用，客户获取信用的渠道有很多。潜在客户对产品的定价不是太敏感，他们更为在意产品的方便性、产品特征、产品的升级潜力以及良好的服务。

● 低使用率低风险。该市场中的潜在客户信用记录良好，会及时偿付贷款，他们会维持最低的债务水平，并寻求最低的价格。这个市场中的潜在客户总有很多信用来源可供选择。

---

① "数据挖掘"是指筛选大量信息以尽可能多地了解潜在目标市场的过程。例如，银行可能希望面向单身职业女性发行信用卡，这些女性年收入超过 25 000 美元，大量使用信用，拥有汽车，对直邮的回应率大于平均水平。其他目标客户群可能包括丁克家庭，即双收入家庭，这些家庭没有小孩，年收入超过 50 000 美元；还有雅皮士（Yuppies），即生活在大城市、受过高等教育、生活富裕的成功职业人士；等等。数据有很多来源，挑战在于交叉参照不同的数据源，以尽可能准确地进行目标客户定位。

市场调研（了解竞争对手）

成功的产品规划依赖于有效的市场调研和市场分析。确立了总体战略和目标市场之后，接下来就需要调查市场竞争状况。为成功地开发新产品，银行需要了解市场上已存在的现有产品，以及这些产品的市场成功度。在市场调研阶段，银行需要回答以下问题：

- 银行准备推出的产品的市场竞争程度如何？
- 市场上存在多少真正构成威胁的竞争对手？
- 银行能否提供最为优厚的贷款条款？这种条款是否会给信用质量较差的潜在客户大举借款提供了方便之门？
- 银行是否具有独特的竞争优势，比如分布广泛的分支机构、较好的地理位置或极佳的品牌认可，从而不必以最优惠条款提供贷款也能赢得客户？或者，银行的分支机构较少，但管理费用也较低，从而在特定条件下也具有一定的竞争优势？

为推出具有竞争力的产品，产品规划人员必须仔细研究竞争对手的产品条款和条件。下面的示例2.4比较了几家银行的信用卡产品。

示例 2.4　信用卡产品比较分析

定价	银行 A(金卡)	银行 B(金卡)	银行 C(金卡)	银行 D(白金卡)	银行 E(钛金卡)
导入利率	3.9%（导入期3个月）	2.9%（导入期6个月）	0利率	5.9%（导入期1年）	2.9%（导入期3个月）
期间利率	最优惠利率+4.9%	9.9%	存单利率+9.9%	10.9%（余额超过3 500美元时利率为9.9%）	9.9%
最小惩罚利率	20.9%	21.4%	22.4%	最优惠利率+12.4%	19.8%
年费	$40（第1年免费）	免年费	免年费	免年费	免年费
附加费：					
逾期费	$29	$16/余额的1%	$21	$29	$21
超过信用额度费	$29	$21	$25	$29	$21
空头支票费	$20	$25	$25	$20	$25

示例 2.4(续)　　信用卡产品比较分析

定价	银行 A(金卡)	银行 B(金卡)	银行 C(金卡)	银行 D(白金卡)	银行 E(钛金卡)
取现：					
手续费	2.5%(最低$2,最高$20)	免手续费	2%(最低$2,最高$10)	1%	0%(最低$3 000)
年度化利率	20.9%	21.4%	22.4%	最优惠利率+12.4%	19.8%
特征					
宽限期(天)	21	21	20	21	无
支票便利	有/免费	有/免费	有/每张支票收取$0.95	有/免费	有/免费
副卡	有/免费	有/免费	有/免费	有/免费	有/免费
每月最低还款额	最高余额 3%/$20	余额递减 3%/$25	最高余额 4%/$25	最高余额 3%/$20	余额递减 2%/$25
升级服务					
购物折扣	无	1%	1%	无	无
航空里程积分	有/大陆航空公司	无	无	无	无
旅行意外保险	$250 000	$350 000	$1 000 000	$1 000 000	$500 000
租车保险	有	有	无	无	有

良好的市场调研需要收集以下信息：
- 竞争对手所收取的利率水平。
- 竞争对手所收取的手续费水平（包括一些不太明显的隐含收费）。
- 竞争对手的每月最低还款额要求。
- 竞争对手的产品特征（如宽限期）。
- 竞争对手产品所提供的升级服务（如航空里程积分及旅行保险）。

对本行待规划产品与竞争对手产品间哪怕最细微的差异也应加以比较，比如竞争对手的客户服务时间，竞争对手严守承诺按质按量交付服务的能力等等。所有这些比较信息都有助于明确本行待规划产品与竞争对手的产品相比是否具有竞争优势，以及竞争对手可比产品的盈利能力。

设计产品条款和条件

对本行待推出产品与市场上类似产品作了比较分析之后，下一步就是设定本行产品的条款和条件，如产品定价、产品特征以及产品升级等要素。产品条款和条件是消费信贷业务质量和盈利能力的最终决定因素。银行的目标是设计出一款对目标客户群有足够吸引力的消费信贷产品，该产品能经受住市场竞争的考验，同时能给银行提供丰厚的回报，并能得到银行管理层的批准。瞄准优质客户的高利率信用卡很难获得成功，类似地，瞄准高风险客户的低利率信用卡很难给银行带来足够的回报。银行必须对各个目标市场单独加以考察。

这里将考察产品规划流程中的一些步骤如产品定价、产品特征设计及产品升级等，这里重点关注的是无担保循环信贷产品，主要是信用卡产品。随后的章节将探讨担保产品的一些独特条款和条件，如贷款额度价值比（Loan－to－value ratio）、首付款以及贷款审批流程等。

产品定价

产品定价无疑是客户最为看重的条款之一。无论对客户还是对银行而言，产品定价都是一个十分重要的权衡因素。为避免产品定价不当，银行有必要全面了解竞争对手的产品定价细节。客户可能并不是十分清楚各个银行所收取的确切利率水平，但客户对市场的总体利率水平当然会有一定的感知，也就是说，客户能准确地意识到银行所收取的利率是否过高。客户最为关心的定价条款之一是导入期的较低利率，比如在最初的几个月内2.9%的利率，客户也十分关心导入期的时间长短。"年费"也是客户比较关心的产品条款，有时客户对年费的关注甚至超过了其他定价因素。对潜在客户而言，也许花上20美元买一瓶酒他们连眼睛都不会眨一下，但每年交纳20美元的年费绝对没门！

消费信贷产品的定价有三种基本策略可供选择：
- 低价策略。即产品价格相比竞争对手要低。
- 竞争定价。即采用与竞争对手相同的价格水平。
- 高价策略。即产品价格相比竞争对手要高。

每种策略都有各自的优缺点。

低价策略

对于希望迅速确立市场地位、获得市场份额的市场新进入者而言，采取低价策略比较可取。真正的低成本供应商也可以采用低价策略。采取低价策略的公司一般不会长期内使用这一策略，长期实施低价促销策略可能会遭致竞争对手的报复。

最危险的竞争对手是那些无视自己的成本、也不了解自己的盈利能力而盲目降价的银行。客户很容易从这样的银行中获得贷款。那些主打低端产品、新进入市场的竞争对手往往会采用低价策略。对银行来讲，在实施低价策略之前，有必要仔细分析一下市场的真实状态：当前的价格战是暂时的还是具有长期性的？在对市场有了明确了解后，再仔细权衡银行的应对措施。

竞争定价

竞争定价是一种传统定价策略，也就是采用与竞争对手相同的价格水平。尽管竞争定价策略的合理性不容置疑，但银行管理者在采用该策略之前，应对银行的真实成本有全面了解。显然，如果银行的成本明显高于竞争对手的成本水平，采用竞争定价策略只会给银行造成巨额损失。除成本之外，竞争定价策略的合理性还取决于银行产品与竞争对手产品间的可比性。

高价策略

如果银行的产品或服务的确具有明显的优势，那么银行应好好把握实施高价策略的机会。例如，美国运通白金卡的年费高达300美元，大大高于同行水平。对很多客户而言，美国运通白金卡的高年费是物有所值，该白金卡提供卓越的服务和升级潜力，比如可以为白金卡持有人提供演出门票和旅行订票服务。毕竟，并不是所有人都愿意驾驶福特六和雅士（Ford Escort），还有一些人更为偏爱美洲豹（Jaguar）。

产品定价绝不意味着只是简单地选择一个基本利率，然后向潜在客户发起宣传攻势。在很多情况下，产品价格能以多种比较含蓄的方式进行调整，比如：

- 风险调整定价。即对交易活跃、付款及时的客户提供较低的价格，对其他客户征收较高的价格。采用风险调整定价方法时，银行必须仔细界定产品的条款和条件，以免引起客户混淆和引发不必要的法律纠纷。

- 为吸引新客户，提供较低的导入利率。这种优惠利率一般只在短期内提供，并且往往是余额代偿机制的一部分，比如"将你信用卡中的余额交给我们来偿还，你能获得3.9%的导入利率"。需要注意的是，如果银行的产品除了较低的导入利率之外没有任何其他优势可言,那么一旦导入期结束,银行提高利率水平时,因导入利率优势而吸引来的客户很快就会流失。在这种情况下,银行不可能挣到利润。因此,在采用这种定价方法时,银行必须仔细甄选客户,务必排除掉那些只希望利用较低的导入利率这一优势的临时客户。

● 征收逾期费、超过信用额度费以及空头支票费。在客户咨询太过频繁时(不是由银行的管理错误导致),银行可额外征收一笔手续费。随着标准利率越来越具竞争性,收费已成为银行重要的收入来源。逾期费现在约为每笔逾期应收账款35美元(在20世纪90年代初,逾期费仅为10~11美元)。各种收费现在约占到信用卡发行人全部收入的13%。尽管收费可能是银行重要的收入来源,并且收费也是提醒客户及时偿付银行贷款的一种较好方式,但有时银行对这种方式的使用有点过头,引起了客户的很大反感。以逾期费为例,银行应注意:

◇ 确保客户能理解贷款何时到期,以免遭致惩罚性收费。很多银行给持卡人提供25天的宽限期(一些银行已将宽限期削减为20天),因此贷款的实际到期日很容易计算。在征收逾期费时,应确保银行和客户之间不会在贷款到期日上发生争执。

◇ 就小额逾期应收账款,确立一项逾期费征收政策。多年来,银行一直使用单一的标准逾期率,即无论逾期应收账款额度的大小,统一征收35美元的逾期费。这种政策显然对逾期应收账款额度较小(如不超过10美元或20美元出头的逾期应收账款)的客户不公平,特别是当较小额度的逾期应收账款仅仅源于优质客户的一时疏忽时,征收统一规格的逾期费将会严重伤害优质客户的感情,甚至会激怒这些客户,这对银行来讲明显得不偿失。小额逾期欠款十分常见,因为客户有时无法准确计算退货折扣额,或者不愿意为1.65美元的欠款专门开一张支票。尽管大部分客户只需要打一个电话就可以免除逾期费,但很多客户认为打这样的电话太麻烦(记住,优质客户是很多银行争抢的对象,优质客户很容易获得其他家银行的信用卡)。为留住优质客户,同时也为继续保留逾期费在约束客户及时还款方面的作用,一些大型信用卡发行人如花旗集团、Discover以及MBNA等都转而采用更为灵活的逾期费政策,比如对不超过100美元的逾期应收账款征收15美元的逾期费,对额度介于100.01~1 000美元之间的逾期应收账款征收25美元的逾期费,对更大额度的逾期应收账款征收35美元的逾期费。逾期费随逾期应收账款额度的大小而增减，这种灵活的逾期费政策明显更为公平。

最坏实务案例：掠夺性定价

在实施产品规划时，银行永远要记住一点，即绝不可模仿竞争对手的最坏实务。有些竞争对手确实做得很差，它们向那些容易上当受骗的消费者提供价格高、效用低的消费信贷产品。注意，在风险调整定价和掠夺性定价间存在本质区别。2000年11月，笔者曾见识过一个最差劲的定价实务。

本案例中的主角银行提供一种信用上限为1 000美元、下限为250美元的万事达信用卡。阅读信用卡章程，发现与基本的文件处理（存根等）相关的最低收费为19美元（如果使用快递，收费上涨至25美元）。除此之外，在获得审批后，客户还需支付以下费用：

- 一笔119美元的一次性信用卡受理费。
- 50美元的年费。
- 每月6美元的信用卡贷款费（全年72美元）。
- 如果申请副卡，还需额外支付20美元。

这意味着持卡人在1个月后必须支付220美元。如果持卡人获得了最低250美元的信用额度，那么持卡人剩下的只有30美元的自由支配额度。也就是说，为获得这张信用卡，持卡人将欠银行220美元的债，持卡人在根本没动用任何信用限额的情况下就会欠银行220美元的债，这实在匪夷所思。此外，如果持卡人在宽限期内未能全额偿还信用卡负债，将面临高达18.9%的利率。如果持卡人未能及时偿付信用卡负债，逾期费高达20美元，也就是说，如果已使用的信用额度超过30美元，持卡人可能会面临20美元的逾期费。

那么，什么样的消费者愿意接受这样的信用卡呢？可以想象，只有那些不太成熟的消费者才可能上当受骗。这是迄今为止笔者见过的最糟糕的掠夺性定价案例，珍惜自己名声的银行绝不会采用这样的定价策略。

了解产品价格的构成要素

最后，银行还应了解自己的收入来源和利润来源，正如一句谚语所说的："眼睛要盯着炸面包圈，而不是它中间的空洞。"例如，信用卡业务共有四个主要的收入来源，其中利息收入占比最大，尽管交换费收入和杂费收入的占比不断上升。21 世纪初，信用卡发行人所报告的信用卡收入的构成情况如下所示：

利息收入	69%
交换费收入	15%
年费	3%
杂费（逾期费等）	13%

银行应明确了解自己的收入来源和利润来源，这样才能制定出完善的产品规划并合理定价。

产品特征

制定了产品定价决策之后，接下来就应设计产品特征，产品特征也能显著影响客户对产品的接受度以及产品的盈利能力。产品特征包括宽限期以及每月最低还款额。

- 宽限期。对于不是每月全额偿还信用卡余额的消费者来讲，银行一般从信用卡消费日起收取利息。如果持卡人每月全额偿还信用卡余额，银行会提供一个 22 天的免息宽限期（在 20 世纪 90 年代，免息宽限期平均为 25 天）。一些比较极端的发卡人不提供任何宽限期，即使持卡人已还清全部信用卡余额，它们也是从信用卡消费日起计息。

- 每月最低还款额。一些银行将每月最低还款额作为一个强有力的市场营销工具。每月最低还款额要求是指借款人只需偿还当月信用卡余额的最小百分比（通常为 2%～5%）。尽管只有很少的持卡人（仅占全部信用卡用户的 12%～15%）会完全按每月最低还款额要求偿债，但这一条款的确给面临财务困难的消费者提供了很大便利。对资金吃紧的消费者来讲，以下广告词无疑很有吸引力："将你信用卡中的余额交给我们来偿还，你每月的偿债压力会大大减轻。"示例 2.5 揭示了余额代偿机制对每月最低还款额的影响。

对那些面临极大偿债压力或资金极度紧张的消费者来讲，比如刚失业、离婚或面临巨额医疗账单的消费者，余额代偿无异于天上掉下来的一块馅饼，能缓解他们的燃眉之急。

每月最低还款额的确定涉及到两个决策，首先是确定当月应偿付的余额比例，然后计算具体的偿付额。

示例2.5　余额代偿机制对每月最低还款额的影响

余额合并前	余额（美元）	每月最低还款额（美元）
银行卡	3 500	105
专营卡	2 500	250
其他卡	700	28
总计	6 700	383
余额合并后		
信用卡X	6 700	134

确定余额偿付比例

如前所述，每月最低偿付额可能占未偿付余额的2%~5%。为说明余额偿付比例的影响，下表给出了不同偿付比例下的数据，所使用的年利率为18%，即月利率为1.5%。

每月最低还款额

余额偿付比例（%）	2	3	4	5
1 000美元余额的偿付额（美元）	20	30	40	50
利息支付（美元）	15	15	15	15
本金偿付（美元）	5	15	25	35

银行必须明确较低的偿付水平比如每月2%或3%的摊还率对银行的消费信贷组合来讲是否过低，注意，2%的最低偿付比例意味着一笔贷款要花8年的时间才能还完，而5%的偿付比例意味着同样一笔贷款只需两年的时间就能还完。

在计算每月最低偿付额时，有两种方法可供选择，即最高余额法和余额递减法。

最高余额法 vs 余额递减法

在采用最高余额法计算每月最低还款额时，银行会设定最高余额每月的偿付比例，比如每月偿还3%，直到所有余额全部偿还完毕，或者直到客户发生了新的借款，从而具有了新的最高余额。比如，如果某客户的待偿余额为2 000美元，该客户每月将偿还60美元（3%×2 000），直到这2 000美元全部偿还完毕；或者如果客户发生了新的借款，最低还款额将按照新的最高余额重新计算。

在采用余额递减法计算每月最低还款额时，也需要设定每月的偿付比例，比如每月偿还3%，但所适用的余额会逐月递减，也就是说，会将已偿付的余额从原来的余额中减掉。由于所需偿还的本金会逐月减少，因此每月最低还款额也会相应递减，比如第一个月需要还60美元，第二个月还59美元，第三个月还58美元等。余额递减法意味着每月最低还款额会逐月递减，因此客户的偿付时间会相应延长。

与余额递减法相比，最高余额法更为保守，对银行来讲，最高余额法下的回报较低，风险也较低，因为客户每月会支付较高的额度，本金的偿付会更快。在没有新的借款的情况下，假设每月的偿付比例为2%，最高余额法下的全部余额的偿还时间将略高于8年。然而，使用余额递减法，同样一笔贷款，同样的每月最低偿付比例（即2%），全部余额偿付完毕所需的时间将达30年！

那么，究竟应选择哪种方法计算每月最低偿付额呢？对此并没有绝对的答案。余额递减法的风险会更大，由于余额递减法下的偿付时间较长，因此客户失业、离婚或生病的可能性会更大。当然余额递减法也能提供更大的回报，因为利息支付的时间较长。最高余额法下的偿付时间较短，因此风险也较低。对于住房贷款或汽车贷款来讲，较长的还款期限比较合适。但对于小额购物，比如与电影、杂货、酒水等相关的信用卡支付来讲，更为严格的、较短的偿付期可能更为合适。银行应根据消费信贷业务的风险/回报特征决定偿付期要求。

需要注意的是，对于余额较低的消费信贷账户，应规定一个每月最小还款额，此时可能并不适合于用最小还款比例与余额相乘来确定最小还款额，一般要求每月最少偿还20美元。

产品升级

使产品能为市场接受的最常用方法就是产品升级，当然产品升级的成本不能过高，升级中所提供的产品特征对目标市场必须具有吸引力。产品升级需要市场营销部门的协助和支持，因为市场营销部门离客户最近，最了解客户的需求和偏好。

下面是信用卡常用的产品升级方案：

- 航空里程积分或购物积分。一些信用卡与特定的航空公司或商家绑定，提供航空里程积分或购物积分，比如花旗银行信用卡/美国航空公司、BankOne 信用卡/联合航空公司、US Bank 信用卡/西北航空公司、摩根大通银行信用卡/大陆航空公司等相绑定的信用卡积分方案。航空里程积分是最常见的信用卡升级方案，尤其受商务旅行人士的欢迎。

- 亲和卡方案。类似校友会、体育协会、环境保护者协会、军官协会等组织常常与信用卡发行人合作，推出以这些组织的名称来命名的信用卡，组织的成员就是信用卡的持有人。目前，MBNA 是亲和卡的主要发行人。

- 信用卡注册。这项特征在信用卡遗失或被盗时比较有用。只需拨打一个电话，持卡人就可以注销所有信用卡，并自动开始新卡的申请和审批流程。

- 消费折扣。提供汽车租赁、旅馆住宿、飞机票、商场购物、长途电话等方面的消费折扣。

- 附赠保险或保险优惠。信用卡可能附带提供意外险、残障险或寿险（针对航空旅行），以及信用卡欺诈险、租车碰撞险和行李遗失险等险种。

- 延长质保期。用信用卡支付的产品可以享受更长的质保期。

- VIP 服务。VIP 服务包括提供 24 小时的旅行紧急援助，比如帮助持卡人寻找医疗救助，给持卡人提供法律建议等服务。无论是海外旅行还是国内旅行，持卡人都可以享受这些服务。

- 旅行服务。提供诸如汽车租赁、旅馆预订、机票预订、旅行计划等服务。美国运通及其他一些优质卡发行人可以在世界范围内提供出色的旅行服务。

- 专门的金融服务。一些发行人向持卡人提供季度或年度报表服务，按主要费用类别详细列示持卡人的信用卡消费信息，如机票购买、汽车租赁、餐饮、住宿等费用项目。这种服务很受小企业所有者的欢迎，出于税收目的，小企业所有者需要详细的旅行和娱乐费用记录。

一些升级方案的成本可能太过高昂，比如在传言购车折扣对发行人和商家而言成本太高以致不可行时，福特汽车公司和花旗银行的信用卡合作项目即予中止。还有一些升级方案，比如专门的财务报表服务，在相关系统到位之后，该升级服务的成本会很低廉。类似购物积分这样的升级方案，能给商家和发卡人提供额外的盈利机会。

可见，低价策略或放宽余额偿付条款等手段并不是产品差异化的惟一选择。

打造强有力的消费信贷品牌

竞争的存在使得银行不可能提供最为完美的产品，比如价格最低、服务最好、产品特征最具吸引力同时升级方案最为诱人的产品。完美状态难求，次优选择更为可行。事实上，完全可以将信用卡、信用额度、汽车贷款、抵押贷款等视同为类似于黄金的普通商品，从而可以采用与普通商品相同的品牌打造策略。

商品世界中可以找到很多为全世界所耳熟能详的品牌名称，如耐克、美孚、可口可乐、丰田、福特以及美国在线等。麦当劳金黄色的"M"现在矗立在全世界的大街小巷，但在20世纪50年代麦当劳刚刚面世时，它只不过是一种普通的汉堡牌子而已。上述这些公司是如何成长为世界巨人的呢？靠的就是品牌打造和品牌形象。麦当劳的厉害之处在于，无论你身处何地，你都可以尝到味道基本上差不离的麦当劳汉堡包和炸薯条。

美国运通、Capital One、花旗集团以及Discover这些信用卡业的巨头都通过成功的品牌打造，将自己与市场上的其他信用卡发行人区分了开来。20世纪90年代末花旗曾向信用卡业的老大Visa宣战，试图进一步巩固花旗独立的信用卡品牌标识，而不是采用联合品牌。广告、产品升级以及销售点促销等措施无疑对上述品牌的打造贡献良多，更为可贵的是，这些品牌都意识到了获得国际市场认可度的重要性，并不遗余力地推动品牌的国际化。走进花旗在世界各地的任何一家分支机构，客户都能获得卓越的服务体验。花旗利用其遍布世界的自动化服务体系为客户提供出色的消费信贷产品和配套服务，这能进一步提升花旗的品牌形象。

使产品特征与目标市场的需求相匹配

完成了产品设计并选定了目标市场之后，银行还需要解决另一个问题，即所设计的产品应能充分匹配目标市场的特征。下面的示例2.6展示了信用卡业务的几种可能性，每种可能性都代表一种客户类型。

目标市场的行为特征可以划分成以下几种类型：
- 目标市场客户倾向于循环贷款，即不会每月还清全部信用卡余额。
- 目标市场客户将信用卡仅用作一种支付便利，即每月还清全部信用卡余额。

- 使用频率较高的持卡人和使用频率较低的持卡人。循环贷款型客户和借记卡型客户既可能是高频率使用者,也可能是低频率使用者。

示例2.6中的三维图展示了市场行为特征的划分。所有特征最终都落到一点上,即业务的风险程度和利润。关键是,银行应确保产品对所定位的目标客户群有足够的吸引力,也就是说,产品应能吸引到合适的客户,尽量避免高风险的客户。

下面分析在三个不同的市场领域开展消费信贷业务的三家银行,其中一家银行勉强实现盈亏平衡,一家银行获得了巨大成功,另一家银行损失惨重。

银行A

银行A在20世纪90年代初成功地推出了一种信用卡产品,该信用卡产品的突出特征是终身免年费。在市场上大部分信用卡都征收年费的情况下,银行A的产品无疑独树一帜,并赢得了市场的热烈响应,信用卡申请单如雪片般飞来。银行不得不调动全行员工包括高级管理层,没日没夜地加班加点处理这些申请单。遗憾的是,免收年费的促销手段并未能给银行带来长期的利润来源。短期内,消费者的反响似乎很鼓舞人心,但长期业绩表明,银行所获得的主要是低风险、低使用频率的信用卡用户,这些用户位于示例2.6中的左上方区域。

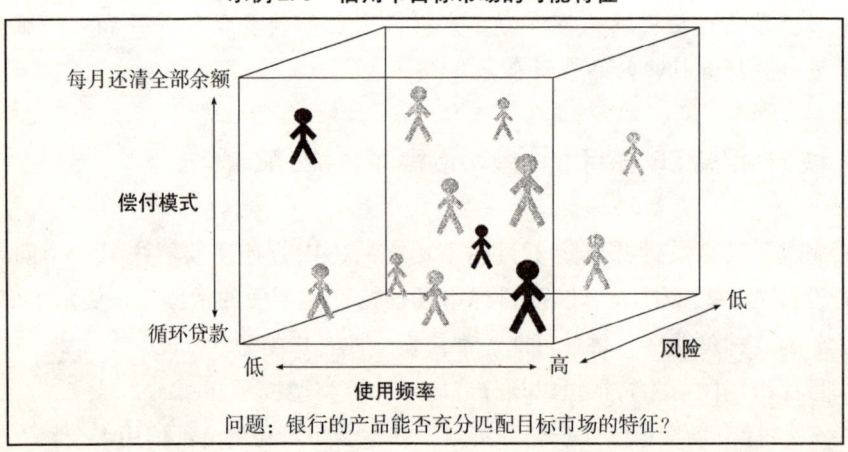

示例2.6 信用卡目标市场的可能特征

问题:银行的产品能否充分匹配目标市场的特征?

这些信用卡用户的典型特征是，他们很少使用银行的信用并且往往会及时偿还信用卡余额。对银行来讲，想从这些信用卡用户身上赚到钱基本上不太可能。业界一位人士初步估计说，免年费的信用卡产品要想获利，每年需要收取 75 美元的交换费，这意味着持卡人每月需要消费 500 美元以上（每年 6 000 美元），这种消费额度对商务人士来讲可能很容易达到，但对普通消费者而言，他们很难保持每月 500 美元以上的消费额。银行 A 的很多客户只是将该信用卡放在钱包里作备用，以应对不时的支付需要。对银行 A 来讲，最紧迫的任务是迅速提高持卡人的信用卡使用频率。

银行 B

银行 B 有明确的目标市场定位，即获得高使用频率、高风险的信用卡用户，这些用户位于示例 2.6 中的右下方区域。这类客户很容易获得，因为他们急需信用。银行 B 仔细地进行了数据挖掘工作，该行利用信用档案公司（Credit bureau）的数据库和人口统计数据来筛选发卡对象，目标客户为那些在银行和零售机构中拥有较高贷款余额的消费者。这类消费者的典型特征是，他们最近可能面临中度的流动性危机，也许仅能满足每月最低还款额的要求。银行 B 的广告语是："将你信用卡中的余额交给我们来偿还，你每月的偿债压力会大大减轻。"银行 B 也的确是这样做的，利用银行 B 提供的余额待偿机制，客户的每月最低还款额要求从原来的 4% 或 5% 降至 2%。当然，银行 B 对信用卡余额收取的利率非常高，但目标市场并不关心高利率这个事实，它们更为关注每月最低还款额要求的显著降低。如前所述，在 2% 的最低还款额要求下，还清所转让过来的信用卡余额需要 30 多年的时间。尽管只有 12%~15% 的持卡人会选择每月仅偿还最低还款额，但银行 B 的信用卡方案无疑对该目标市场具有很大的吸引力。银行 B 有明确的市场定位，对目标潜在客户有很好的了解，因此在该信用卡方案上获得了巨大成功。该消费信贷产品规划的成功得益于银行 B 严密的客户筛选、较高的产品定价以及细致的市场营销工作。与此形成鲜明对比的是，20 世纪 90 年代末，很多提供 C&D 贷款（次级贷款）的银行因盲目扩张次贷业务，疏忽了风险控制工作，最终导致破产。本书稍后在讲解有担保的消费信贷产品时会详细探讨次级贷款。

银行 C

20 世纪 90 年代对银行 C 来讲不堪回首，该行在消费信贷业务领域经历了一场滑铁卢，它向错误的客户推出了一种错误的产品。该产品是一种邮寄信用卡，具有较高的初始利率，但随着持卡时间的延长，利息支付可打折扣。该信用卡没有年费。一些不太成熟的消费者被该信用卡的"优惠条件"吸引，没有考虑到为获得所谓的利息支付折扣好处，持卡时间最少需达到20年，并且对信用卡使用频率还有特别的要求。较为成熟的消费者看到了该信用卡较高的初始利率这一劣势，并明白利息支付折扣好处很难获得，因此对该信用卡敬而远之。该消费信贷产品规划的结局是一个典型的逆选择案例，优质客户远离了银行，留下来的是高风险、低利润的劣质客户。由于持卡人的信用质量普遍低下，该信用卡投资组合最终导致了超过20%的呆坏账核销率。推出该产品对银行C而言无异于一场灾难，该产品很快被银行C召回。

如前所述，银行应定位于示例2.6中右下方区域的潜在客户，但前提条件是，银行在定价和客户筛选上有合适的安排，并且优质客户的高使用率能抵销银行所承担的额外风险。

预测产品开发结果及产品盈利能力

作为消费信贷产品规划流程的一部分，银行应就产品推出后前几年的市场表现作出预测。比如，预期能取得什么样的市场效应？每年会有多少消费者提出申请？市场回应率预期会有多高？产品的使用情况如何？平均信用限额和平均贷款额度分别为多少？客户需要支付哪些费用？核销率预计会有多大（包括被核销的账户数目和余额）？

如果预测分析中所揭示出的产品表现不尽如人意，那么产品在实际推向市场后也不可能取得令人满意的业绩。示例2.7展示了消费信贷预测分析中所涉及的关键要素。

示例2.7中的预测分析仅包含一项盈利能力要素，即"已激活账户的平均利润"。"已激活账户的平均利润"指标能提醒管理层，该产品能否实现利润目标。产品的盈利能力对银行而言十分重要，本书会专辟一章讲解消费信贷产品的盈利能力分析问题。有关产品盈利能力的假设前提是产品开发和产品设计流程中的重要参考变量。在消费信贷产品规划中，银行必须明确以下问题的答案，比如，该产品能否实现银行的利润目标？该产品在推向市场后能否立即带来利润？还是必须等一段时间后才能带来利润？这些问题将在本书第10章"产品盈利能力分析"中进行讲解。

示例 2.7 消费信贷预测分析

产品/项目：银行卡

	时间期间（月）					
	1	2	3	…	13	14	15
账户数目	25 000	24 825	24 500		22 000	21 600	21 200
总未偿余额（千美元）	7 500	22 343	27 563		23 100	22 680	22 260
已激活账户的平均余额（美元）	1 000	1 500	1 500		1 500	1 500	1 500
已激活账户占比（%）	30.0	60.0	75.0		70.0	70.0	70.0
循环贷款账户占比（%）	0.7	30.0	50.0		50.0	50.0	50.0
欠款超过60天的账户占比（%）	0.0	0.0	0.0		1.0	1.0	1.0
已核销账户占比（%，年度化比率）	0.0	0.0	0.0		2.0	2.0	2.0
逾期超过60天的未偿余额占比（%）	0.0	0.0	0.0		2.0	2.0	2.0
已核销的未偿余额占比（%，年度化比率）	0.0	0.0	0.0		4.0	4.0	4.0
已核销账户的平均余额（美元）	0	0	0		2 100	2 100	2 100
已激活账户的平均循环贷款额度（美元）	0.83	21.25	21.25		21.25	21.25	21.25
已激活账户的平均利润（美元）	7.71	8.44	8.44		3.44	3.44	3.44
资产回报率（%）	-9.3	6.8	6.8		2.8	2.8	2.8

一百年后的未来：预测轶事

严格来讲，预测并不是一门科学，预测中会涉及到很多主观判断。下面给出的是很多年前人们对未来生活的预测，预测者当年至少也是社会上的知名人士，可以看出，名人的预测也很难保证绝对准确。

"股价明显已到达一个高点，我估计未来永远不可能超越这个高点。"
——欧文·费雪（Irving Fisher），耶鲁大学经济学教授，1929年10月17日

"谁想听演员说话呀？"
——哈利·华纳（Harry Warner），华纳兄弟工作室，1927年

"我保证，不出6个月，人们对电视机的最初热情就会消失殆尽，电视机

不可能还有市场,人们很快就会厌倦每晚盯着这么一个破盒子。"
——达利·扎努克（Darryl Zanuck），20 世纪福克斯电影公司总裁，1946 年

"未来的计算机重量可能只有 1.5 吨。"
——美国《通俗机械》杂志（Popular Mechanics Magazine），1949 年

"我们不喜欢他们的音乐。吉他组合行将过时了。"
——1962 年，Decca 音像公司在拒绝英国摇滚乐组合"甲壳虫"乐队时说的话。

"对大多数人来讲，抽烟益处多多。"
——伊恩·麦克唐纳（Ian McDonald），洛杉矶外科医生，1963 年

"所有能被发明的东西，都已发明出来了。"
——查尔斯·杜埃尔（Charles Duell），美国专利局局长，1899 年

"每家每户拥有一台电脑是不可能的。"
——肯尼斯·奥尔森（Kenneth Olsen），数字设备公司（DEC）的奠基人和总裁，1977 年

今天看来，上述预测未免太过幼稚，但不要忘了，这些预测者中不乏当时的天才人物。天才人物尚且如此，可见预测并不容易。对零售银行来讲，消费信贷预测事关业务的成败，绝不可大意。

产品测试与市场推广

设计好了消费信贷产品后，银行必须决定是否应在市场上测试该产品。如果管理层足够有耐心，愿意等上一年半载，产品规划人员的假设前提就能在市场中得到充分测试，产品也能不断完善。但对很多银行来讲，在正式、全面推广产品之前花费这么长的时间进行产品测试未免太过奢侈，由此造成

的产品推出时间上的延迟可能导致银行错失最佳的市场推广时机,这对银行来讲代价太高,因此大部分银行都会省去这一步骤①。

测试新的或修改后的产品能获得以下好处:

- 由于产品并不是正式向市场推广,所以银行不必投入太多的资源,除此之外,银行还可以利用产品测试机会了解市场对该产品的需求水平。如果产品极为成功,消费者踊跃申请,以致银行无法满足既定的客户服务目标,由于产品尚未正式推广,客户服务上的不足并不会遭致客户的过多不满。相反,如果市场反响平平,银行也不会面临太大的公关危机。
- 银行可以利用测试期进一步完善产品,以更好地满足客户的需要,同时最大化银行的盈利能力。
- 银行可以同时安排若干个产品测试,以明确哪些产品特征最受市场欢迎,从而有助于解决银行内部在产品特征设计上的争执。

与产品测试相关的第一条法则是,产品测试结果应足够明确;第二条法则是,应由某个对产品有全面了解的人负责审查测试结果,并向管理层反馈该结果。如果费心规划的一系列测试未能得到系统地跟踪,整个产品测试流程无异于是对银行宝贵的资金和时间的浪费。

很少有银行愿意投入大量人力物力实施产品测试,银行往往更倾向于直接向市场推广新产品。如果管理层没有耐心等待,为尽量减轻未经测试直接向市场推广产品所可能导致的风险,银行可以采取以下措施:

- 全面了解竞争对手在类似条件下的所作所为,根据银行自身所面临的条件,有针对性地调整产品特征。
- 聘用富有经验的人士,给他们提供充分的授权。
- 严密观察产品推出后的市场反应,必要时可以立即着手修改产品条款,以免一种错误的产品给银行带来致命的灾难。

本书将在以后的章节中探讨在产品推出初期可能出现的一些有用的管理信息指标。

---

① 一些银行通过从竞争对手处"借用"相关产品知识以绕过产品测试流程,比如将竞争银行中具有类似产品开发和管理经验的员工挖过来,尽管这么做可能会遭致商业伦理方面的指责。除此之外,银行也可以从大量行业出版物中获取相关信息,还可以通过参加专题研讨会以获得行业信息。

产品的审批

产品设计（要么是全新产品的设计，要么是现有产品的重大修正）的最后一步是编制正式的产品方案，记录产品规划流程中的每一步所达成的决策。方案中应列示产品正式推出前，信用循环中将会考虑的剩余步骤，包括目标客户筛选流程、交易的记账和客户服务、贷款回收要求、呆坏账核销政策、管理信息以及消费信贷预测包括对未来不同时点的盈利能力预测。

所有待推出产品都应有若干位高层管理者的正式签名。签名代表产品已通过了高层管理者的审批。在消费信贷业务的审批中，强调的是高层管理者的个人责任，而不是某个素未谋面的委员会的集体一致意见。俗语说"委员会能把马炮制得像骆驼一般大"，此言不假，消费信贷业务领域也适用此规则。

有审批权的各个高层管理者应真正了解待审批的业务，高层管理者应能就待审批的业务提出建设性的意见，或提出合理的质疑。将审批权授予给对该业务毫无了解的高层管理者，这样的审批没有任何意义。如果有审批权的高层管理者对业务一知半解，同时又狂妄自大，这样的审批对银行有害无益，因为这些高层管理者可能会对该业务提出不必要的甚至愚蠢的修改意见，导致原本十分完善的产品方案最后变得面目全非。

产品方案的实施与反馈

得到高层管理者的正式审批并不意味着产品规划已大功告成。产品在推向市场后，银行应定期更新初始消费信贷预测（参见示例2.7），比如每月或每周更新一次。除此之外，所有现有产品至少应每年做一次正式的评估。在评估与反馈流程中，银行应试着回答以下问题：

- 目标市场定位是否应作出一些修正？产品的条款或条件是否应随目标市场定位的修正而相应改变？
- 竞争者的反应如何？（俗话说"模仿是最真诚的赞赏"）
- 产品的运作是否存在问题？如果存在任何问题，问题是什么？为什么会出现这种问题？
- 从该产品方案的实施流程中能获得哪些教训？如何进一步完善与产品

开发和推广相关的各项工作？

- 产品能否给银行带来利润？为提高产品的盈利能力，银行可以在哪些方面作出改进？
- 产品的市场份额有多大？市场份额是在上升还是在下降？
- 采用风险调整定价法是否合适？
- 银行的贷款回收政策是否有效？银行是否配备有合适的员工以实现贷款回收目标？

产品的交付与客户服务

要使产品成功地为市场接受，银行必须向客户交付与先前的广告宣传中所描述的完全一样的产品，并由受过良好培训的客服人员为客户提供完善的服务。银行过去一般使用人工客服电话，由受过专业培训的客服代表为客户答疑解惑。但现在，银行纷纷转向自动应答系统，比如"查询余额请按1……投诉请按13……人工繁忙，请稍等……谢谢来电……"等。随着社会经济生活的日益自动化，将更多的资源投向客服领域能给银行带来明显的竞争优势。

历史能否预测未来？

规划可以走得很远，但现实往往会打乱规划好的美梦。经济环境、法律框架或监管结构以及消费习惯等因素往往会发生出人意料的变化。

能够预测到新技术的发展方向的人实属凤毛麟角，比如谁能想像得到互联网在今天会无孔不入地渗透进我们的生活呢？也许在不久的未来，消费者会更为关注自己的隐私，从信用档案公司获取消费者的信息会受到限制，银行营销活动的开展将无法做到像今天这样方便和精准。20世纪30年代的经济大萧条使人们第一次了解到人类社会可能发生地区性的或世界范围内的经济危机。再如，人们预期美国会修改破产法，只要债务人拥有可确认资产，法院将要求债务人至少偿还一部分债务，这对限制人们滥用破产申请也许会起到一定的作用。这里列举的这些因素对消费信贷业务的开展都有极大的影响，然而再完善的规划也不可能考虑到所有这些因素。

为适应经济社会生活日新月异的变化，银行在管理灵活性上必须下大功夫，最大程度地消除官僚作风，尽力改善银行的信息收集能力，力求能在最短的时间内收集到最完备的信息。只有满足以上要求，银行才能对经营条件的变化作出最快的响应。

小　结

完善的规划是消费信贷业务取得成功的关键决定因素，完善的规划意味着：

- 按产品和子产品的范畴来控制业务。
- 规划产品细节。
- 使产品细节与目标市场的特征相匹配。
- 了解竞争状况。
- 对社会经济变革保持充分的敏感性，比如经济领域、法律领域及文化领域的变革。
- 了解产品盈利能力的构成要素。

做好上述规划工作，银行就有了一个好的开始。接下来的几章将探讨规划实施流程中的各个步骤，首先讲解消费信贷业务中广泛使用的一种分析工具，即信用评分模型。

第 3 章

信用评分

在进一步探讨构成信用循环的其他流程之前，有必要先了解一下消费信贷业务领域最为重要的一个管理工具，即信用评分模型。

信用评分是分析信用申请人（潜在客户）和现有客户的相关数据的一种方法，目的是试图预测潜在客户和现有客户的未来表现。如果使用恰当，信用评分模型能给管理者提供大量信息，利用这些信息，管理者就可以相当精准地控制消费信贷组合。下一章在探讨客户获取流程时，将会讲解另一种决策方法，即利用个人的评估和个人的主观判断来选择理想的客户。

本章将讲解信用评分模型的开发、实施与监控，以及信用评分模型在消费信贷业务中的应用。本章对信用评分模型细节的讲解能使读者充分了解信用评分概念，但我们无意于解释与开发和验证信用评分模型相关的数学原理，因为本书的根本目的是探讨零售银行的消费信贷管理，因此我们的重点在于信用评分在消费信贷管理上的应用，而非与信用评分相关的技术背景。

信用评分概念

信用评分使用统计技术来识别潜在客户特征与银行想要的目标客户特征之间的匹配程度，并按匹配程度的高低给潜在客户排序；信用评分也可用于追踪现有客户特征的变化，从而使银行能随时掌握现有客户质量的动态变化。目标客户特征由银行事先界定，包括客户的盈利能力、风险水平、客户对银行的产品推广作出响应的概率、客户进行循环贷款的意愿以及客户在偿付能力不足时偿还银行贷款的意愿等等。一些信用评分模型会识别出破产概率极高的客户，或识别出能及时偿还贷款的客户或需要银行催缴才会偿还贷款的客户；一些信用评分模型会提醒银行对哪些客户应提高其信用限额，对哪些客户应削减其信用限额或完全取消信用限额。总之，信用评分是消费信贷管理中最为有用的工具。

信用评分系统的发展简史

根据美国加利福尼亚州信用评分系统开发公司 Fair, Isaac & Company, Inc. 的一位执行官格里·德·凯尔肖夫（Gerry De Kerchove）的说法，早在20世纪40年代，已有两家公司着手进行贷款决策领域的信用评分系统的开发工作，这两家公司是 Household Finance 以及芝加哥的一家邮购公司，遗憾的是，两家公司的开发工作均以失败告终。直到20世纪50年代末，位于伊利诺斯州的美国投资公司（AIC）邀请了两位数学家即比尔·费尔（Bill Fair）和厄尔·艾萨科（Earl Isaac）检查一个并不大的贷款样本，样本中的贷款有些得到了及时偿付，有些贷款的偿付情况并不如人意。美国投资公司希望两位数学家能从贷款样本中发现一些贷款偿付模式，从而为公司以后的贷款决策提供一些指导。

运用判别分析法（Determinant analysis），费尔和艾萨科认为，美国投资公司的已核销贷款中有将近20%是完全可以避免的。这绝对是一个具有革命意义的理念，但信用评分系统在当时并未能得到广泛应用，少数顽固的信贷员仍坚信自己可以比信用评分系统做得更好。尽管这一新生事物并未受到市场的普遍欢迎，费尔和艾萨科并没有泄气，他们坚信这是一个大有可为的创意，他们继续完善相关的数学技术，原来抱持怀疑态度的顽固派也开始改变他们对信用评分系统的看法，信用评分模型逐渐成为消费信贷业务领域一个被普遍接受的管理方法。

一些小额贷款提供人如福特汽车金融服务公司（Ford Credit）、蒙哥马利·沃德公司（Montgomery Ward）以及西尔斯公司（Sears Roebuck）等很早就开始使用信用评分模型。事实上，福特汽车金融服务公司从成立之初就开始使用信用评分模型评估汽车贷款申请人（福特汽车金融服务公司成立于20世纪60年代初，成立时间比通用汽车金融服务公司晚了40年），因此该公司的业务运营只需要很少的受过培训的信贷员。与此相反，通用汽车金融服务公司直到20世纪80年代中叶才开始使用信用评分模型，因为该公司一直以自己富有经验的信贷员为荣,并且该公司的消费信贷业务一直比较平稳。

信用评分并不仅仅适用于消费信贷业务,信用评分模型在很多业务领域都得到了广泛的使用。保险公司利用信用评分模型给被保险人打分,以明确被保险人发生保险事故的概率高低;邮购公司使用信用评分模型开发邮购促销的响应模型;美国国税局也利用信用评分模型挑选可能的审计对象。

信用评分模型在实际应用中会同时考虑到很多变量,信用评分模型根据信用申请人或客户满足目标客户特征的程度对这些申请人或客户排序(也就是说,信用评分模型并非针对单个申请人或客户)。这意味着,信用评分位于同一范畴内的客户具有相同的行为模式。

如前所述,消费信贷业务领域的信用评分模型既可用于筛选贷款申请人(无论这些贷款申请人从何而来),也可用于管理已经存在的消费信贷客户。多年来,消费信贷业务领域似乎有个不成文的规定,那就是一般用"信用评分"或"贷款申请评分"表示用于筛选贷款申请人的信用评分模型,用"行为评分"或"业绩评分"表示用于管理现有客户的信用评分模型。

贷款申请评分和行为评分特别适用于余额小、笔数多的贷款产品,包括常见的维萨卡、万事达卡、发现卡、由美国运通发行的旅行娱乐卡、饭店的账单、零售商的账单、个人分期偿还贷款以及汽车贷款等。信用评分模型给小额贷款产品提供了一致且准确的审核流程,对小额贷款发行人来讲,使用信用评分模型的成本较低,同时还能很好地控制发行人的贷款损失率。

大额无担保贷款、住房抵押贷款以及其他额度较大的贷款可能需要针对单个贷款申请人进行更为严格的审查和分析,单纯使用信用评分模型对这些贷款而言尚不够,因为这些贷款面临较大的风险敞口,此外,针对担保贷款,银行可能还需要评估抵押物的质量。事实上,美国市场中的主要住房抵押再融资贷款人(如Freddie Mac和Fannie Mae,具体参见第9章)都要求对每个贷款申请人进行详细的信用评分,该信用评分是住房抵押贷款或再融资申请流程的一个组成部分。

市场中存在两种不同类型的信用评分模型,即定制评分模型(Custom scores)和一般评分模型(Generic scores)。定制评分模型根据银行自己拥有的数据开发;一般评分模型根据较大的数据池开发,通常使用主要信用档案公司的数据池。如果银行自己的消费信贷数据很有限,或者银行正准备推出新的产品或在新的地理区域推广业务,一般评分模型可能是银行唯一的选择。

信用评分的好处

各种信用评分模型都有各自的优点。对于贷款申请评分模型来讲，它能给银行带来以下好处：

- 客观的风险评估。信用评分模型能消除决策过程中的人为偏见，使得银行的决策制定更具一致性。
- 成本有效的贷款处理。不合格的贷款申请人能很快得到淘汰，高质量的申请人能迅速获得审批，银行因此有充足的时间来分析信用质量处于这两个极端之间的贷款申请人。
- 利用统计手段控制消费信贷组合。借款人的风险可以在比较高的统计置信度内得到详细描述。银行可以用图形展示实际结果与预测结果间的对比情况，从而能持续跟踪信用评分模型的效用。
- 可以有的放矢地实施控制实验（Controlled experimentation）。银行可以对消费信贷组合实施一系列测试，比如接受高风险客户、提供更大的信用额度、设置更少的限制等等，以了解在测试情景下消费信贷组合的盈利能力，以便在长期内进一步改善消费信贷业务的盈利状况。

此外，行为评分模型能提供以下好处：

- 对客户行为模式的控制。由于行为评分模型能持续监控现有客户的风险特征，因此银行能有意识地挑选更为理想的客户（可能是低风险客户，也可能是盈利能力较高的客户），进一步强化与这些客户间的关系。对风险较高的客户，银行可以施加更为严格的控制，甚至可以淘汰掉这些客户。
- 更为完善的审批决策。信用评分模型使得银行可以更快、更为一致地制定常规审批决策。对比较困难的决策，相关人员也拥有更大的裁决度，比如当场审批、提高原定的贷款限额等。这种改善能提高客户的满意度，节省成本，并能带来更大的利润。
- 实施冠军/挑战者测试。为持续改善银行的贷款回收效率、测试信用限额改变后的影响以及改进银行的审批决策，银行可以利用信用评分模型设计冠军/挑战者新策略测试。在冠军/挑战者新策略测试功能下，现有的策略（即所谓的"冠军"）将接受替代策略（即所谓的"挑战者"）的挑战。挑战中获胜的一方将作为银行的策略予以正式实施，失败的一方将作为无效策略逐渐被淘汰。

- 改善贷款回收业绩。完善的贷款回收模型可以成功地识别出高风险、低风险以及中等风险的客户，使得贷款回收员能更有效地定位合适的回收对象。回收员可以将时间花在最具成本效益的客户身上，也就是更容易受贷款回收政策影响而偿还欠款的客户。与此同时，贷款回收模型还能识别出低风险的客户，对这些客户银行没必要反复催缴欠款，因为这些客户的还款可能性很高。

- 提前识别问题客户。信用评分模型能利用信用档案公司的信息，提前识别债台日渐高筑的客户或在其他银行已有逾期欠款未还的客户。

信用评分的局限性

尽管存在以上好处，但信用评分模型也有自己的局限性，银行管理层有必要在着手实施信用评分系统之前，深入了解信用评分的局限性。信用评分的主要局限性包括：

- 信用评分系统的开发需要耗用银行大量时间。信用评分系统的开发和安装都是一项极耗时间的工作。行为评分系统表现得尤为突出，行为评分的执行要求银行有健全的内部报告系统，以测试并实施不同的策略。此外，相关消费信贷数据必须明确且可解释，并能依据这些数据制定决策。如果管理层对信用评分系统的支持流于表面，信用评分项目将很难得到有效实施。

- 信用评分系统的预测能力有限。信用评分系统并不能明确揭示具体客户的高低优劣，该系统只能识别客户是优质客户或低质量客户的概率。如果客户成为优质客户或低质量客户的概率比为500∶1，银行的决策制定就十分简单；如果该概率比仅为8∶1或5∶1，银行的决策制定就要难得多。

- 信用评分系统会随时间退化。随着样本总体和经济条件的变化，信用评分系统也会随时间退化。由于信用评分取决于信用评分系统对客户过往业绩的解读，因此为确保信用评分系统的准确性，银行必须持续监控并验证该系统的结果。

当然，信用评分系统所能给银行带来的好处要远远大于该系统的局限性。银行在着手开发信用评分系统之前，必须对开发工作的难度做好充分的心理准备。

开发信用评分系统

尽管信用评分系统和行为评分系统的应用领域明显不同，但两个系统的开发适用相同的一般原则。本节将考察贷款申请评分系统开发流程的四个步骤，即（1）系统规划；（2）系统开发；（3）系统实施；（4）系统的验证与监控。

系统规划

考虑到信用评分系统的复杂性以及系统开发与实施所需耗用的时间，在系统开发前做好系统规划工作就极为重要，也就是说，银行应指定一个合格的内部管理团队，由该团队全程负责与系统开发和实施流程相关的工作，包括确立系统开发方向以及系统的具体应用等。与系统规划相关的工作包括确立信用评分目标、选择系统开发人、界定优质客户与低质量客户以及选择客户样本等。

确立信用评分目标

系统规划中最为重要的工作就是，确定信用评分系统在哪些消费信贷管理领域能发挥最大的作用，也就是说，银行在系统规划阶段应明确将信用评分系统应用于哪些消费信贷产品以及应用于信用循环流程的哪一部分。银行可以将信用评分系统应用于多种目的，不管银行具体如何使用该系统，有一点可以肯定的是：银行对该系统的使用总有改善的可能。比如，一些现有客户的信用评分可能需要更新；银行可能需要开发新的评分规则以管理贷款回收职能；市场中已出现了新的评分指标，该指标能更好地预测客户破产的可能性；新的评分模型能加快和改善抵押贷款的审批流程；等等。在着手开发信用评分系统前，银行必须明确信用评分系统的目标，系统目标决定了系统将予以分析的消费信贷数据。

关于银行究竟应设立多少个信用评分范畴和信用评分类别，这一问题并没有统一的答案。由于信用评分模型的应用范围很广，贷款业务量较多的银行往往需要安装多个信用评分系统。

在确立信用评分目标时，银行应牢记几个基本原则。首先，产品和目标市场的界定越细致，信用评分系统的辨别能力就越强。除非待分析的样本总体太小，以致信用评分失去了统计上的可靠性。当然，银行应在系统的准确性与系统的开发和管理成本间达成适度的平衡。比如，针对每个分支机构开发专门的贷款申请评分系统也许能够做到准确地评估风险，但由此导致的高昂的系统开发和管理成本可能是银行所无法承受的。此外，银行还应考虑到，单个分支机构的客户多样性是否足够大，以致针对单个分支机构需要安装多个信用评分系统。另一方面，银行可能必须针对新汽车购买者和二手汽车购买者分别开发不同的信用评分系统，因为购买新汽车的消费者和购买二手汽车（特别是车龄已达 6~7 年的二手汽车）的消费者在信用风险特征上具有很大的差异。

在确立信用评分目标时，银行需要考虑到很多不同的客户样本。比如，对于首次使用信用的客户，银行可能需要专门开发一个信用评分系统，这种类型的客户没有多少信用记录可供银行参考；对于次级贷款市场，即信用历史较差但希望银行再提供一次机会的借款人，银行也可能需要使用专门的信用评分系统。如果银行希望获得这两种类型的客户，可以使用特定的信用评分系统筛选这两类客户，评分系统中设定有针对这两类目标市场的合适筛选条件。需要注意的是，这两类客户中很少有人拥有自己的住宅或可靠的信用记录，因此如果银行的信用评分系统中设定的筛选条件对这两类客户极其不利，这两类客户将很难从银行获得信用。对于那些仅针对一般客户开发的信用评分系统而言，首次借款人或低质量借款人很难为这些系统所接受。

银行可以调整现有的信用评分系统，使该系统能满足新产品的信用评分需要，比如银行可以花点时间验证现有评分系统的判别分析标准是否与银行的客户筛选标准相一致（本书稍后会探讨该验证过程）。然而，如果银行仅以省钱为惟一目标，不愿花钱开发新的信用评分系统，并将原有的个人贷款评分系统应用于新的汽车贷款产品、新的信用额度产品或应用于房屋净值贷款产品，银行在这么做时一定要十分小心。采用无效的信用评分系统的弊大于利，因为这种评分系统很难判别优质客户与低质量客户，可能导致一些银行本想拒之门外的低质量客户蒙混过关，而潜在的优质客户却被系统无情地淘汰掉了。

选择系统开发人

以美国为例，开发贷款申请评分系统一般需要花费 5 万美元或更多资金，可能需要几个月的时间才能完成系统开发流程，具体的开发成本和开发时间取决于相关数据的可得性。开发行为评分系统可能需要更多的时间和资源，所需的时间和资源数量具体取决于待开发的系统的数目、系统目标以及相关数据的可得性。在系统开发问题上，银行需要做出的第一个决策是：是应由银行内部相关人员自行开发信用评分系统，还是委托一家专业的信用评分系统开发公司履行相关工作？

信用评分领域存在几家十分出色的专业开发公司，最著名的当属位于加利福尼亚州圣拉斐尔市的 Fair, Isaac & Company, Inc. （FICO）公司。自 1948 年成立以来，该公司的两位创始人、数学家比尔·费尔（Bill Fair）和厄尔·艾萨科（Earl Isaac）就致力于为大型银行和金融机构开发信用评分模型。该公司开发的一般风险模型、破产模型、收入模型、欺诈模型、损耗模型以及贷款回收模型已被三家主要的信用档案公司（即 Equifax、TransUnion 以及 Experian 三家公司）使用。该公司也为世界上其他国家的银行开发信用评分模型，该公司的模型很少出错，当然银行也可以选择其他系统开发公司的模型。

例如，加利福尼亚州圣地亚哥市的 HNC 公司以及纽约市的 Portfolio Management Associates（PMA）公司都是顶级的系统开发公司。HNC 公司最初致力于开发人工智能或神经网络信用评分系统，这种系统能持续进行自我更新以确定新的行为模式，当然该公司也开发传统的信用评分模型。PMA 公司的独特之处在于，该公司并不是特别强调信用评分中的数学技巧，相反，该公司所采用的评分方法是与客户银行密切合作，确保银行能充分理解信用评分系统的开发和实施流程，使银行能学会收集管理信息以跟踪信用评分结果，最终使银行能完全掌握信用评分原理及其应用。

使用专业开发公司具有以下好处：

- 能获得信用评分领域最出色的专业人员的帮助。
- 能获得无偏向的信用评分结果。这是自行开发信用评分系统所无法实现的效果，因为银行内部的信用评分部门倾向于保护或扩张该部门的权益和地盘，并不惜以牺牲信用评分结果的可靠性为代价。
- 使用外部的专业开发公司只需支付一笔一次性成本，相反，自行开发信用评分系统会引致与维持银行信用评分部门相关的持续性固定成本。

- 由于各个专业公司之间在报价上的高度竞争，使用外部开发公司也许能获得成本优势。

使用专业开发公司也具有一些缺陷，比如：

- 专业公司的信用评分模型不为银行所知，即所谓的"黑箱方法"，这意味着银行内部没有人被允许或能够了解信用评分系统的基本数学原理。
- 在系统开发完毕后，开发公司就甩手不管，导致银行在系统的后续使用中可能会出现很多问题。银行可能不愿意花钱购买系统专家的咨询服务，从而无法最大限度地利用信用评分系统的效用。

自行开发与使用专业开发公司这两种方法孰优孰劣并无定论。一种解决方案是在两种方法间实现某种平衡，也就是说，银行会设立内部信用评分专家，由这些内部专家将银行的系统开发要求传达给外部专业公司，内部专家还可以就外部专业公司的系统开发工作提供建议，此外，这些内部专家还是银行内各个业务单元的联络人。一些大型银行同时使用内部专家与外部专业公司，因此能充分利用二者的优点。

界定优质客户与低质量客户

选好了系统开发人之后，银行接下来就要根据现有客户的业绩界定优质客户与低质量客户以及质量尚不能确定的客户。对风险模型而言，低质量客户是银行最好应规避的客户，并且可以将低质量客户界定为持续拖欠债务的客户，或实际上已发生债务核销或破产的客户。对损耗预测模型而言，低质量客户可能是准备离开银行的盈利客户。优质客户与低质量客户的界定，理想情况下应通过分析盈利能力进行。比如，银行应明确过去6个月中有3个月严重拖欠债务的客户的盈利能力，以及最近的未偿余额一直比较低的客户的盈利能力；银行还应明确自己是否有能力承担与这些低质量客户相关的成本。这种分析对数据的要求很高，并不是所有的银行都有能力实施这种分析。

还有一些客户无法明确地界定为优质客户或低质量客户。对以盈利能力为基础的模型而言，位于盈亏平衡点附近的客户都是质量尚不能确定的客户。对风险模型而言，质量不确定的客户在某些时候可能会面临中度信用危机，但这些客户不会很频繁地发生信用危机，其信用危机的程度也不会很严重，因此并不能根据相关标准将这些客户归类为优质客户或低质量客户。质量不确定的客户的数目相对较少。在信用评分系统的开发流程中，质量不确定的客户不会纳入客户样本，相反，这类客户一般用于系统的验证。

选择客户样本

贷款申请评分系统开发流程的下一步是选择用于分析的客户样本。为获得合适的客户样本，银行应注意以下几点：

- 首先，所选择的样本应能代表信用评分卡将予以评估的总体[①]。例如，汽车贷款信用评分模型对贷款申请人的评分，必须以在相似的经销商处购买类似型号的汽车的消费者总体为基础。购买卡迪拉克新车的消费者当然不同于购买起亚二手车的消费者；消费者的特征不同，其贷款行为自然也会有所不同。使用卡迪拉克新车购买者的特征和行为数据，企图预测起亚二手车购买者的理想特征和行为模式，这种做法无异于缘木求鱼。

- 样本与将进行信用评分的总体必须具有相同的特征，如相同的地理区域和相同的人口统计特征。例如，面向学生发行的信用卡所使用的信用评分系统，应以由学生组成的样本为依据开发；面向南部城市房主的房屋净值信用额度所使用的信用评分系统，应以由该区域的房主组成的样本为依据开发。

- 一些个体应从样本中剔除。比如，一些在总体中占比较小的个体会被剔除，因为将这些个体包含在模型开发流程中来没有什么意义。

- 优质客户和低质量客户的数目必须足够大，以为系统开发提供合理的统计基础。系统开发人可能想实现95%的置信度，这意味着模型结果纯为偶然的概率不超过5%。系统开发人可能会告诉银行，实现该置信度所采用的优质客户和低质量客户的数目，以及所使用的抽样技术，比如分层随机抽样。银行应记住的一个关键数据是，为达到该置信度要求，系统开发人一般最少需要1 000名低质量客户的数据。

- 与所分析期间相关的数据必须具有可得性。对贷款申请评分系统而言，数据一般来自贷款申请表以及信用档案公司的报告，从信用档案公司的报告中可以了解到1~2年前曾申请过信用的潜在客户的信用历史，1~2年的时间已足够客户形成自己的业绩记录（优质客户抑或低质量客户）。

- 最后，样本中应包含先前曾被银行拒绝的客户，其中一些客户现在可能已成为优质客户。因为银行没有这些曾被拒绝的客户的业绩记录，为此，银行必须利用信用档案公司的数据或使用复杂的统计技术。

---

① 信用评分卡是信用评分系统的最终产品。信用评分卡会涵盖信用评分系统中所考察的客户的所有特征，比如参加工作的时间长短、住房拥有情况等，不同的特征类型会被赋予不同的权重，比如"租房"的权重为0，"自有住宅"的权重为38，"与父母住在一起"的权重为15等。

至此，银行已确立了信用评分目标、选择了系统开发人、界定了优质客户与低质量客户，同时已具备能充分代表客户总体的准确的客户样本，现在银行就可以进入第二个步骤即实施系统开发。

系统开发

与系统开发相关的工作包括明确目标客户特征、确定判别标准及各个标准的权重以及设定信用评分阈值等，下面逐一展开探讨。

明确目标客户特征

系统开发人首先要做的是考察样本中的客户特征，也就是考察相关数据，这些数据一般来自贷款申请表、信用档案公司的记录以及一些人口统计特征。示例3.1展示了需要考察的相关信息。

这种考察的目的是识别可以区分低质量申请人与高质量申请人的有用模式。在示例3.2中，系统开发人根据贷款申请人拥有信用记录的时间长短（该数据来自信用档案公司）来分析客户样本的历史业绩模式。分析中对时间区间的划分由系统开发人自行确定，比如拥有信用记录的时间为12～15个月或20～30个月的贷款申请人等等。在示例3.2中，系统开发人划分了6个不同的时间区间，贷款申请人拥有信用记录的时间长短从不足12个月到超过60个月不等。

通过考察这些数据，系统开发人可以发现贷款申请人拥有信用记录的时间长短与该申请人成为银行客户后的业绩之间的关系。考察发现，与拥有信用记录的时间较长的贷款申请人相比，拥有信用记录的时间较短的贷款申请人日后成为低质量客户的比例明显较大。因此，申请人的特征可以用于识别低质量客户与优质客户。

从示例3.2中可以看出，拥有信用记录的时间较短（不足12个月）的贷款申请人日后成为低质量客户的比例高达25%。拥有信用记录的时间较长的贷款申请人日后成为低质量客户的比例明显较低，特别是，拥有信用记录的时间超过60个月的贷款申请人中低质量客户所占比例仅为5%。当然，并不是所有的贷款申请人特征与业绩之间都存在这种直线关系，有时二者之间会表现出一种曲线关系或不规则的图形关系。有些情况下，考察结果可能会揭示出某些特征与客户是低质量客户或优质客户无关，这时系统开发人就会将这些特征从信用评分卡中剔除。

示例3.1　信用评分中需要考察的变量

从贷款申请表中获得的样本数据
- 申请人年龄
- 住房拥有情况（自有或租赁）
- 自有住宅的房龄
- 职业
- 电话
- 收入
- 在本住址的居住时间
- 先前的工作
- 先前工作的工作年限
- 婚姻状况
- 需要抚养或赡养的人数
- 信用经历（银行卡等）
- 银行贷款记录
- 支票/储蓄账户
- 提供的抵押/权益
- 未偿还的负债余额
- 债务/负担
- 贷款的目的
- 贷款类型
- 担保人
- 担保人的相关信息
- 共同申请人
- 共同申请人的相关信息

从信用档案公司获得的样本数据
- 拥有信用记录的时间长短
- 及时偿付的次数
- 拖欠贷款的次数及拖欠的额度
- 上一次拖欠贷款是在什么时候
- 发生贷款核销的次数及核销的额度
- 不同贷款的笔数及贷款额度
- 过去 X 个月内信用查询的次数
- 上次信用查询是在什么时候
- 时间最长/最短的贷款的账龄
- 循环贷款的最高/最低/总信用限额
- 循环贷款信用限额的最高/最低/总使用比例
- 不同贷款的总未偿余额占最高未偿余额的比例
- 最近进行的贷款交易的数目和类型

其他数据
- 人口统计特征
- 收入中值

　　系统开发人会以这种方式测试成百上千项贷款申请人特征，力图找出能区分低质量客户与优质客户的特征差异。系统开发人会选择那些能最为准确地识别优质客户与低质量客户的差异特征。由于很多特征相互重叠（比如住房所有者的年龄可能比租房者的年龄要大），系统开发人下一步的工作就是估计这些特征之间的统计相关性，并尽量消除这种相关性的影响。一些国家明令禁止银行根据某些特征筛选潜在客户，比如美国法律规定银行不得根据种族、性别、宗教、国籍、婚姻状况以及收入来源等特征筛选潜在客户。此外，系统开发人和银行必须就所使用的判别特征达成一致，一些判别特征可能很难向遭到拒绝的贷款申请人解释。

示例 3.2　单个特征分析

拥有信用 记录的时间	客户 总数	优质客户 数目	低质量客户 数目	低质量客户 占比（%）	客户总数 占比（%）
<12 个月	1 000	753	247	25	4.2
12~18 个月	1 334	1 067	267	20	5.6
19~24 个月	2 000	1 700	300	15	8.3
25~36 个月	3 000	2 700	300	10	12.5
37~60 个月	3 334	3 067	267	8	13.9
>60 个月	13 333	12 713	620	5	55.5
合计	24 000	22 000	2 000	8	100.0

例如，汽车购买一般具有季节性，贷款申请人购买汽车的月份可能是一个统计上有效的判别因素，比如银行可能认为在 8 月份购买汽车的贷款申请人比在 11 月份购买汽车的贷款申请人具有更大的风险（即前者得到的信用评分较低）。这种判别标准可能在统计上有效，因为与在 8 月份购买特价汽车相比，在 11 月份购买新车一般需要支付更高的价格。问题在于，这种判别特征对贷款申请人而言具有说服力吗？想象一下，贷款申请人收到这么一封拒信，信中说："考虑到阁下是在 8 月购买的汽车，我们十分抱歉地通知您，我们无法给您提供信用。"这样解释肯定会使贷款申请人感到满头雾水，不明所以。因此，信用评分系统有必要使用更为合理的判别特征，这可能会导致系统在识别目标客户方面不是那么精准，但由此能更好地保护银行免于招致贷款申请人的负面评价。银行必须与系统开发人密切合作，以确保最终能获得合理的信用评分卡。

对小规模消费信贷业务的建议

如果银行的消费信贷业务规模很小，由于统计总体太小，可能无法开发完善的信用评分系统，在这种情况下，即使银行选择使用主观判断法来挑选目标客户，也应像示例3.2中分析"拥有信用记录的时间"时所使用的方法一样，详细考察尽可能多的客户特征。所有具体的客户特征，如住宅所有权、职业、工作年限、信用限额等，都可以按示例3.2所示的方法进行分析。如果消费信贷业务组合很小，管理者还可以利用自己的主观判断以辅助决策的制定。综合使用主观判断与统计基础上的信用分析技巧，银行至少可以减少潜在的低质量客户的数量，或者可以获得更多的优质客户。尽管最终所获得的结果不一定完美，但综合采用这两种方法，管理者将能更好地理解自己所制定的决策。

确定判别标准及各个标准的权重

从客户样本出发，系统开发人将明确最有效的判别标准，考察判别标准与客户实际表现之间的相关性，以及从数学意义上给每个判别标准分配一定的分数或权重（银行应要求系统开发人解释权重分配中所用到的相关技巧）。最终的结果是形成一个正式的信用评分系统，该系统中包含如示例3.3所示的客户特征。

示例3.3 信用评分样本表

客户特征	分类	信用评分
住房拥有情况	租赁	0
	同父母住在一起	15
	自有	38
贷款申请人年龄	18～20岁	0
	21～24岁	4
	25～55岁	27
	55岁及以上	53
家庭收入	未知	22
	不到1 500万美元	0
	1 500万～2 500万美元	7
	2 500万～3 500万美元	31
	3 500万～5 000万美元	43
	大于5 000万美元	61

示例 3.3（续） 信用评分样本表

客户特征	分类	信用评分
最近信用查询的次数	0 次	66
	1~3 次	48
	4 次及以上	0
所获评级比较满意的次数	0 次	0
	1~3 次	14
	3~5 次	26
	6 次及以上	33
逾期期限达 90 天加负面评价的次数	0 次	129
	1 次	34
	2 次	13
	3 次及以上	0
信用余额被注销的次数	0 次	38
	1 次	7
	2 次及以上	0
银行卡的数目	0 张	0
	1~3 张	40
	4 张及以上	53
过去 12 个月内所报告的银行卡余额	0~250 美元	40
	250~1 000 美元	37
	1 000~3 000 美元	17
	3 000 美元及以上	0
可能的最低分 = 0，可能的最高分 = 511		

信用评分中可能会更多地使用来自贷款申请表的判别因素，也可能更多地使用来自信用档案公司的判别因素。各个判别标准分配了不同的信用评分。最终的效果是，银行能使用信用评分卡给各个贷款申请人打分，方法是加总贷款申请人在各个项目上的得分，比如，如果贷款申请人与父母住在一起，他的得分将是 15；如果该贷款申请人年龄为 23 岁，他在这个项目上的得分将是 4 分。贷款申请人的总得分数能用于预测该申请人在估计的未来时间期间内的业绩表现。

设定信用评分阈值

信用评分阈值是一个临界水平，得分高于该水平的客户理论上都可以被接受，得分低于该水平的客户理论上应被拒绝。当然，在允许的范围内，银行也可以接受得分低于阈值的客户或拒绝得分高于阈值的客户（本章稍后会探讨银行的这种决策)。在决定是否接受或拒绝某个客户时,最有用的决策工具是各个得分水平的预计审批率或预计的低质量客户比例,预计审批率指标和低质量客户比例指标均由系统开发人设定。示例3.4给出了这种决策工具的一个样本。

示例3.4 设定信用评分阈值

信用 得分	累计 百分比	优质客户的 累计百分比	低质量客户的 累计百分比	核销率(%) 边际	累计
500及以上	17	19	2	1.4	1.4
450及以上	25	29	3	2.2	1.7
400及以上	32	37	5	3.9	2.2
350及以上	46	52	9	4.2	2.8
300及以上	62	69	17	7.2	3.9
250及以上	65	72	21	18.0	4.6
200及以上	73	79	34	23.4	6.6
150及以上	85	89	59	29.1	9.8
100及以上	100	100	100	38.0	14.1

设定信用评分阈值有多种方法可供选择,具体选择哪种方法取决于银行的业务目标。例如,在设定贷款申请信用评分阈值水平时,银行的目标可能是:

- 维持既定的审批率。
- 维持既定的坏账率/核销率。
- 基于先前的经验,维持管理层可接受的审批率/坏账率。
- 实现业务利润的最大化。

如果银行管理者缺乏完善的利润数据,前三个业务目标中的任何一个都可能成为银行的选择(这三个业务目标可以立即被银行采用),但银行可能无法实现消费信贷业务的利润最大化。例如,使用示例3.4中的数据,管理者可能会预计在信用评分阈值水平(即300分)上,贷款申请的审批率将为62%,贷款核销率将为3.9%。问题是,3.9%的核销率是否合理?核销率取决于各个产品本身以及产品的盈利能力。对信用卡而言,根据当前的标准,3.9%的核销率水平相对较低;但对汽车贷款而言,3.9%的核销水平实属相当高;对住房抵押贷款而言,该核销率水平也不合适。我们强烈建议银行的高级管理层在最终的决策中，选择以客户盈利能力为基础的信用评分阈值。决策中所需的关键信息是，在假设的产品生命期内，低质量客户的成本（包括较高的贷款回收成本以及与呆坏账核销相关的成本）与优质客户的利润间的对比情况。信用评分阈值可以设定为盈亏平衡点，也可以通过估计整个消费信贷组合的盈利能力来设定信用阈值水平。本书将在第10章"产品盈利能力分析"中详细探讨消费信贷组合的盈利能力分析技巧。

其他预测模型（损耗模型、收入模型、贷款回收模型以及破产预测模型等）在确定信用政策时需要采用不同的策略。这些模型并不需要设定信用阈值水平。例如，在贷款回收模型中，针对低风险客户、中等风险客户和高风险客户会分别适用不同的策略。在这些模型中，盈利能力依然是信用政策的关键目标，因此在贷款回收信用评分模型中，银行需要平衡贷款回收成本以及各种回收策略所能实现的效益（即这些策略所能收回的贷款额度）。

银行很难根据破产预测模型确立一个稳定的信用政策，因为潜在破产客户的行为特征看起来很像（实际上也往往如此）质量最优的客户。银行应记住的关键一点是，任何信用评分系统都只能按质量高低优劣的顺序给银行的客户排序，信用政策的制定权最终仍掌握在银行的手中。本书稍后会指出破产预测模型十分有趣的一个方面，那就是目前最有效的破产预测模型是信用档案公司的一般模型，这些模型的数据来自大量债权人。相对而言，仅凭银行自身的数据可能很难预测客户的破产可能性。

消费信贷盈利能力曲线

实证研究发现，随着信用评分的变化，循环贷款的盈利能力将呈现出如示例3.5所示曲线的形状。

与信用评分居中的客户相比，风险最高和风险最低客户的盈利能力较差，后两者甚至可能无法给银行带来任何利润。高风险客户会引致较高的贷款回收成本和核销成本，因此银行很难从这类客户身上获取利润；低风险客户这一范畴所包含的个体较多，低风险客户仅将信用卡作为一种支付便利，也就是说，低风险客户一般都会按时还款。如果信用卡没有年费，除非低风险客户非常频繁地使用信用卡，否则银行很难从这类客户身上获得利润。

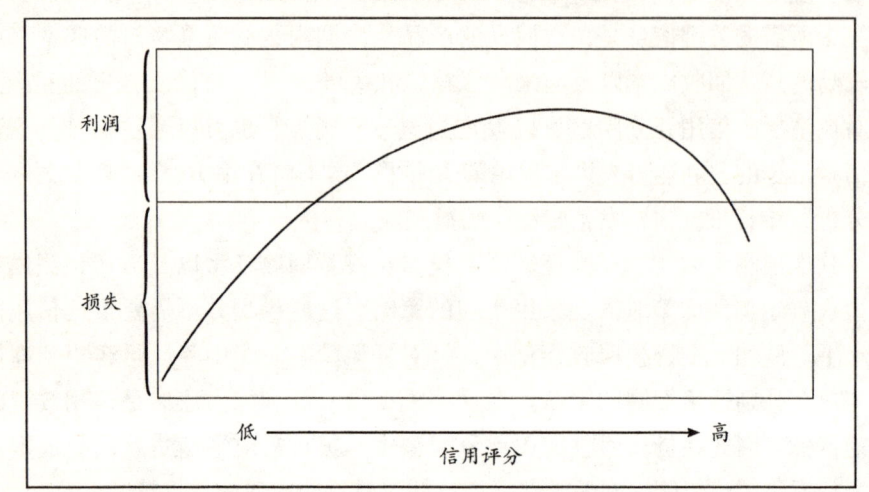

示例 3.5　不同信用评分下的盈利能力

系统实施

系统实施阶段所涉及的工作包括人员培训、设定系统超驰（Overrides）的容忍度、密切关注系统错误、撰写发送给客户的拒信以及整个实施流程的文件记录。

人员培训

这里关键是要明确，银行中的系统用户是否已为系统实施做好了相关准备。人员培训的难易程度取决于系统是一个置换系统（Replacement system）还是首次安装的全新系统。置换系统只要求少量的管理变化，当然这里的假设前提是原有的系统运行良好，也就是说，原有系统已得到银行的普遍认可，原有系统在安全性和有效性上均有出色表现，并且系统也得到了完善的监控。尽管原有系统仍可以发挥效用，但系统在功能上可能已发生退化，为进一步完善系统的相关功能，银行可能会选择安装一个新系统。与系统置换相关的人员培训只要求解释银行为何需要新的信用评分卡，以及新系统将如何改善银行的贷款决策流程。

如果银行是第一次安装贷款申请信用评分系统，在引入该系统时银行必须十分小心。对银行来讲，成功的关键在于：（1）高层管理层对系统实施的承诺与理解；(2)对所有系统用户的全面培训。如果员工能感受到高级管理层对系统实施的郑重承诺，信贷员在贷款发放过程中就更有可能使用该系统，而不是暗中搞破坏。银行的组织结构越松散，系统实施的难度就越大，尤其是在分支机构中，因为分支机构的很多高级经理都已习惯于凭个人主观判断制定信用决策。在集中处理贷款审批的银行中实施信用评分系统要容易得多，比如银行从一开始就可以很好地控制系统实施流程，系统实施过程中的沟通也会十分顺畅。

为使分支机构能接受信用评分系统，需对分支机构相关人员实施全面、持续的培训，以确保信贷审批员能明了信用评分系统的概念和运作原理，比如该系统是如何开发的，该系统为何有效，为何要确保系统的完整性，使用该系统进行信用决策为何优于单凭个人主观判断进行的信用决策。例如，银行必须告诉信贷员绝不可捏造贷款申请信息，比如信贷员应尽量避免引导性的提问，如"李先生，你的确拥有储蓄账户，不是吗？"贷款申请表的填写应完整，但绝不可弄虚作假。此外，银行还应告诉信用审批员，信用评分的结果将会提交给他们，以验证信用评分系统的有效性。信用评分结果应定期反馈，反馈旨在证明，信用评分系统的确能准确地按质量高低优劣的顺序给客户排序，并且该系统的表现与预期相吻合。在人员培训中，银行还应就系统超驰的容忍度与相关人员达成一致。

设定系统超驰的容忍度

所有贷款申请最后仍要由个人作出审查，从这个意义上讲，信用评分只是贷款决策流程的一部分，贷款最终能否获批仍取决于相关个体的主观判断。我们并不鼓励贷款审批人在小额贷款上花费过多的时间，事实上，任何贷款申请信用评分系统都应允许一定范围内的系统超驰，因为某些个案可能并不适用该系统所推荐的决策。贷款审批人往往拥有额外的信息，从而在某些情况下能合理地"推翻"信用评分系统的结论。

系统超驰有两种形式：

- 上行超驰。信用评分系统认为某客户应获得审批，但贷款审批人认为该客户风险太大，不能批准贷款。
- 下行超驰。信用评分系统认为某客户应被拒绝，但贷款审批人认为该客户可以接受。

记住，没有哪个信用评分系统是专为富人设计的。对即将进入大学的学生而言，尽管他们没有任何信用记录，但在大学毕业后这些学生将是极具价值的客户，即使信用评分系统所给出的结果是应拒绝这些学生，信用卡审批人也会批准这些学生的信用卡申请。另一方面，某些申请人可能会获得信用评分系统的接受，但信用审批人基于自己所掌握的额外信息，认为不应给这些申请人提供信用，比如信用审批人可能了解到申请人的诉讼历史，而这些信息在信用评分系统中得不到反映。

在上述特定情况下可以允许系统超驰的存在。但银行对系统超驰应予以严密监控，比如下行超驰的数目不应超过所批准的贷款申请人总数的3% ~ 5%，对上行超驰也可施以同样的限制，限额大小取决于具体的产品。比如，贷款额度较大的消费信贷产品，其上行超驰的容忍度也会较大，而对贷款额度较小的消费信贷产品而言，其上行超驰的容忍度会较小。无论银行如何设定系统超驰的容忍度，最为重要的一点是，银行应密切监控与该容忍度相关的信贷业绩。

对下行超驰来讲，业绩的监控相对容易，银行只需编制一份月度报告以追踪额外接受的客户的业绩即可。考察报告结果，银行即可以明确，额外接受这些信用评分系统认为应予拒绝的客户对银行而言是否有利。如果这些额外接受的客户具有较高的贷款拖欠率或核销率，银行应收窄系统超驰容忍度。一份由 Fair, Isaac & Company, Inc. 公司公布的研究结论为，银行只在一种情况下才有必要实施下行超驰，即银行出于维护良好的客户关系的需要，比如该客户或该客户的一位近亲持有银行比较看重的账户或在银行中存有大笔款项，只有在这种情况下，实施下行超驰对银行才有利可图。实施下行超驰时所额外接受的客户其贷款拖欠率应低于阈值水平（阈值水平的设定以最大可接受风险为准）。

在间接汽车贷款业务中，接受下行超驰对银行而言十分重要。为从指定的经销商处获得合理数量的优质客户，银行必须接受一定数目的低质量客户。即使低质量客户的核销率十分高，来自优质客户的利润也能弥补低质量客户的核销成本，因此银行从该贷款业务中所获得的总体利润水平也不会太低。

与下行超驰相比，上行超驰的业绩相对较难监控。除非银行采取特别的步骤，否则上行超驰的业绩根本无法进行追踪，因为通过上行超驰所额外淘汰的贷款申请人根本不会拥有银行的贷款账户。一个解决办法是试着接受一部分上行超驰中本应淘汰的贷款申请人，以这部分贷款申请人为样本，单独追踪该样本的业绩（比如给该样本分配一个集中控制的、可识别的部门号）。

如果样本中的客户在长期内表现不错（正如信用评分系统所预测的那样），银行就有充足的证据来调整上行超驰的容忍度。另一种业绩追踪方法是，银行不用建立这种样本，而是先试着拒绝上行超驰范围内的所有贷款申请人，一段时间后比如 18 个月后再考察这些因上行超驰而遭到拒绝的贷款申请人的信用档案记录。如果绝大多数贷款申请人在其他贷款人处的信用记录都十分良好，银行就应降低上行超驰的容忍度；如果考察结果正好相反，银行可以维持原有的上行超驰容忍度不变，或者调整信用评分系统的阈值水平。在上行超驰的业绩监控方面，最为重要的是应让数据说话，以证明银行的上行超驰决策的正确性。

密切关注系统错误

随着很多信用评分系统已实现自动化，审查系统错误的必要性也大大降低。尽管如此，管理者仍需警惕系统错误发生的可能性。存在两种类型的系统错误：（1）严重错误。比如信用评分员输入了完全错误的数据，以致某个原本应被拒绝的贷款申请人最终得到接受，反之亦然。（2）正常误差。这种错误对银行的最终决策没有实质性的影响。显然，严重错误更值得银行关注，但正常误差也不可小觑，正常误差对信用评分系统的效用也有一定的负面影响。

系统错误一般发生在贷款申请数据被人为错误解读时，比如 90 天期的贷款拖欠被错误解读成 60 天期的贷款拖欠。世界上很少有系统能绝对准确地实施信用评分，贷款处理方面的压力无疑会加剧系统错误发生的可能性。如果系统中有些信息需要大量的解释，比如很麻烦或很复杂的职业代码，这种系统就很容易出错。此外，一些贷款申请信息中包含相互矛盾的数据，这无疑会加大系统处理的难度。比如，某个贷款申请人可能会同时选定"同父母住在一起"和"自有住宅"这两个选项，那么，哪个选项是对的呢？可能两个都对。在这种情况下，是否应将申请表返还给贷款申请人以确认该项信息呢？记住，贷款审批上的任何延迟都会严重打击客户申请贷款的积极性。人们也许还记得，2000 年美国总统选举时佛罗里达州的电子投票机故障引发了很多争议，这种教训信用评分系统应引以为戒。银行应就如何解读具有误导性的数据制定专门的规则，比如在两个相互矛盾的选项中以第一个选项为准。有经验的系统开发人会基于先前的系统使用经验，有意识地在系统中加入与处理这些例外情况相关的规则。

银行中的审计部门应制定完备的错误抽样和报告程序，尤其是针对严重错误，更应严格控制。

撰写拒信

美国法律要求银行在拒绝贷款申请人时，应向贷款申请人发送正式的拒信。信中可以给出申请人遭到信用评分系统拒绝的具体原因（比如工作年限不够、没有银行卡等），或指明申请人的信用评分与可能的最高得分或预期的平均得分之间的巨大差距。拒信也可以只是简单地告诉申请人贷款申请被拒这一事实，同时向申请人说明，申请人可以要求银行解释申请被拒的原因。究竟采用哪种处理方式，银行管理层应提前作好安排，决定是否应在第一时间与客户沟通申请被拒的主要原因，还是在客户提出相关要求后再向客户解释。

贷款申请人的知情权

随着信用评分在贷款审批中占据越来越重要的决定性地位，同时随着消费者组织不断施压，有关贷款申请人知情权的立法逐渐酝酿出台。以美国为例，加利福尼亚州首次启动了该项立法，法律要求银行必须告知贷款申请人真实的信用评分结果。随着该项立法的出台，2001年春，FICO公司和Equifax公司开始在其网站上公布贷款申请人的信用评分结果，贷款申请人只需象征性地交纳一笔费用，就可以查看自己的信用评分。为避免贷款申请人操纵自己的信用评分，贷款申请人只能了解自己的最终评分结果，而不会被告知得出该信用评分结果所使用的方法。除此之外，贷款申请人还会了解到信用评分阈值，系统开发人也会就如何提高信用评分给贷款申请人提供一些建议。常见的建议有：

- 及时支付账单。
- 信用卡和循环贷款的余额应尽量低。
- 除非的确需要，否则轻易不要申请新的信用账户。
- 还清债务，不要使用余额代偿机制或借新债还旧债的方式。
- 确保信用档案记录准确无误。

揭开信用评分的神秘面纱看起来似乎很不错，事实上我们还可以走得更远，让广大消费者对信用评分有更多的了解并没有什么坏处。

系统实施流程的文件记录

完整记录信用评分系统的实施流程十分重要。原因至少有两点,首先,为在管理层发生变更时仍能对信用评分系统有正式的内部控制,有必要详细记录系统的实施流程;其次,为满足法律要求,对系统实施流程需进行审计追踪,这使得完整记录系统实施流程十分必要。尽管法律上只要求系统得到验证即可,但在消费者组织对银行提起诉讼时,银行需要有充足的证据来证明信用评分系统的公平性,这时完备的文件记录就能派上用场。

系统的验证与监控

与系统验证和监控相关的工作包括初始统计验证与持续的统计验证、预警报告以及定期的实际结果报告。下面逐一展开探讨。

统计验证

信用评分系统应予以持续验证和监控,以确保系统的有效性能达到系统开发人的预期,系统中所设定的阈值水平应足够合理,系统还应能满足法律法规方面的要求。在没有任何监控措施的条件下使用信用评分系统,无异于一个没有指针的时钟,时钟也许的确在准时运转,但没有指针的时钟根本无法告诉我们准确的时间,因此也就失去了时钟本来的效用。

首先应在系统实施前进行统计验证。为此,系统开发人一般使用一个测试组样本(Holdout sample),即从系统开发所使用的客户样本中随机抽取一个测试组样本,用以验证针对测试组样本和开发组样本(Development sample),信用评分系统所给出的结果完全一致。如果系统开发已花了相当长的时间,可能有必要使用最近的贷款申请人样本来验证系统结果。在系统安装完毕并投入使用后,银行应使用几种标准报告以持续验证和监控系统结果,确保系统的准确性不低于预期。比如,银行可以采用以下几种标准报告:

- 为验证信用评分在统计上的准确性,可以使用 K-S 指标或区别力指标(Divergence Measures)。
- 为验证信用评分模型在将来的可行性,可以使用统计总体稳定性报告。
- 为验证信用评分阈值的合理性,可以使用历史业绩报告。

业绩评估可以使用两种方法,一是 K-S 评分法,另一种是区别力法。K

-S 评分法（以两位数学家 Kolmogorov 与 Smirnoff 的名字命名）会计算优质客户与低质量客户的累积分布。如示例 3.6 所示，累积分布图的形状看起来像个橄榄球，因此该图形也称作"橄榄图"。

优质客户的累积分布与低质量客户的累积分布间的差距越大，信用评分系统的准确性就越高。二者间的差距如果超过 30 个百分点，就可以认为贷款申请信用评分结果比较可靠。对行为评分而言，二者间的差距在超过 45 个百分点时，行为评分的结果就比较可靠，因为行为评分采用的是银行自己的数据。在示例 3.6 中，二者间的差距为 52 个百分点（69% – 17%），因此该信用评分系统的结果非常可靠。示例 3.6 还表明，测试组样本（"橄榄球"里面的虚线）可以很好地验证开发组样本，因为虚线的位置非常接近于"橄榄球"外面的实线。K – S 评分应定期计算，比如至少每半年计算一次。

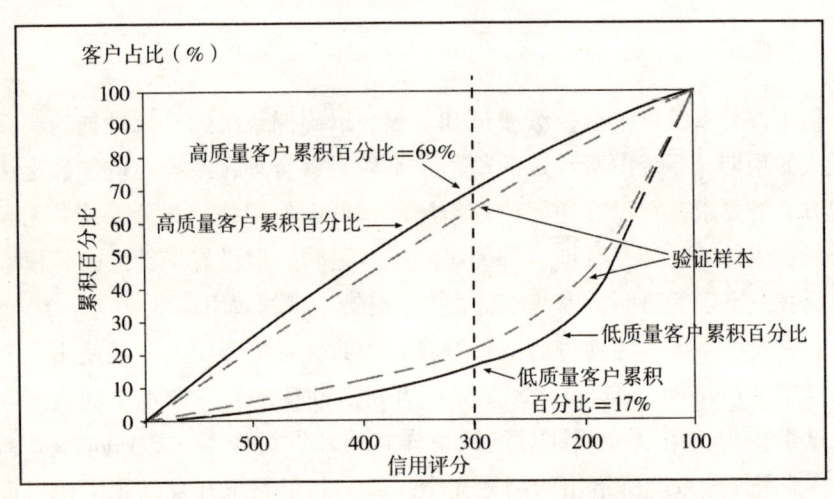

示例 3.6　K – S 评分法

也可以采用区别力法来验证信用评分系统的可靠性。使用区别力法时，系统开发人会计算优质客户被误评为低质量客户的概率（或者低质量客户被误评为优质客户的概率），以及优质客户与低质量客户间的重叠区域的大小，具体如示例 3.7 所示。

两种方法的原理相似，也就是说，优质客户的分布曲线与低质量客户的分布曲线间的差距越大，信用评分系统的结果就越可靠。银行可以向系统开发人咨询如何计算合适的区别力水平。

预警报告

安装好了信用评分系统后，银行必须定期监控该系统的表现。为明确系统的表现是否达到了预期要求，银行可以编制两个十分重要的预警报告，即统计总体稳定性报告和特征稳定性报告。统计总体稳定性报告按信用评分的高低比较贷款申请人的实际分布与预期分布，这种比较可以每个月或每个季度进行一次。示例3.8展示了统计总体稳定性报告的一个样本。

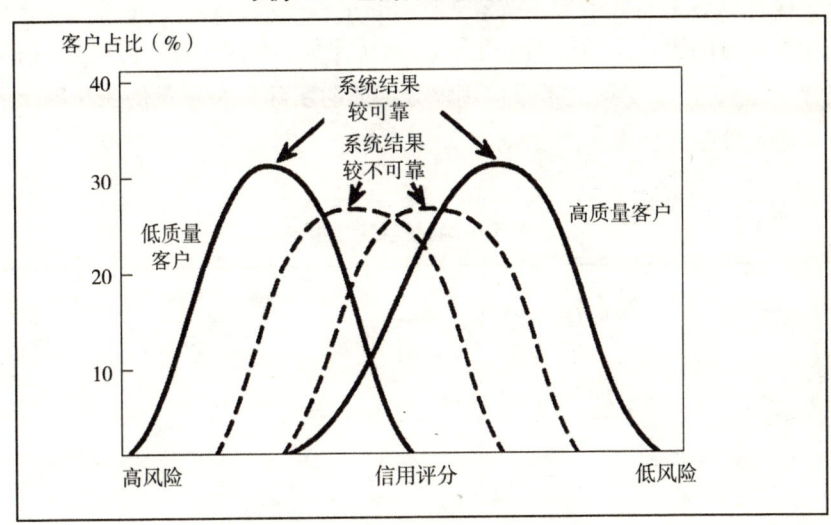

示例3.7 区别力法下的评分分布

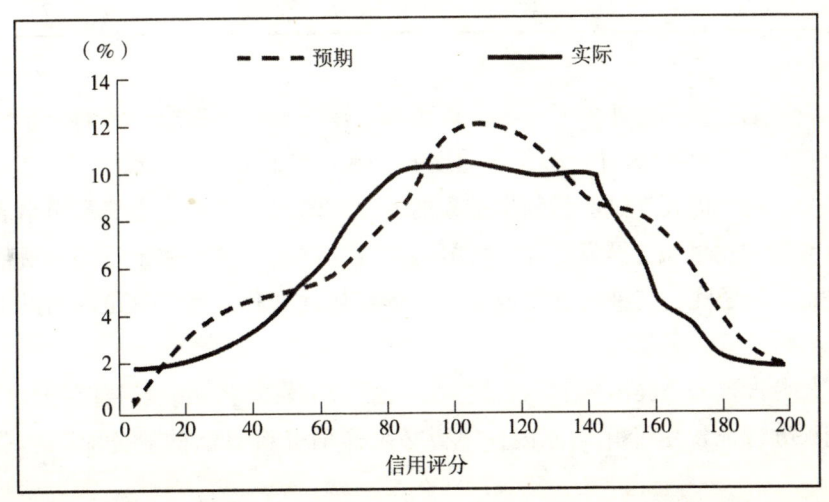

示例3.8 统计总体稳定性报告

统计总体稳定性是一个很好的揭示潜在问题的预警指标，该指标可以告诉银行，当前的贷款申请者（统计总体）与当初作为信用评分模型基础的统计总体在质量（以信用评分为代表）上是否具有一致性。如果统计总体与先前相比有所变化，实际分布就会偏离预期分布（预期分布是根据开发组样本所得到的分布）。例如，如果银行发起了一项新的市场营销活动，活动对象为比正常贷款客户年龄稍低的贷款申请者，受促销活动的吸引，更为年轻的（可能也是风险更大的）贷款申请人数目将会增加。结果是，更多贷款申请人的信用评分将低于阈值水平，这会导致贷款审批率降低。

如果银行的统计总体的确发生了改变（比如统计总体稳定性报告揭示出了这种变化），下一步就应考察信用评分特征的实际分布。示例3.9展示了一个特征稳定性报告样本。

示例3.9　特征稳定性报告

家庭年收入	开发组样本（%）	实际分布（%）		
		第3季度	第2季度	第1季度
未知	5	14	5	8
不到1 500万美元	3	3	2	4
1 500万~2 500万美元	15	14	14	15
2 500万~3 500万美元	55	54	57	55
3 500万~5 000万美元	17	14	18	16
超过5 000万美元	5	1	4	2

应定期比较信用评分卡中各个特征的实际分布与开发组样本的分布（预期分布）。在示例3.9中，以第3季度的实际分布为例，可以看出家庭年收入未知的贷款申请人（这些贷款申请人的家庭年收入未知或未在贷款申请表中披露）所占比例相比开发组样本有显著增加，这是否揭示出银行的消费信贷业务存在问题呢？这种增加是业务的一个实质性变化，或者只是因为其他原因而导致的暂时失常？

预警报告只是提出问题，它们并不能解决问题。为明确导致统计总体和信用评分特征发生变化的原因，银行必须详细分析自己的业务流程和业务操作。

实际结果报告

实际结果报告反映的是消费信贷业务的最终实际情况，银行可以将业务的实际结果与最初的预测结果进行比较。如果银行利用信用评分卡预测风险，实际结果报告就可以展示不同信用评分的贷款实际拖欠率或核销率。将实际结果与预测结果作比较，就可以揭示出信用评分系统的有效性。当然，实际结果报告也有自己的不足之处，比如实际结果报告具有滞后性，在贷款发放后经过几个月的时间才能得到报告结果。示例3.10展示了一个实际结果报告的样本，图中给出了不同信用评分下的实际核销率。如果信用评分系统足够有效，随着信用评分的增大，核销率将稳步下降。

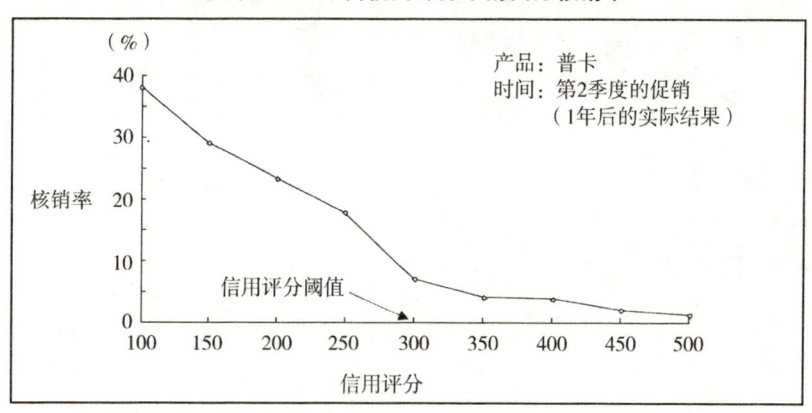

示例 3.10　不同信用评分下的实际核销率

产品：普卡
时间：第2季度的促销
（1年后的实际结果）

实际结果报告应针对给定期间内（一般是3个月内）所获得的消费信贷业务编制，或针对特定促销活动所获得的消费信贷客户编制。这些消费信贷业务或消费信贷客户构成了所有业绩分析的基础。如果信用评分与实际结果间的关系表现得比较反常，管理者应深入考察发生这种反常关系的原因，以揭示业务中可能存在问题的地方。

用这些报告来监控系统业绩，银行就可以及时了解到消费信贷业务的动态。如果不能定期提供这些报告，银行的消费信贷管理活动也很难开展。

一般信用评分模型

除了根据银行业务特点量身打造的信用评分模型（内部模型）之外，银行还可以使用一般信用评分模型。一般信用评分模型以信用档案公司的数据为基础，适合于因缺乏充足的资源或充足的数据而无法开发专有模型的银行，比如银行在刚刚推出一种新产品时，就很难针对这种产品开发专门的信用评分模型。一般信用评分模型既可以单独使用，也可以用作对内部模型的补充。

如前所述，Fair, Isaac & Company, Inc. 公司是主要的一般模型开发人，该公司使用信用档案公司的数据开发信用模型。该公司开发的一般模型包括以下几种，这几种模型根据三家主要信用档案公司的数据开发而来：

- 风险模型即 BEACON 和 EMPERICA。
- 针对汽车贷款、银行卡、分期偿还贷款等产品开发的一般信用评分模型。
- 破产预测模型。
- 收入模型。
- 信用申请欺诈模型。
- 损耗模型。
- 贷款回收模型。

其他模型开发人也推出了其他类型的模型，比如针对以下产品的一般信用评分模型：

- 银行循环信贷额度。
- 银行分期偿还贷款。
- 汽车贷款或租赁。
- 信用社产品。
- 零售商专营卡。

一般来讲，产品界定越细致，模型就越能满足银行的需要。尽管面向整个国家的或适用范围较为宽泛的模型已足够满足银行的需要，但银行最好还是根据自己将要推出的产品和目标客户群验证该模型的有效性，以保证模型的确能满足银行的需要。

尽管专门针对本行量身打造贷款申请评分模型无疑更为可取（一家银行

曾报告说，已有充足的证据可证明，量身打造的专有模型在有效性上比一般信用评分模型高出10%~20%），但对那些消费信贷组合太小、无法根据有限的消费信贷数据开发信用评分模型或者刚刚推出某项新业务的银行来讲，使用一般信用评分模型显然十分有效。一般信用评分模型的一个额外的好处是，大部分一般信用评分模型都会每6个月更新一次。随着经济条件的变化，一些内部模型可能会很快退化，而一般信用评分模型由于更新频率较快，因此能更为有效地满足银行的需要。

如果成本允许，银行可以同时采用定制（专有）模型和一般模型来筛选贷款申请人或评估现有的客户。同时使用两种模型能提高对大部分申请人（或客户）的区别力，但这种做法也会导致对某些申请人（或客户）出现相互矛盾的结果。示例3.11展示了同时使用两种模型的结果，其中有28%的贷款申请人在两种模型中均被拒绝，46%的申请人在两种模型中均被接受。因此在全部贷款申请人中，约有四分之三的申请人在两种模型中将得到相同的结果。同时使用两种模型使得银行能以更大的统计置信度接受或拒绝大部分贷款申请人。

对于余下的四分之一的贷款申请人，两种模型给出的结果正好相反。这个问题也许并没有听起来那么可怕，事实上，问题的存在表明银行仍有机会改善灰色区域（即两种模型所给出的结果相矛盾的区域）的决策制定。

同时采用两种模型，就有可能得出联合概率，并推导出合适的阈值水平，新的阈值水平与两种模型在联合前各自的阈值水平无关。示例3.12展示了与示例3.11相对应的各个区域的联合概率。

在示例3.12中，系统开发人接受阴影区域的贷款申请人，尽管其中有些申请人会遭到某个模型的拒绝。同时采用两种模型一般能使银行接受更多的高质量申请人。Fair, Isaac & Company, Inc. 公司研究发现，同时采用两种模型有可能使贷款申请接受率改善2%~3%，同时不会增加银行的呆坏账率。尽管2%~3%的改善听起来并不多，但对某家每个月都会审批10 000笔贷款业务的银行来讲，新增的200~300笔贷款能实质性地改善该银行的盈利能力，同时不会带来新的风险。

如果银行担心全盘接受某个模型认为应拒绝，但另一个模型认为可以接受的贷款申请人的风险太大，银行也可以修正灰色区域的贷款审批策略，比如采用以下措施：

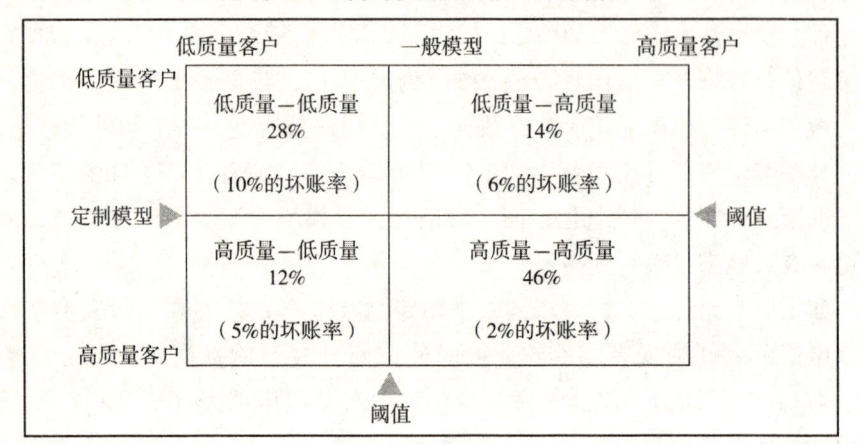

示例 3.11　同时使用两种信用评分模型

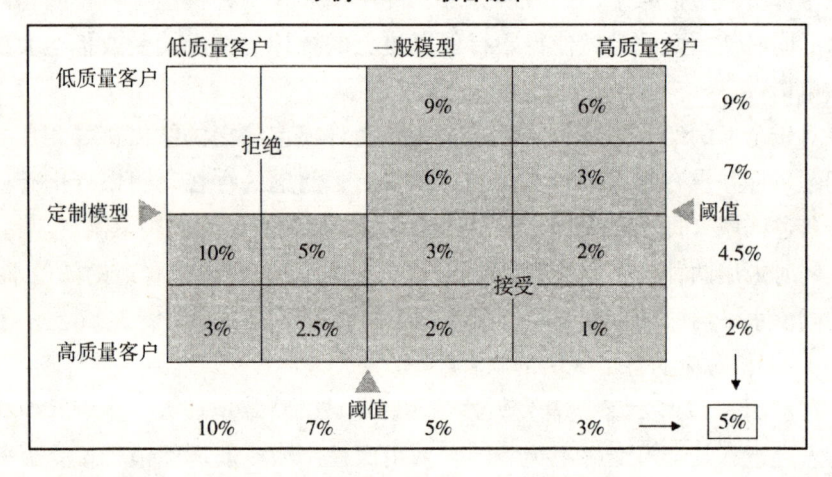

	低质量客户　　　　　一般模型　　　　　高质量客户
低质量客户 定制模型 高质量客户	低质量—低质量　　　　　低质量—高质量 　　28%　　　　　　　　　　14% （10%的坏账率）　　　　（6%的坏账率） 高质量—低质量　　　　　高质量—高质量 　　12%　　　　　　　　　　46% （5%的坏账率）　　　　　（2%的坏账率）

◀ 阈值

▲ 阈值

示例 3.12　联合概率

	低质量客户		一般模型		高质量客户	
低质量客户	拒绝		9%	6%		9%
			6%	3%		7%
定制模型	10%	5%	3%	2%		4.5%
			接受			
	3%	2.5%	2%	1%		2%
高质量客户			阈值			
	10%	7%	5%	3%	→	5%

- 要求对处于灰色区域的贷款申请人的数据进行更为严格的人力排查，比如获得进一步的认证或参考另一家信用档案公司的报告。
- 对处于灰色区域的贷款申请人，开始时仅批准较低的信用限额，收取较高的利率，缩短贷款期限，或者要求更高的首付款。

同时使用两种模型所带来的额外好处能够弥补这么做所导致的额外成本吗？这个问题也许只有银行自己才可以回答，事实上，一般信用评分模型的成本相当低，比如每筛选一个贷款申请人，仅收取 20~30 美分的费用。任何时候，只要使用多个模型具有经济可行性，银行就应考虑这么做，当然首先

同时使用两种模型中的误区

与同时使用两种模型相关的一个潜在陷阱是，银行实际上是依次使用这两个模型，而不是联合使用两者。事实上，为真正发挥联合使用两种模型的效用，银行必须将两种模型予以整合，以整合后的模型结果指导消费信贷决策流程。

下面举例说明。某银行面临以下情景：风险管理部门已开发出了一种风险预测模型，市场营销部门开发出了一种收入预测模型。市场营销部门先用风险预测模型筛选贷款申请人，然后再用收入预测模型筛选已被风险预测模型所接受的贷款申请人，并只批准能被收入预测模型接受的贷款申请人，即潜在的高收入客户。这么做最终导致了一场灾难，具体如示例3.13所示。

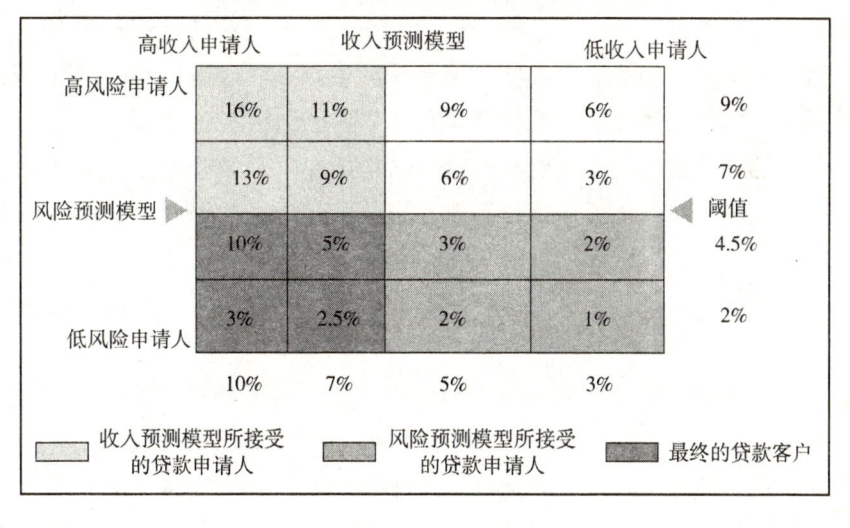

示例3.13 与同时使用两种模型相关的陷阱

风险预测模型 \ 收入预测模型	高收入申请人			低收入申请人	阈值
高风险申请人	16%	11%	9%	6%	9%
	13%	9%	6%	3%	7%
	10%	5%	3%	2%	4.5%
低风险申请人	3%	2.5%	2%	1%	2%
	10%	7%	5%	3%	

图例：收入预测模型所接受的贷款申请人 / 风险预测模型所接受的贷款申请人 / 最终的贷款客户

灾难的发生存在两个原因：（1）处于右下方区域的潜在低风险客户不能为收入预测模型所接受，因为这些客户同时也是潜在的低收入客户；（2）处于左下方区域的潜在客户是积极的信用使用者，这些人花钱大手大脚，没有风险意识。由于收入预测模型拒绝了右下方区域的潜在客户（右下方区域的潜在客户虽然并不是积极的信用使用者，但这些潜在客户的风险相对较低），最终的贷款客户仅来自左下方区域，因此银行面临较大的风险。在这个案例中，银行遭遇严重的逆选择风险，银行的目标客户定位策略带来了异常高的呆坏账核销率。

市场营销部门可能会辩解说，最终的贷款客户已通过了风险筛选，该部门显然没有意识到，风险评分相同的客户，其最终的表现可能有天壤之别。比如以左下方区域和右下方区域的客户为例，两个区域的客户均通过了风险筛选，但右下方区域客户的表现无疑要好得多。导致灾难的罪魁祸首在于银行对两种模型的使用方式，这里银行是按先后顺序依次使用两个模型，而不是同时使用两个模型。事实上，银行应要求系统开发人详细解释如何整合这两个模型。

小　结

信用评分系统的开发与安装所涉及的远不只计算问题。系统对测试组样本的有效性并不足以说明该系统能成为一个有效的消费信贷管理工具，因为有些银行可能并没有掌握有效使用该系统的诀窍。一些银行的确建立了信用评分模型，但它们并不能有效利用该机制以制定最佳消费信贷决策。

将信用评分系统融入到现有的组织结构中要求高级管理层明确支持并真正了解该系统。为强化信用评分系统在银行管理中所扮演的角色，一种途径是，将信用评分结果作为银行管理语言的关键组成部分，管理者在与下属沟通业务运行情况时，应有意识地使用信用评分结果。例如，银行的报告可以这样来描述：

- "10月份在阿拉巴马州开展的促销活动的结果表明，高风险测试组样本（信用评分<180）的业绩表现强于预期。我们准备将该项测试扩展到其他三个州，如果前述测试结果仍成立，我们可能会进一步降低阈值水平。"
- "在与本行合作的汽车经销商中，布鲁斯二手汽车经销商的信用评分最低（全部汽车经销商的平均信用评分为336，布鲁斯二手汽车经销商的评分为292），系统超驰水平达到13%。布鲁斯二手汽车经销商的贷款拖欠率是贷款平均拖欠率的两倍。我们准备仔细考察布鲁斯二手汽车经销商，以明确与该经销商合作是否有利可图。"
- "信用评分位于400~500之间的潜在客户的反馈率高于预期。我们正在密切关注这类客户的激活率和信用使用模式，因为这类客户的风险较高。"

报告语言的措辞反映了信用评分系统在银行中的使用情况，比如银行在沟通信用循环每一阶段的变化和业绩时就可以使用信用评分系统的结果。

神经网络信用评分系统

专业管理者会持续关注最为先进的技术和手段，以更好地控制和了解消费信贷组合。例如，神经网络技术一度非常流行，人们认为该技术将给信用评分系统带来一场革命。问题是，神经网络真的是解决信用评分所有局限性的最终答案吗？下文将给出解答。

神经网络已风行了四十年，"神经网络"这个概念最早见于学术文献，最初在国防部门中得到了重大应用。在传统信用评分法下，除非能证明原有的信用评分系统已过时，否则就不会开发新的系统或修正原有的系统。与此相反，神经网络信用评分系统会持续分析所处理的数据，并对系统作出相应的修正。例如，欺诈检测神经网络系统会持续搜查新的欺诈模式。神经网络系统能模拟人类大脑的推理过程，因为该系统能从新数据的处理过程中获得新信息。现在，神经网络系统在非军事领域的应用也越来越广泛。神经网络系统可用于分析与高技术领域的重复性工作相关的大量信息，比如指纹比对、临床实验样本（如癌细胞查找）的解释以及笔迹识别等。

银行最初将神经网络系统用于识别信用卡欺诈模式，比如从每日几千笔交易中识别出欺诈交易。现在，神经网络系统也可用于就贷款回收措施提供建议，客户购物支付的授权，辅助信用卡处理流程，以及其他一些活动。一些银行宣称，与使用其他统计方法相比，神经网络系统能更早识别出行为模式的细微变化。

神经网络系统的坚定支持者，位于美国圣地亚哥的 HNC 公司（该公司专门致力于与神经网络产品相关的开发、咨询和培训工作）的艾伦·约斯特（Alllen Jost）相信，神经网络相比传统信用评分技术具有几大优势。按艾伦的说法，神经网络最主要的优势在于，神经网络技术可以更快地开发出更为精致且可靠的信用排序系统。神经网络"自动地收敛于最优解"，艾伦声称。此外，艾伦还认为，"由于神经网络在建模过程中所具有的'自动性'，神经网络系统与数据处理系统间能迅速实现整合。"

《贷款回收与信用风险》杂志最近发表了一篇文章（"What Happened to

Neural Nets?", *Collections &Credit Risk*），梅隆银行（Mellon Bank）在文章中报告说："神经网络系统的应用极大地减少了识别欺诈交易所需的时间……本行已将神经网络嵌入到借记卡授权系统中，因此在交易发生后的 10 分钟内，我们就能知道交易中是否存在欺诈行为。如果使用传统的以规则为基础的信用评分系统，识别欺诈交易至少需要 1 天的时间。"

当然，神经网络也并非完美无缺，对神经网络的批评包括以下几点：

● 与单一信用评分系统相比，神经网络的初始成本更为高昂，尽管这种较高的初始成本可以视作是购买多个系统的代价。

● 神经网络系统不能解释系统预测背后的逻辑推理。

● 神经网络存在过度拟合数据的风险，神经网络过于强调与通常所观察到的数据间的小幅偏离。比如在风险预测神经网络模型中，模型预测先前有破产经历的三个客户将具有较好的业绩，这种情况下的破产竟成为了一种积极因素。

使用神经网络系统时，银行需要确保系统结果具有意义。与其他信用评分系统一样，对神经网络系统也有必要施加人为的干预，以防止系统出错，同时防范系统与现行的信用政策相悖。

购买神经网络系统就好比购买了一辆保时捷汽车，开着这辆豪华的汽车上下班大多数时候并不比普通的更为便宜的汽车快，比如在交通拥堵时，保时捷汽车的最快速度并不比普通汽车快。对于大型、比较成熟的银行来讲，只有在经过仔细验证和评估后，神经网络系统才可以上马。对那些业务发展尚不够稳定，特别是刚刚采用信用评分模型或刚刚进入消费信贷业务领域的银行来讲，购买神经网络系统无疑太过昂贵。由于很多银行并没有充分利用现有的信用评分系统，并且现有的信用评分技术事实上已发展得十分完善，因此现有的信用评分系统尚有很大的开发空间，在现有系统得到充分利用之前，银行并没有必要花费巨资购买神经网络系统。

一种解决方案是综合采用神经网络系统和现有的信用评分系统。在上文提到过的文章中，Fair, Isaac & Company, Inc. 公司的反欺诈经理描述了该公司推出的一款软件工具，该工具综合采用来自以规则为基础的模型的数据以及由神经网络模型收集的具体购买信息，从而能改善银行的欺诈检测能力。该经理继续说道，"如果这些工具能得到合理使用，欺诈交易会大大减少，信贷经理得以将宝贵的反欺诈资源投入到最为可疑的交易上。"

新的数据分析模型和信用评分系统在投入使用前必须予以仔细审查。银行需要牢记的是，再好的分析技术都无法取代高质量的数据。如果非要在分析技术与高质量的数据这两者间作一个选择，将稀缺资源投入到数据的改善上往往更为可取。在数据质量低下的条件下，花再多钱购买最新的分析技术都无济于事。无论建模技术多么高超，采用低质量的数据都不可能构建出高质量的模型。总之，实施神经网络系统一定要谨慎。

第 4 章

客户获取

好的客户获取流程（最终能带来可以获利的消费信贷业务）的关键是能用出色的产品吸引到高质量的潜在客户。这意味着产品对潜在客户要有吸引力，并且潜在客户能明确地了解到产品所能带来的好处。银行在决定了推出何种产品以及面向哪些目标市场推出该产品之后，下一步就是获得合适的客户。消费信贷业务的扩张既可以从深化与现有客户间的关系入手，也可以面向新客户提供新产品或已有的产品。这种扩张既可以局限于本地、本区域或本国，也可以进行国际扩张。

本章探讨客户获取流程中的关键步骤，涉及如何向现有客户推销额外的产品（交叉销售）以及如何获得新客户。客户获取流程的目标是：

- 吸引到高质量的潜在客户。
- 了解目标客户的风险/回报权衡特征。
- 制定快速、成本有效的审批流程。
- 设定合适的初始信用限额。
- 尽可能避免欺诈交易。

客户获取流程的目标绝不是剔除掉所有的潜在低质量客户，事实上银行也不可能做到这一点。客户获取流程的目标是，优质客户与低质量客户的比率应合理，能为银行接受①。与努力降低低质量客户的数目相比，将精力放在提高优质客户的数目上能更为有效地降低银行的坏账率。

---

① 为以防读者误解，这里再次给出优质客户与低质量客户的定义。优质客户是能给银行带来利润或有潜力给银行带来利润的客户。低质量客户是银行所竭力想规避的，一般是低收入和/或高风险客户，低质量客户的贷款拖欠率和呆坏账核销率会相当高。作为业务规划流程的一部分，银行应明确地界定优质客户与低质量客户。

注意，坏账率是一个比率，它是指坏账账户数目与账户总数目间的比率，或坏账账户金额与消费信贷组合总金额间的比率。示例4.1展示了两种产品的坏账率。

示例4.1　两种坏账率

统计总体：100万个潜在客户，其中965 000个优质客户，35 000个低质量客户

	产品A	产品B
贷款要约	100万份	100万份
最终贷款客户（1）	14 325（1.4%）	35 000（3.5%）
优质客户（2）	12 750（1.3%）	33 250（3.4%）
坏账（3）	1 575（4.5%）	1 750（5%）
坏账率 [=（3）÷（1）]	11%	5%

从示例4.1中可以看出，产品B对潜在客户更具吸引力，接受产品B的客户数目要高于产品A。尽管产品B坏账的绝对数目比产品A多，但产品B的总体坏账率明显低于产品A。产品A所获得的优质客户数目较少，这可能是因为产品A不具备竞争力、产品A的要约对客户没有吸引力，或者因为银行在产品A的目标客户定位上存在失误。

寻找潜在客户

传统上，银行都是使用分支机构分销系统来吸引新客户或扩展与现有客户间的关系。为争夺客户，各家银行都积极扩张分支机构网点。与此同时，银行开始为优质客户提供更为人性化的服务，比如银行客服人员能直接叫出优质客户的名字。在这种情况下，账户的开立主要取决于银行的商誉和客户关系。

业务的地理扩张特别是信用卡业务的快速发展（单线发卡公司和互联网银行根本没有任何分支机构）已改变了银行业的传统模式。今天，零售银行可以使用多种方法来获得新客户和建立客户基础，比如以下方法：

- 分支机构/广告。
- 宣传册/申请表。

- 直邮/团体市场。
- 广告。
- 互联网。
- 向现有客户交叉销售。
- 购买其他机构的客户业务。
- 间接贷款,即通过第三方(如房地产经纪商、零售商、汽车经销商等)获得客户。

下面逐一探讨以上方法,其中间接贷款业务在第8章中有专门的讨论。

分支机构

利用现有的分支机构网络,银行就能通过有形存在的物理场所来吸引新客户,尤其是那种首次借款的客户,这些客户可能从未收到过其他银行的促销单。此外,银行可以利用分支机构的商人关系和企业关系来吸引相关公司的雇员。分支机构作为一种实际存在的物理场所,可以吸引到大量优质客户,分支机构的存在也为客户提供了方便。需要注意的是,与通过其他方法获得的潜在客户类似,对直接向分支机构提交贷款申请的潜在客户也必须进行彻底审查。

宣传册

宣传册中包含信用申请表,银行可以在合适的零售商店或分支机构的出口处向潜在客户分发该宣传册(客户通过信用申请表提交的信息应予以验证)。宣传册使得银行能通过分支机构之外的渠道来获得客户。银行应仔细选择宣传册发放地点,尽管事后的严格筛选使得银行实际上可以在任何地方发放宣传册[①],但审查大量没有什么希望成为银行客户的申请人可能会给银行带来高昂的费用,因此仔细选择发放地点就非常重要。由于通过这种方法获得的潜在客户的审批率一般较低(10%~20%),因此银行不能指望通过发放宣传册的方式迅速扩张业务(通过这种方式也许能获得一些零散的客户)。一些银行将宣传册作为专门的新客户促销方案的一部分,比如在大型卖场进行的促销活动。

直邮

直邮是指向潜在客户发送银行产品和服务的促销邮件。美国几乎所有的

[①] 在一些国家,银行可能还得考虑法律对宣传册发放地点的限制,比如银行如果只在富人区发放宣传册,就有可能面临"歧视"指控。因此在宣传册发放地点的选择上,银行可能需要咨询法律顾问的意见。

大型信用卡发行人都曾大量使用直邮这种方式来获得新的信用卡用户。直邮也被用于吸引抵押贷款客户和房屋净值贷款客户，有时也用于其他产品。直邮是一次性接触到大量潜在客户的一种较为便宜的方式，在美国，由于潜在客户对信用卡直邮征购的回应率在近年来已下降到低于1%的水平，为提高潜在客户的回应率，直邮手段也日益复杂。直邮也用于团体市场的营销，如亲和卡方案。

团体市场

团体是由一群具有共同利益或类似经历的人组成的组织，如飞行常客（经常坐飞机的人）俱乐部、汽车俱乐部、环境保护主义者组织、校友会、博物馆会员等。银行可以使用这些团体的会员名单作为直邮征购对象。MBNA已成功地利用团体市场促成了信用卡业务的发展。据说，美国社会中只有一个团体未收到过MBNA的促销邮件，这个团体是心脏移植手术幸存者协会，可能MBNA觉得这个团体的成员太少，不值得开展相关促销活动。

广告

直至今天，广告仍是一种广泛使用的新业务获取手段。广告有多种形式，例如比较常见的电视广告，日报或杂志上的汽车贷款广告和住房抵押贷款广告。如果使用恰当，广告是一种十分不错的吸引客户注意和扩大市场份额的手段。

互联网

作为一种获得新客户的手段，互联网日益受银行亲睐，并且互联网可能是最为便宜的客户获得手段。银行可以通过互联网向客户提供各种消费信贷产品。目前，在线贷款申请的审批率较低，这一不足可能需要较长的时间才能得到改善。

交叉销售

通过向现有客户交叉销售额外的产品，银行能以较低的成本实现业务扩张。管理完善的银行能充分利用交叉销售机会，这些银行经常通过邮件或电话与客户联系，或者抓住客户到分支机构办理业务的机会，不失时机地了解客户的真实需求并通过交叉销售满足这些需求。如果客户感到自己从银行那里获得了礼遇，比如银行为客户提供了优秀的产品、出色的客户服务、方便的自动柜员机（ATM）、快捷的业务办理以及面带微笑的柜员，客户就很乐意接受银行的新产品。由于银行已拥有现有客户的完整业绩记录，因此银行能很好地控制通过交叉销售获得的业务质量。

购买其他机构的客户业务

银行有时会将其他机构的消费信贷组合全盘买下或仅购买其中的一部分。这种购买使得银行能迅速扩大业务的地理区域覆盖范围，并能一次性地获得大量客户。此外，所购买的消费信贷组合的业绩已知。比如在20世纪90年代末，美国的信用卡业务就发生了大规模的整合。尽管购买消费信贷组合的成本看起来有点高（每个客户100美元甚至更高），但与通过直邮获得客户的成本相比，从其他机构处购买消费信贷组合并不是那么不划算。现在，美国前十家信用卡发行人已控制了全部信用卡业务的78%，而在10年前，这一比例尚不到50%。信用卡业务领域激烈的竞争以及对复杂的市场营销技术和控制技术的需要，已使得实行扩张政策的银行获得了大幅发展，而那些不愿意继续学习或深入了解该市场的银行已遭到无情淘汰。

间接贷款

"间接"的意思是指通过第三方获得业务，这里的第三方包括汽车、游艇、移动房屋的经销商，零售商，以及抵押贷款经纪人等。经销商或零售商负责销售产品，银行为消费者的产品购买提供间接贷款。间接贷款实际上是利用第三方的分销系统来获得客户，间接贷款能实现业务的迅速扩张。在间接贷款业务中，银行会向第三方支付某种形式的佣金。银行必须仔细审查来自第三方的潜在客户，注意，经销商/经纪商的利润主要来自产品的销售，为使客户成功获得贷款，经销商/经纪商极有动力帮助客户"美化"贷款申请表。

互联网银行：谁是最后的赢家？

互联网的快速发展促成了虚拟银行的出现。考虑到互联网较低的运营成本以及互联网作为一种分销渠道的巨大潜力，互联网银行也许能迅速获得信用卡客户和其他消费信贷客户。此外，互联网银行没有分支机构负担，间接费用也很有限，互联网银行能支付较高的存款利率，因此能吸收到足够的资金以建立起具有盈利能力的稳定业务。

尽管互联网银行理论上看起来很可行，但实际中建立的互联网银行如Wingspan和NextCard, Inc.均面临很严重的问题。到目前为止，大部分互联网银行都受困于高昂的客户获取成本，部分原因在于这些互联网银行迫切需要在市场中建立起品牌知名度。例如，根据Wingspan自己的报告，该公司为建立起品牌知名度，在市场营销上花费了1.5亿美元。根据Gomez Financial公司的高级银行分析师保罗·贾米森（Paul Jamison）的说法，这意味着Wingspan每获得一个客户需要花费1 363美元。而传统银行采用直邮方法每获得一个客户只需要60~75美元，与传统银行相比，互联网银行的客户获取成本无疑过高。

此外，互联网银行客户从一开始就与传统银行客户不同，比如互联网银行客户更年轻、更具流动性，对这些潜在的高风险客户，银行必须仔细筛查。例如，互联网银行贷款申请人的审批率在最初几年一般位于10%~15%之间，该审批率明显低于其他渠道的贷款申请人。随着互联网银行客户逐渐成为主流，这种情况必定会得到根本改观，将会有更多的实体银行开始利用互联网银行的优势。

传统银行纷纷建立网上银行业务，它们动用全部营销和过程技能，力图构建具有长期盈利能力的网上银行业务。美国运通、花旗集团、第一资本公司、MBNA、富国银行以及美国银行在利用其品牌知名度构建网络银行业务方面取得了巨大成功。随着互联网用户的急剧增长，银行现在已可以为客户提供全方位的网上银行业务。预计在不久的将来，传统的实体银行将更多地通过互联网提供银行业务。

学生市场

由于银行已越来越难通过常规方式获得信用卡客户，一些银行开始转向学生市场以获得新的客户来源。花旗集团、发现卡以及美国运通尤其重视学生市场，学生市场已成为这三家信用卡发行人的主要客户来源。据估计，美国将近400万在校大学生（四年制）中，约有70%至少拥有一张信用卡主卡，这的确是一个巨大的市场；此外，一些信用卡发行人已开始瞄准高中生市场。

学生真的是很好的客户来源吗？或者，学生对银行而言就像瘟疫一样避之惟恐不及？事实上，进军学生市场的好处显而易见，很多人都对给他们提供信用的第一家银行十分忠诚，愿意长期与该银行保持业务关系。提前获得这些学生客户，他们就可能终身成为银行的好客户，至少是受过良好教育的客户。学生们可能需要信用卡支付书本费、支付放假回家的旅程费，或者支付汽油费等等。当然，在学生们身上也可能会发生十分可怕的信用卡呆坏账，你能想像得出一群学生竟然消耗掉了高达17 000美元的酒吧费吗？还有一些学生用信用卡支付美国运通公司的环球旅游费，但从未偿还这笔费用。

为防范学生市场的高风险，一些银行开始时仅给学生卡提供很小的信用额度，比如500美元或者顶多1 000美元，然后根据学生持卡人的还款记录逐渐增加信用额度。一些银行要求父母作担保人；一些银行仅给大四的学生提供信用卡；还有一些银行尝试给不太知名的大学的学生提供信用卡，或者给美国大专院校认可名录中的学校的学生提供信用卡。大部分进军学生市场的银行都知道，银行所能了解到的有关这些学生的信息很有限，或者根本无法了解到任何信息，只有一条信息可能例外，即这些学生可能持有支票账户或储蓄账户，尽管账户中的余额会比较少，关于这些账户的信息银行可以十分明确地了解到。银行不愿意披露学生卡的损失率，但有证据表明，学生持卡人的还款积极性大致与他们的父母相当，或者好于他们的父母。

学生市场的风险显而易见，但在获得新客户越来越难且越来越昂贵时，学生市场也不失为一个很好的选择，银行从学生市场中也能获得丰厚的回报。

前面已总结了银行获得新客户的几种主要途径，需要注意的是，客户来源可以很好地界定客户质量。与通过在酒吧或饭店发放宣传单所获得的客户相比，通过现有优质客户的引荐或者通过仔细定位的直邮方案而获得的新客户成为优质客户的可能性无疑更大。

客户筛选

确定了新业务的来源之后，下一步就是制定完善的客户筛选程序，这也是消费信贷风险管理中最为重要的一步。下面将探讨客户筛选中所适用的基本原则。

信息收集

贷款申请流程开始于潜在借款人填写贷款申请表，以向银行提供足够的信息，使银行能充分了解潜在借款人的财务状况，并在此基础上制定合适的信用决策。贷款申请表可长可短，申请表的长短随产品的不同而变化。填写申请表是整个贷款申请流程中对客户来讲最为透明的一步。

一般而言，针对大额贷款，银行会要求更多的信息，包括申请人的完整财务报表。例如，在住房抵押贷款中，贷款申请表会包含很多细节项目，目的是明确申请人的年度住房开支、财产税、保险、公寓管理费等项目的情况。这些费用项目的额度可能比较大,但这些项目仅与住房抵押贷款的申请有关。在申请小额信用或信用卡时,银行并不要求提供这些细节信息。

取决于产品的不同,贷款申请表可能要求提供申请人以及共同申请人的以下信息,目的是了解申请人的现状与历史,信息的填写都比较简洁:

- 个人背景,如姓名、住址、房屋所有权等。
- 职业与收入。
- 信用记录,比如要求申请人提供社会安全号,以使银行能查看信用档案公司的文件。
- 财务报表。一般仅针对大额贷款,如抵押贷款或大额无担保贷款。
- 与贷款担保物有关的信息。

如前所述,客户获得流程的主要目的之一是鼓励目标潜在客户向银行申请贷款。在设计贷款申请表的内容时,银行必须注意平衡申请表要求客户填写的信息数量(从填写贷款申请表的潜在客户的角度而言)与银行为制定完善的信用决策和提供良好的客户服务所必要的信息数量之间的关系。如果某位信用历史相当不错的贷款申请人能从竞争对手处得到十分简短的贷款申请表,与本行冗长的贷款申请表相比,贷款申请人最终会选择哪家银行显然一目了然。高质量的贷款申请人都有多家银行可供选择,这些申请人通常不愿意填写过于详细的贷款申请表,而质量不是那么好的贷款申请人往往能够耐心地填完十分冗长的贷款申请表。因此,过于繁杂的贷款申请表可能会导致银行失去最好的潜在客户。

与吸引客户、提供服务以及回收贷款(如果需要)等职能领域相关的工作都需要用到贷款申请表中的特定信息,为此,在设计贷款申请表时应考虑到这些职能领域所需要的信息,比如:

市场营销。市场营销职能的主要目的是鼓励目标潜在客户向银行申请贷款。贷款申请表的设计应方便潜在客户填写,且应具有客户友好性。比如用类似这样的标题"我们希望更好地了解你"引出与申请人的工作、收入以及其他个人细节等相关的问题,就是一种更为友好的提问方式。

风险管理。风险管理部门的目标是获得有关贷款申请人的完整信息,以制定完善的信用决策。比如,必须有足够的数据用来全面识别贷款申请人。由于人们可能会搬家、离婚、再婚、使用不同的头衔和名字等等,准确地识别贷款申请人有时并不是那么容易。以美国为例,银行一般要求贷款申请人提供社会安全号，以使银行能够通过信用档案公司了解贷款申请人的信用历史。

贷款回收。贷款回收部门需要足够的信息，以在客户拖欠贷款时及时找到客户。

业务运营。业务运营部门要求申请人所填写的申请信息清晰可辨认，因为业务运营人员需要将这些信息输入到相关的电子记录系统中。贷款申请表必须留出足够的空间，以方便申请人填写信息。

法律部门。法律部门需要确保贷款申请表的设计满足监管要求和相关法律要求，包括披露要求和反歧视要求。贷款申请表的设计必须接受法律部门的审查，这一点很重要。

贷款申请表的设计要点

- 申请表的设计应能反映目标市场的独特性，例如针对大学生和已工作人士的贷款申请表应设计不同的问题。询问学生是否拥有自己的住房基本上毫无意义，另一方面，与暑假打工、临时工作、社会活动等方面相关的信息可能比较有用。

- 具体的信息要优于模糊的信息。贷款申请表应询问有关申请人的具体信息，比如应询问申请人的出生日期而不是年龄。在询问申请人的收入信息时，应明确所指的是家庭收入还是个人收入；是基本工资还是总的收入；是月收入还是年收入；等等。银行在询问收入信息时一般是设计若干收入范围，由申请人选择适合自身情况的收入范围，但更好的做法是询问申请人的具体收入，比如"家庭月收入为＿＿＿＿＿"。

- 询问过多的信息会得不偿失。比如申请表中没必要询问申请人每个信用卡的账号、银行贷款账户、货币市场账户等信息。这些信息填写起来极其繁琐，这样的贷款申请表很难吸引到高质量的贷款申请人。此外，这种琐碎的信息也完全没必要让申请人填写，因为从信用档案公司的记录中很容易获得相关信息。

- 最后，贷款申请表的设计要与时俱进。银行应根据实际条件的变化，不断测试新的信用标准，因为今天适用的信用标准到明天并不一定适用。比如，今后的贷款申请表中可能包含以下问题：你是否拥有第二套住房？你拥有多少辆小汽车？你经常上网吗？等等。在贷款申请表的设计上，银行应具有前瞻意识，一些今天看起来似乎很另类的问题，实际上能更好地区分低质量客户与优质客户。出色的贷款申请表设计能使银行永远走在同行的前面。

标准的筛选程序

客户获取流程的下一步是审查潜在客户的贷款申请表。这种审查程序可以采用流线型操作,如示例4.2所示。在贷款申请表的审查方面,银行应制定标准的筛选程序。消费信贷业务的筛选程序包含以下步骤:

- 审查贷款申请表的准确性和完整性;淘汰掉那些未能满足最低要求(比如未能达到最低年龄要求)的贷款申请人。
- 获得信用档案公司的报告。
- 针对已通过初步筛选的贷款申请人实施信用评分。
- 评估信用评分结果,确定是否需要额外的信息。
- 计算债务负担比率。
- 评估欺诈风险。
- 验证客户信息和/或担保物信息;必要时调整交易。
- 制定最终决策,告知客户最终的决策结果;从已淘汰的客户中选取样本用于测试。

示例4.2展示了标准的筛选程序:

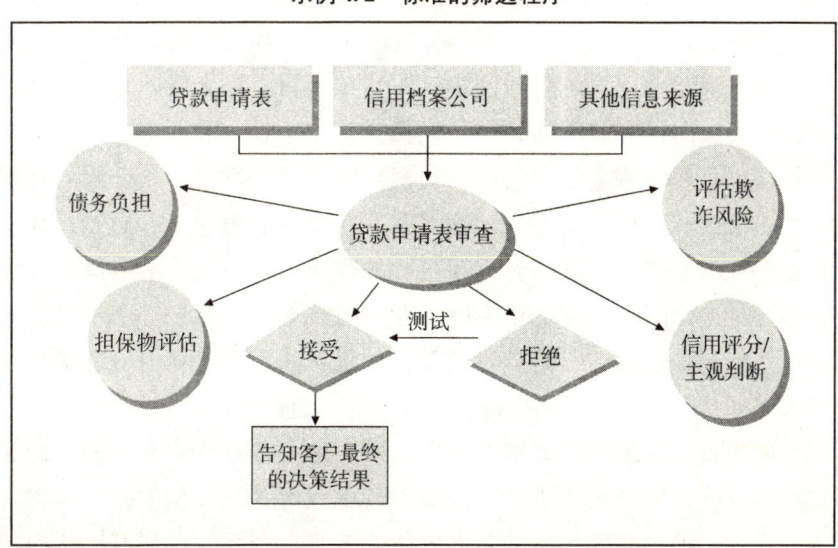

示例4.2　标准的筛选程序

初步筛选

客户筛选工作必须尽可能地流程化和自动化。未能满足最低要求的申请人应迅速淘汰掉；对最有潜力的申请人可以加快处理速度；对剩余的质量中等的申请人应严格审查。这么做不仅能给银行省下大笔资金，同时还能改善银行的决策质量，因为银行现在可以将更多的时间花在真正困难的决策上。

快速淘汰

一些情况下可以使用快速淘汰法，比如：
- 申请人未能满足最小年龄要求或最低收入要求。
- 申请人未能满足最低信用评分要求（定制信用评分模型或一般信用评分模型的阈值要求）。
- 申请人有过破产经历或者申请人在贷款申请中有明显的欺诈行为。

信息不完整的贷款申请表可能适用于，也可能并不适用于快速淘汰。某些贷款申请表的信息可能严重缺失，这类贷款申请表根本不值得银行花时间审查，可以直接淘汰掉。还有一些贷款申请表仅缺失少量信息，对这类申请表可以继续追查，以补全申请表中的相关信息。

快速审批

在仔细制定好审批规则后，大部分贷款申请人都可以通过快速、高度自动化的审批流程予以筛选。对于间接汽车贷款而言，这么做绝对有必要，因为汽车经销商会向很多家不同的银行提交贷款申请。一般而言，第一个作出回应的银行（提供具有竞争力的贷款利率）获得间接汽车贷款合同的可能性最大。住房抵押贷款申请也可以快速审批，这个稍后再讨论。当然，并不是所有获得审批的申请人最终都会成为银行的客户，很多高质量申请人可能会被其他银行抢走，因此最终实际获得的客户的获得成本就是一个十分重要的指标。注意，初步审批并不是最终决策，如果其间发现了任何负面信息，贷款申请人还需接受客户验证和担保物验证（包括进一步的审查）。

聪明的银行会持续评估其审批规则，以明确大部分贷款申请的处理成本都实现了最小化，同时仍能维持对决策过程的良好控制。例如，如果银行向现有客户提供一种新产品，与产品提供相关的所有必要信息都可以从内部获得,银行能根据自己先前掌握的客户信息实施信用评分,不必再次麻烦客户提供相关信息。

信用评估的深度取决于风险水平,而风险水平又随产品的不同而变化。如前所述,客户筛选需要耗用成本,如果风险水平较低,相关的利润也很小,银行必然不愿意也不能够在客户筛选上花费过多的资金。与此相反,由于大额贷款的风险较大(相应地,大额贷款的利润水平也较高),银行可能必须耗用更多的成本才能制定出合理的大额贷款发放决策。客户筛选成本可以低至每个新客户只需 10~20 美元或更低额度,也可能高至每个客户的筛选成本达上千美元,比如对住房抵押贷款的复杂审查就需要耗用银行较高的成本。这里的关键是,客户筛选成本应与产品的盈利能力和风险水平保持一致。示例 4.3 展示了一条客户筛选成本线,其中不同的产品对应于不同的客户筛选成本以及相应的风险/利润水平。

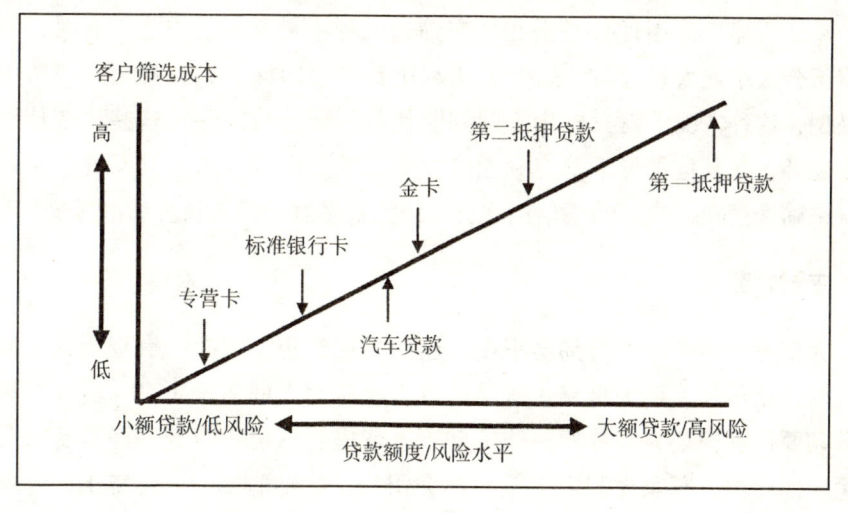

示例 4.3　客户筛选成本线

例如,专营卡的余额较小,在筛选专营卡申请人时可能仅需考察申请人提交的完整的申请表。对于首次申请信用卡的消费者而言,只要一般信用评分(由一般信用评分模型给出的信用评分)能达到阈值水平以上,该消费者就很有可能获得一张专营卡。事实上,很多人的信用生涯都开始于专营卡。对于信用额度更大从而欺诈风险也更大的金卡而言,必须对申请人进行更为严格的审查。如果审查中发现有相互矛盾的数据,银行可能必须调查信用档案公司的报告。

第一抵押贷款和额度较大的房屋净值贷款（比如大于 25 000 美元）要求银行仔细调查申请人和担保物的质量。如果是房屋购买贷款或房屋再融资，可能必须进行某种形式的财产评估。额度较小的第二抵押贷款（比如小于 25 000 美元）以及其他产品的信用审查力度介于以上二者之间。银行应审查小额第二抵押贷款/房屋净值贷款申请人的质量，以确保申请人有资格获得无担保贷款。如果申请人通过了初步审查，银行应登记对申请人财产的留置权，以提供额外的风险保障。小额第二抵押贷款/房屋净值贷款的评估流程要略为宽松一些。

客户筛选中的主观判断与信用评分

初步筛选完成以后，贷款申请就会进入银行的贷款发起系统（Loan origination system），这时将会用到信用档案公司的报告以及相关的信用评分结果。如上一章所述，信用评分是潜在客户筛选流程中最常用的方法。有时，消费信贷组合太小或太过独特，以致无法利用专有信用评分模型甚至一般信用评分模型，这种情况下就只能用主观判断代替信用评分。除了这些比较特殊的情况之外，在其他情形下都应利用经过验证的、由专业人士开发的信用评分系统来筛选潜在客户。使用信用评分系统无疑是客户筛选流程中的重要一环。

主观判断

大部分有经验的银行都会根据自己的从业经历制定出一套规则，比如年纪大的人比年轻人更为可靠，房屋所有者比租房人的质量更高，白领的风险比蓝领要低（但要警惕律师，律师动不动就提起诉讼）等等。经验是随时间积累起来的知识，专家在制定决策时都会用到这些经验知识。传统上，专家在进行主观判断时都会考虑三个"C"，即性格（Character）、能力（Capacity）以及担保物（Collateral）。性格是指客户偿还负债的意愿，一般根据信用档案公司的报告来判断客户的性格；能力是指客户的当前收入满足目前及未来的偿债需要（债务负担）的潜力；担保物是指融资对象如房屋、汽车、游艇等的价值。这些规则都是经验的总结，实践中往往称之为专家系统。

专家系统

设计专家系统的目的是为了充分利用银行中最富经验的专家的知识,并将专家的经验和智慧浓缩成一套规则,以供银行中经验较少的人员学习和遵循。专家知识可能包括贷款审批经验、贷款回收经验、业务授权经验以及其他方面的专家经验。如果银行依赖主观判断进行客户筛选,银行至少应详细记录整个判断流程,以保证业务决策的一致性。例如,银行应就各项最低标准制定成文的政策,比如:

- 法定年龄要求。
- 收入要求。
- 工作时间要求。
- 在某地的居住时间要求。
- 担保贷款的贷款额度价值比要求。
- 信用档案公司的信用记录。
- 债务负担标准。

以这些最低标准为基础,银行就可以制定各项贷款审批规则,如果面临以下情况,银行应拒绝该贷款申请人:

- 申请人的收入不到 25 000 美元。
- 申请人的工作时间短于 1 年。
- 申请人拥有信用记录的时间短于 1 年。
- 申请人有拖欠贷款的经历。
- 过去 6 个月内的信用查询次数多于三次。

或者:

- 如果申请人只有一项未能满足最低要求,比如申请人的工作时间短于 1 年,但收入大于 40 000 美元,对这样的申请人可以网开一面,批准申请人的贷款请求。

专家系统可用于指导贷款申请流程的整个前期工作,比如制定相关规则,规定何时要求申请人提供更多的信息,何时需要调查信用档案公司的报告或实施信用评分,何时可以允许系统超驰的存在,多大的债务负担可以接受,以及有多少信息有待进一步验证等。专家系统在住房抵押贷款的审批中特别有用。传统上,住房抵押贷款的审批流程可能极其耗时,十分冗长。现在,由于专家系统的存在,住房抵押贷款的审批流程大大加快,比如由美国政府支持的两家住房抵押贷款机构即房利美（Fannie Mae）和房地美（Freddie Mac）已开发出了自动化的住房抵押贷款审批系统。有了这些自动化系统的帮助，分支机构的相关人员就能指导潜在客户迅速、专业地完成住房抵押贷款的申请，相关人员还能就可能出现的问题提出解决意见。本书稍后的第 9 章会详细探讨住房抵押贷款的审批流程。

采用主观判断法所存在的问题

所有的主观判断系统（专家系统）都具有内在的基本局限性，具体表现在以下几个方面：

不一致性。尽管专家系统制定有成文的规则，但要实现一致性仍比较困难。贷款审批人可能会将自己的成见带入贷款审批流程，甚至同一个贷款审批人在不同的时候面对同样的贷款申请时，都可能会得出不同的决策。贷款审批人的情绪可能会发生很微妙的波动，同一个审批人在午饭前后对同一份贷款申请的看法可能具有天壤之别，特别是在午饭时如果喝了一两口酒，其情绪波动会更大。这种情绪波动性是人类的天性，似乎并没有很好的办法予以克服。

缺乏反馈。实践中很少有银行会分析主观判断系统的结果。例如，对于这项主观规则如"申请人的收入不得低于 25 000 美元"，淘汰掉所有收入低于 25 000 美元的申请人对银行而言是否是一项合适的决策？如果接受收入低于 25 000 美元的申请人，对银行会带来什么样的影响？银行应利用统计手段来证明其决策的合理性，遗憾的是，很少有银行会实施这种统计分析，比如针对未能满足银行主观判断标准的申请人，银行可以从中抽样，跟踪该申请人样本的业绩，以验证银行决策的合理性。

系统不够灵活。主观判断系统比较僵化，很难根据经济环境、产品提供、消费信贷管理经验、目标市场的状况、竞争形势以及法律和监管要求等因素的变化，相应地调整和/或控制主观判断系统。上述因素中有任何一个发生变化，银行都应重新审查单个判断标准，以决定应修正以及如何修正哪项判断标准。例如，在经济衰退时是否应提高最低收入要求或提高对居住时间和工作时间的要求？如果为提高消费信贷组合的质量而对主观判断系统作出了任何修正，银行都必须重新培训所有相关人员，以确保信用决策制定的准确性。

缺少客户质量报告。通过主观判断法获得的消费信贷组合不能用统计技术进行描述。如果银行每月通过主观判断系统发放 2 000 笔贷款，从理论上讲，银行至少主观认为这些贷款客户都是优质客户，否则银行就不会批准给这些客户发放贷款。然而，这2 000笔贷款中总有一些贷款会变成呆坏账，但在主观判断系统下，银行无法按质量高低优劣的顺序给这些贷款排序，也不能从统计意义上描述不同质量的贷款客户发生贷款拖欠和贷款违约的概率，而这一切在信用评分系统中都可以做到。通过信用评分系统，银行可以明确与面向新的目标市场开展高盈利性业务相关的风险，并随时追踪这些业务的盈利结果。上一章已探讨了可从信用评分系统中获得的各种信息。

结果不够严密。主观判断规则只有"是"和"否"两个选择，没有中间状态。在主观判断方法下，申请人即使只有小额的逾期欠款也可能会导致贷款申请被自动拒绝。与此相反，信用评分系统会给各种申请人特征分配不同的权重（在仔细分析了这些特征随时间所产生的影响之后，逐个确定各个特征的权重），贷款申请人不会仅因为某项特征表现不佳就被淘汰。在信用评分系统下，如果其他所有特征或大部分特征的得分都很高，小额逾期欠款并不会导致申请人遭到拒绝。

考虑到主观判断法所存在的这些问题，该方法最好只用作余额较小、笔数较多的消费信贷业务的辅助分析手段。例如，该方法可用于确定新获得的申请人信息对信用决策是否有影响，这些信息可能并不会进入信用评分系统，比如新近了解到申请人在本行分支机构有一个额度很大的账户，申请人是某公司董事会主席的女儿，或者信用档案公司发现同一个申请人有三个不同的地址记录。从这个意义上讲，主观判断法能协助提高信用评分系统的准确性。通过主观判断作出的决策必须予以持续追踪，这一点与系统超驰类似。

主观判断VS信用评分

尽管仍有一些人坚信人类大脑的绝对可靠性，但已有充分的证据表明，信用评分系统在处理和审批客户贷款申请方面比个人的主观判断更为有效，比如信用评分系统有更高的审批率和较低的损失率。与主观判断相比，信用评分系统除了具有贷款处理方面的成本节约效应之外，事实证明，信用评分系统所给出的结果更为一致、更加可靠，信用评分系统的预见能力也优于个人的主观判断。

经过仔细开发、验证和实施的信用评分系统在各个方面几乎都优于个人的主观判断。曾有机构专门做过测试，在超过两百个测试样本中，仅有个别样本的主观判断评估效果与信用评分系统的评估效果持平。其余情况下都是信用评分系统的评估效果好于主观判断。信用评分相比主观判断的一个主要好处就是，信用评分方法下的审批率明显高于后者。主观判断往往更为保守，特别是在管理层对因评估人员先前的主观判断所导致的较多坏账比较恼火时，评估人员在贷款审批中就会更趋于保守（坏账水平的高低由管理人员界定，在界定坏账水平时通常并不会考虑产品的整体盈利能力）。因此，采用信用评分方法能给银行带来更多的贷款客户，此外，信用评分方法更具预见性，信用评分结果更为一致，所有这些综合在一起就意味着信用评分能改善银行的盈利能力。

信用档案公司的报告

前文曾提到过，银行应获得信用档案公司的报告（信用报告），并根据报告中的结果给客户打分。作为背景信息的提供者，信用档案公司就相当于一个资料库，从信用档案公司处可以获得借款人的完整信用记录。在美国，信用报告的订购者包括银行/财务公司、专营卡发行人、医生/医疗机构、地方/联邦政府、公用事业公司以及其他机构。对银行而言，为获得信用档案公司的报告，银行必须是客户的现有债权人或潜在债权人。如果银行拒绝为个人提供信用，个人可以向信用档案公司索要免费的信用文件副本，即获得与该个人相关的信用报告。个人随时可以提出这种要求，信用档案公司一般只象征性地收取一点费用或完全免费提供。个人也可以通过信用档案公司的网站下载信用文件。

示例4.4展示了一份信用报告样本。

美国主要有三家信用档案公司，分别是 Experian、Equifax 和 Trans Union，这三家公司在美国信用卡行业中占据主导地位，三家公司多年来已收购了多家独立的信用档案机构，尽管美国市场中仍存在一些规模较小的独立信用档案机构。随着信用数据库的集中化，信用信息的质量和全面性已得到显著改善。获得信用档案公司的报告和新贷款申请人的信用评分是银行客户获取流程中的关键一步。上一章已提到过，市场中存在风险预测模型、破产预测模型、一般收入模型等信用评分模型，这些模型均以信用档案公司的数据为基础。从信用报告中获得的信息可能是贷款审批流程最为重要的组成部分。

第4章 客户获取

示例4.4 信用报告样本

下面是一份尖端档案(ACROFILE)及其附项,附项包括:Equifax Risk Score'98、SAFESCAN、On-Line GEO Code以及On-Line Directory。

附项a:

Equifax Risk Score'98给出个人的风险评分（得分范围为1~999分），并揭示了对风险评分有决定性影响的四个元素，即：拥有信用记录的时间长度；逾期未偿付的银行循环贷款数目；过去6个月中由消费者发起的信用查询；以及所有贷款账户可利用的信用总额。银行可以向未能满足相关标准的贷款申请人解释申请被拒的原因。风险评分越高，客户严重拖欠贷款的可能性就越小。

```
ⓐ  EFX RISK ASSESSMENT SCORE: 389
    REASON CODES: 00003 00036 00001 00007
    NARRATIVES:
    LENGTH OF TIME ACCOUNTS HAVE BEEN ESTABLISHED
    NUMBER OF BANK REVOLVING ACCOUNTS WITH REPORTED LATE PAYMENTS
    NUMBER OF CONSUMER INITIATED INQUIRIES IN THE PAST 6 MONTHS
    TOTAL AMOUNT OF AVAILABLE CREDIT ON ALL OPEN ACCOUNTS
    ****************************************************************
ⓑ     SAFESCAN WARNING:
       INQUIRY ADDRESS HAS BEEN ASSOCIATED WITH MORE THAN ONE NAME
       OR SOCIAL SECURITY NUMBER. THOROUGH VERIFICATION SUGGESTED.
    ****************************************************************
       SSN ISSUED -65                              STATE ISSUED- GA
ⓒ  *GEO CODE: MSA 0520 STATE 13 COUNTY 121 CENSUS TRACT 0065.00 BLOCK GROUP 1
    9412,MAIN STREET, ATLANTA,GA,30302
    INQ CURRENT ADDRESS (STANDARDIZED)   FOUND ON GEO CODE DATABASE

    * 001 EQUIFAX CREDIT INFORMATION SERVICES    -       P O BOX 740241
          1150 LAKE HEARN DRIVE STE 460 ATLANTA GA 30374-0241 800/685-1111

ⓓ  *CONSUMER,JOHN,Q,JR,     SINCE 03/10/73  FAD 06/22/98        FN-238
    9412,MAIN STREET, ATLANTA,GA,30302,TAPE RPTD 07/93
       TELEPHONE NUMBER  (404)555-1212 CRT 07/93
    410,ORANGE GROVE,DR,SAN JOSE,CA,95119,CRT RPTD 06/91
    46,KENNEDY,DR,DETROIT,MI,DAT RPTD 01/86
    ****ALSO KNOWN AS-CCONSUMER,ROBERT****
    BDS-03/03/49,SSS-900-00-0000 SSN VER: Y
ⓔ  01 ES-ENGINEER,ACME MFG,ATLANTA,GA,EMP 06/93,VER 03/96
    02 EF-ENGINEER,CENTRAL POWER,SAN JOSE,CA,,,,LEFT 05/93
    03 E2-ENGINEER,MAJOR MOTORS,DETROIT,MI,,,,LEFT 05/91

ⓕ  *SUM-04/73-01/98,PR/OI-YES,COLL-YES,FB-NO, ACCTS:8,HC$450-87595, 4-ONES,
    1-TWO, 1-THREE,1-FIVE, 1-OTHER.
ⓖ  INQUIRY ALERT - SUBJECT SHOWS 4 INQUIRIES SINCE 05/98
    ****** PUBLIC RECORDS OR OTHER INFORMATION ******
    04 07/95 BKRPT 111VF116, 95-453657,LIAD$25600,ASSET$10500, EXEMPT$100,
             INDIV, PERSONAL, DISMSD CH-7
    05 05/97 ST JD,111VC51, $500,DEF-S,88776,VISA,SATISFIED,08/97
ⓗ  ****** COLLECTION ITEMS ******
    LIST   RPTD  AMT/BAL           DLA/ECOA AGENCY/CLIENT       STATUS/SERIAL
    04/97  11/97 $532              11/97    111YC363 ACB COLLECTIONS  UNPAID
                 $300              I        DR JONES                  202012
    ****************************************************************
```

附项b:

SAFESCAN是Equifax公司的全国性欺诈防范系统，该系统根据已知的或潜在的欺诈信息，自动给银行提供相关警告（一共有17类警告），告诉银行在批准贷款、交叉销售或制定管理决策前，应对哪些信用信息、工作信息或其他贷款申请信息进行更为严密的考察。本例中给出的警告是:查询地址对应不止一个姓名或社会安全号,建议作彻底验证。

附项c:

On-Line GEO Code（在线地理位置编码），该项服务提供十分有用的地理位置信息，比如大都市统计区(MSA)、州、县、人口普查区、街区组（人口普查区的街区或区域）等信息；地理位置编码包含查询地址和9位数字的邮政编码。该项服务也提供一些提示信息，比如"地址无误"、"查无此地"或者"邮政编码有误"等。

附项d:

完整的消费者身份信息。包括全名、身份证和地址信息，本项中会给出消费者当前的以及先前的地址和电话号码（如果可得），银行可利用这些数据验证贷款申请人的关键信息。

附项e:

如果可得，应给出消费者的工作

历史信息，本项共包含三条工作信息，包括雇主、职位、公司名称、公司地址以及参加工作的时间等内容。

附项f：

信用文件的总结。展示重大公共记录、账户状态以及其他信息，以方便银行快速评估潜在客户。

附项g：

查询警告。展示过去90天内发生的过高的查询次数。查询清单在信用报告的结尾处给出。

附项h：

公共记录/其他信息以及贷款回收信息，本项会列示日期、额度、贷款回收机构、法院记录以及未偿余额等信息。

附项i：

本项会展示消费者的相关交易信息，银行可从中了解到贷款申请人长达7年的账户活动历史，包括债权人、债务偿还表现、当前的账户状态以及其他信息等内容。本项对银行来讲十分有用。

附项j：

```
PAGE 2 OF REPORT
FIRM / ID        CODE    CS  RPTD  LIMIT   HICR BAL $    DLA MR  (30-60-90+)MAX/DEL
ECOA/ACCOUNT NUMBER          OPND  P/DUE   TERM                  24 MONTH HISTORY
ATL FIN VS     *111FS26  R5  06/98 3000    ---  2832     02/98 75   (01-01-01)
1/4453                       03/92 700     140           432**********
           ACCOUNT CLOSED BY CREDIT GRANTOR
WACH IL        *111BB7/1 R1  06/98 5000    ---  4500     05/98 71
1/432704567                  07/92 ---     100
LORD & TAY     *111DC151 R3  06/98 ---     478   356     04/98 57 (04-02-00) 06/94-R3
J/175                        09/93 50      25            2*********2/*232********
SEARS          *111DC29  R1  06/98 1000    ---   110     05/98 99 (01-01-00) 07/93-R3
J/5540                       04/73 ---     10
           REVOLVING TOTALS       9000    478  7798
                                  750     275

ANEXTRVLSV     *1110N259 01  06/98 ---     450   123     06/98 41
J/86934                      01/95 ---     123
           OPEN TOTALS             ----    450   123
                                           123

HFC            *111FP439   I1  05/98 ---     4200  933   11/97 28
C/12566843                     01/96 ---     18M
PAINE/WEBB     *111FM1117  I2  05/98 ---     87595 37345 04/98 65  (01-00-00)
I/7785632                      12/92 750     750         ***********/*2**********
               HOME LOAN
           INSTALLMENT TOTALS      ---     91795 38278
                                   750     750
           GRAND TOTALS            9000    92723 46199
                                   1500    1148

WACH IL         111BB771     08/96  ---     ---   ---    08/93
4567                         07/92
           LOST OR STOLEN CARD

*INQS-BURDINES  1110C304    06/22/98  HECHT CO    111DC2872   05/15/98
 FRIEDMAN'S     111JA105    05/12/98  SUNTRUST    111FM68/5   05/11/98
CONSUMER STATEMENT       RPTD 12/97   PURGE 12/99
I HAD FAMILY PROBLEMS AND COULD NOT PAY MY VISA BILL.  I TRIED TO PAY IT BUT MY
ACCOUNT WAS CLOSED BEFORE I COULD WORK IT OUT.

*MEMBER #    COMP. NAME     TELEPHONE       *MEMBER #   COMP. NAME    TELEPHONE
111YC363     ACB COLL       111-1111111     111FS26     ATL FIN VS    111-1111111
123 MAIN ST                                 813 FULTON ST
OAKFORD                    GA 30000-0001    ATLANTA                  GA 30300-0001

111BB771     WACH IL        111-1111111     111DC151    LORD & TAY    111-1111111
717 SEVENTH                                 965 HOWELL
CHICAGO                    IL 60000-0001    DALLAS                   TX 75000-0001

111DC29      SEARS          MAIL ONLY       1110N250    AMEXTRVLSV    MAIL ONLY
CALL 1-800-801-2055                         P.O. BOX 100
                                            MIAMI                    FL 33000-0001

111FP439     HFC            111-1111111     111FM117    PAINE/WEBB    MAIL ONLY
818 EIGHTH AV                               P.O. BOX 990
NEW ORLEANS                LA 71000-0001    NEW YORK                 NY 10000-0001

111DC304     BURDINES       111-1111111     111DC2872   HECHT CO      111-1111111
475 AMERICA ST                              908 FIRST
ANYTOWN                    NY 10000-0001    BALTIMORE                MD 20000-0001

111JA105     FRIEDMAN'S     111-1111111     111FM6875   SUNTRUST      111-1111111
865 SECOND AV                               234 THIRD ST
CLEVELAND                  OH 40000-000     CHARLOTTE                NC 30000-001
&
END OF REPORT EQUIFAX AND AFFILIATES - 07/31/98              SAFESCANNED
```

24个月的查询历史。本项中包括一份消费者声明，内容如下：我的家庭出现了问题，以致我无法偿还信用卡账单；我已作了最大努力，但在还清全部债务前，我的信用卡账户已被冻结。

附项k：

On-Line Directory(在线黄页)，该项服务能自动识别所有查询的名称和电话号码、账户户名和账号以及实施贷款回收的债权人。银行可以查询到贷款申请人的地址、信用查询记录以及实施贷款回收的债权人。

附项l：确认与贷款申请人相关的信息已得到验证，本项由SAFESCAN即欺诈防范系统负责监控。

各家信用档案公司在以下方面可能会略有差异：
- 记录的完整性（包括商家和客户）。
- 信息更新的及时性。
- 地理区域涵盖范围的广泛性。
- 信息的准确性。
- 数据读取的方便性（匹配算法）。
- 所提供的产品即一般信用评分。
- 文件片段①防范能力。
- 定价。

考虑到不同的信用档案公司各有其长处，银行一般会为开展消费信贷业务的各个地理区域选择两家信用档案公司作为信息供应商，一家公司作为首要信息供应商，另一家公司作为次要信息供应商。银行一般会一直使用这两家信用档案公司，除非条件的改变表明银行使用其他的信息供应商更为可取。所有信用档案公司都会持续升级其服务，因此银行应注意不能固定地使用一两家信用档案公司的服务，而应不断比较各家公司的服务，从中选择对本行最有利的信用档案公司。即使银行使用某家信用档案公司作为首要信息供应商已有一年的时间，这并不意味着该信用档案公司在下一年仍是银行的最优选择。

信用档案公司的报告可能很难解读和分析，为彻底理解该信用报告，银行可能需要花费较多的时间。完善的贷款申请处理系统和信用评分系统能自动地解释这些信用报告，并能根据信用报告中所给出的信息自动地给潜在客户实施信用评分。

如果银行怀疑信用报告上信息的准确性，比如信用报告所给出的信息太有限或者因其他原因而对信用报告有所怀疑，这种情况下就应从另一家信用档案公司处获取另一份信用报告。第二份信用报告可能包含潜在客户用先前住址或先前的姓名所登记的信息，这些额外的信息可能会促使银行改变原来的信用决策。注意，信用档案公司的报告都相对便宜，但如果因报告中不准确的信息而导致银行做出了错误的信用决策，由此所带来的损失可能会十分惊人。如果银行一时短视，为节省购买第二份信用报告的成本，在怀疑第一

---

① 如果同一个消费者有不止一个信用文件，每个文件中的信息都不完整，就表明文件存在片段化现象。片段化可能源于错误拼写的姓名、不同形式的姓名（如 John Jones 与 John R. Jones）或者源于消费者最近的地址变更。

份信用报告数据有误时不愿意进一步验证数据的准确性,这种短视行为可能会给银行带来巨额损失。除了购买第二份信用报告外,银行也可以从独立的专门机构处购买合并后的信用报告。位于美国加利福尼亚州的 Credco 公司曾做过一项研究,研究结果发现,单一信用档案公司的报告所涵盖的月度偿付信息不超过消费者全部月度偿付信息的72%,单一信用报告中所涵盖的账户信息不超过消费者全部账户信息的64%,单一报告中的信用查询信息不超过消费者全部信用查询信息的36%。当然,银行应比较购买第二份信用报告的成本与该信用报告所提供的额外信息的价值。

尽管近来已作了很多改进,但信用档案公司的数据仍谈不上完美。信用档案公司因其不准确的报告和未能令人满意地解决数据准确性问题而广受诟病。目前,美国市场中针对1.2亿消费者有大约4.5亿份信用报告,显然很多报告存在信息片段化现象(报告中的信息并不完整)。这意味着对银行而言,参考多份报告以获得与贷款申请人相关的完整、准确的数据有多么重要,也意味着了解贷款申请人的出生日期和社会安全号是十分重要的信息甄别手段。但需要注意的是,估计只有三分之二的信用文件会提供社会安全号这一信息。

合并后的信用报告

某消费者要求一家信用调查公司即 Privacy Guard 公司将该消费者在所有信用档案公司中的信用记录作一个汇总。针对该消费者的要求,Privacy Guard 公司联系了三家信用档案公司,这三家信用档案公司中都记录有该消费者的正确姓名、住址以及社会安全号。合并后的信用记录如示例4.5所示。

从4.5中可以看出,三家信用档案公司所给出的余额分别为601 380美元、303 539美元以及9 346美元。根据该消费者的说法,这三家信用档案公司所给出的数据都不对,事实上该消费者的全部负债约为400 000美元,主要是住房抵押贷款。此外,三家信用档案公司所给出的分期偿还贷款、循环贷款以及抵押贷款的数据都不一致。根据该消费者的说法,他多年来一直在偿还住房抵押贷款和汽车贷款;该消费者频繁使用信用卡并且会及时偿还信用卡贷款;该消费者在同一个住处已住了二十多年的时间,只结过一次婚,从未离婚;该消费者有稳定的工作,从前在另一家大公司就职,后来跳槽到现在的这家大公司。换句话说,该消费者绝不是那种不可靠的借款人。但是,看看信用档案公司都给出了些什么信息？可见，信用档案公司的信息并不能保证绝对准确。

示例 4.5　合并后的信用报告

	社会安全号： 000-00-0000 MAIN STREET WESTHAMPTON BEACH, NY 11978	社会安全号： 000-00-0000 7 MAIN STREET WESTHAMPTON BEACH, NY 11978	社会安全号： 000-00-00007 7 MAIN STREET WESTHAMPTON BEACH, NY 11978
合并后的信用报告	TRANS UNION	TRW/EXPERIAN	EQUIFAX
交易笔数（笔）			
合计	21	21	17
循环贷款	14	16	10
分期偿还贷款	3	5	7
抵押贷款	4	0	0
其他	0	0	0
账户状态			
正常账户	21	19	16
拖欠贷款	0	2	1
过去12月内信用查询的次数	5	1	1
公共记录	0	0	0
贷款回收	0	0	0
余额（美元）			
合计	601 380	303 539	9 346
循环贷款	5 000	1 588	798
分期偿还贷款	8 132	0	8 548
抵押贷款	588 248	301 951	0
其他	0	0	0

债务负担分析

针对消费者客户实施的债务负担分析类似于针对企业客户实施的现金流分析。现金流分析是商业贷款业务中的一项传统分析项目，现金流分析有充足的数据来源可供使用，包括经审核的财务报表、已确立的销售记录等。与现金流分析不同，债务负担分析往往针对的是消费信贷业务，并且债务负担分析中很难获得完备的客户财务数据。尤其是对自我雇佣人士而言，获得相关数据更为麻烦。为尽量避税，这些自我雇佣人士的报税表往往堪称杰作，极富避税智慧。通过初步审查应能发现所有避税企图，除非避税设计实在太过精妙，以致很难发现蛛丝马迹。对于避税设计较为粗糙的个人来讲，通过报税表很容易了解其收入情况，因为该人似乎没法操纵（即最小化）其应税收入。

由于避税因素的存在，特别是由于银行很难获得可靠的消费者财务数据，大部分银行都不会花什么时间和精力来审查消费者偿还小额贷款的能力。银行仅对大额贷款才会详细审查消费者的收入水平并验证消费者的资产，并且只有在贷款所带来的利润足够弥补相关的审查和验证成本时，银行才会这么做。住房抵押贷款也许是个例外，银行对所有的住房抵押贷款都会实施详细的信用审查和债务负担分析，本书稍后会详细探讨这个问题。

债务负担分析方法

在分析客户的债务负担水平并将该水平与已确立的标准比率相比较时，银行有几种方法可供选择：

- 确立针对某种产品的最低收入要求，比如收入达到 40 000 美元的潜在客户才有资格申请金卡。
- 债务收入比。该指标度量贷款申请人每月的债务（不包含每月的住房开销）占每月毛收入的比率，比如标准比率为 15% ~ 22%。
- 每月的可支配收入。从贷款申请人每月的毛收入中减去各种债务支付，剩下的就是可供贷款申请人自由支配的每月可支配收入，比如银行可能要求每月的可支配收入不得低于 600 ~ 1 000 美元。
- 每月需要偿还的新债务占每月收入的比率。该指标度量本项信用申请所带来的每月偿付额占贷款申请人每月收入的比率，比如银行可能规定汽车贷款的每月偿付额占贷款申请人每月收入的比率不得超过 16% ~ 18%。
- 每月的总住房开销占每月毛收入的比率。总住房开销包括所有与住房相关的成本，比如抵押贷款偿付、财产税、房屋保险以及其他相关支出等，银行可能规定每月的总住房开销占每月毛收入的比率不得超过 28% ~ 33%。
- 每月的总债务（包含住房开销）占毛收入的比率。每月的总债务包括每月的汽车贷款偿付、其他月度偿付、孩子的抚养费、离婚后需支付给对方的赡养费以及各种住房开销。银行可能规定每月的总债务占毛收入的比率不得超过 36%~42%。

注意，上面所给出的标准比率都处于一定的范围内，而不是一个绝对确切的数值水平，因为很难证明某个确切的数值水平在大部分情形下都正确无误。上面所给出的标准比率范围仅供银行参考，银行可以根据自身的实际情况设定合适的标准比率。事实上，所有债务负担比率都存在各种问题，比如：

- 汽车成本在同一个国家的各个地方大致差不多，但同一个国家不同地方的生活成本却有很大差异。例如，住房成本、交通成本以及一般意义上的生活成本在大城市和小城市就有天壤之别。统一设定16%的标准债务负担比率对一个地方来讲可能偏大，对另一个地方又可能偏小。汽车在某些城市可能是生活必需品，在另一些城市完全是奢侈品，比如在公共交通十分发达的地方可能就不是太需要汽车。毫无疑问，单个债务负担比率计算公式不可能考虑到所有这些因素。

- 银行试图估计消费者在未来将如何处理其债务。问题是，消费者的生活状态会不断变化，比如他们会结婚、离婚、失业、获得或失去加班费等。此外，不同消费者的生活方式也有很大差别，一些消费者乐意省吃俭用，喜欢攒点钱以备不时之需；另一些消费者花钱大手大脚，经常月光光，有些消费者一领到工资就早早花光，剩下的时间（到下次发工资前）只好靠借债度日；一些消费者有很多灰色收入，其收入和资产很难量化。总之，消费者具有多样性，一些消费者甚至具有多变性。

那么，债务负担分析还有意义吗？较高的债务负担比率是否就一定意味着较差的业绩？显然，凭常识，银行也不会给某个收入较低的消费者发放额度明显偏高的贷款。但银行所制定的相关规则可能十分简单，带有一刀切的性质，比如对年收入低于 15 000 美元的消费者一律不提供贷款。

债务负担比率的有用性需定期测试，以明确使用这些比率能否真正给银行带来增值（银行能否证明使用这些比率能带来增值）。换句话说，银行应从因未能满足债务负担比率要求而原本会遭到拒绝的贷款申请人中选取一个统计样本，接受该统计样本中的贷款申请人，跟踪这些贷款申请人的业绩表现，以明确债务负担比率要求的合理性。统计样本中的贷款申请人的业绩表现是否与已满足债务负担比率要求的贷款申请人的业绩表现大致相当？如果答案是肯定的，银行可能需要最小化或从根本上取消债务负担比率要求。此外，在债务负担比率要求上还应允许地区差异的存在。银行应根据地区差异适当调整债务负担比率要求，否则僵化的政策只会导致优质客户纷纷涌向竞争对手。

最后，住房抵押贷款市场有专门的债务负担比率规则，这些规则由房利美和房地美两家准政府机构制定。特别是当银行准备出售或证券化住房抵押贷款时，这些规则更显得尤为重要。由于打包贷款的买方要求银行提供一定的贷款发放标准，因此合适的债务/收入比就十分关键。本书第9章"住房抵押贷款"会详细探讨这些比率。

客户验证

完成了客户筛选流程后，银行应验证已通过客户筛选流程的贷款申请人的相关信息。再次，这里的关键是实现成本与收益间的平衡，成本当然是指验证成本，收益是指通过排除少量具有欺诈倾向或误导倾向的贷款申请人所能给银行带来的效益。实施客户验证，在最为理想的情况下，银行也仅能剔除掉那些并非有意预谋欺骗银行的贷款申请人，这些贷款申请人可能最近刚刚失业，也许高估了自己的收入水平，或者他们在贷款申请中使用的是一个信用记录十分出色的姓名，而刻意隐瞒了另一个较早的、信用记录较差的姓名。故意预谋的欺诈很难被银行发现，只有高度专业化的刑侦人员才能发现这种欺诈图谋的蛛丝马迹。

了解贷款客户的身份十分重要。自动化的流程能够验证贷款申请人的社会安全号、邮政编码以及电话区号的真实性和一致性。如果验证结果表明这些信息准确无误，对小额贷款而言（比如额度小于5 000美元的贷款），不再需要进一步验证其他信息。如果要求作进一步的验证，可以根据贷款申请人的信用记录验证贷款申请表上的各项信息，比如工作情况、未偿贷款情况以及婚姻状况等信息；如果验证过程中出现了比较大的差异或无法解释的信息项目，银行应实施进一步的考察，但注意不要在这方面花费过多的成本，除非从考察中所能获得的收益足够抵消为此所花费的成本。

标准验证

如前所述，客户验证的深度（即在客户验证上所花费的时间和金钱）应与产品的风险水平和盈利能力成比例。银行为获取客户所花费的成本不应超过该客户所能带来的利润。

客户验证中必须考虑到以下项目：

- 客户身份。客户所给出的身份是他的真实身份吗？的确是客户本人在申请贷款，还是客户的身份信息如姓名、社会安全号等被盗用？
- 欺诈检测。信用档案公司的标准欺诈检测程序应作为客户验证流程的一个内在组成部分。欺诈检测模型中会给出一些经常变换的姓名清单、地址清单、邮箱清单以及其他欺诈因素，这些清单中的姓名、地址、邮箱等因素曾发生过欺诈事件。欺诈检测模型也会检查社会安全号，防止某些人使用已过世的人的社会安全号实施欺诈行为。

如果产品的风险较大，那么还应验证以下项目：

- 工作情况。申请人具体在什么地方工作？申请人目前仍处于工作状态吗？
- 收入。申请人所给出的收入信息是否属实？
- 住址。申请人所给出的住址信息是否属实？

两种类型的欺诈行为

身份盗用

身份盗用问题日益突出。例如，某办公室经理申请了一笔额度为175 000美元的第一抵押贷款，用于住房购买方面的融资。该经理吃惊地发现，他的贷款申请很快就被拒绝，理由是信用记录太差。该经理得知，自己的信用档案上记录有一辆贷款额度为22 000美元的沃尔沃汽车，并有三个新的、处于严重拖欠状态的信用卡账户，分别是美国运通、万事达卡和维萨卡。这份信用报告令该经理感到十分困惑，因为他只拥有一两张专营卡（都处于良好的信用状态），他的大部分账单都用现金支付，驾驶的是一辆已十分破旧的雪佛兰汽车，汽车贷款已全部还清。

该办公室经理无疑是身份盗用的受害者。一些犯罪分子盗用信用记录良好的人的身份信息，冒用这些信息申请贷款，疯狂购物，直至信用额度被取消。这些犯罪分子当然没准备偿还贷款。犯罪分子所使用的一种身份盗用手段是，从合法商人处获得信用档案公司的计算机系统进入密码，然后从信用文件中搜索姓名与自己类似并且信用记录良好的个人。更有甚者，一些犯罪分子甚至可以花钱购买质量中等或质量较好的消费者的姓名，然后盗用这些消费者的身份进行欺诈。

信用修复

只要支付一定的费用，所谓的"信用修复"机构就可以帮助个人摧毁对这些个人不利的信用记录，尽管这些信用记录的确是真实的。信用修复机构的做法是，对信用档案公司进行狂轰乱炸，质疑现有信息的准确性。根据相关法律规定，如果信用档案公司在一定时期内未能做出反馈，验证现有信息的准确性，相关信息就必须被删除。结果，这些个人又拥有了完全清洁的信用报告，又能开始申请新的贷款。

信用档案公司和银行一直在努力同这些欺诈行为作斗争，但欺诈行为很难彻底根除。

复杂验证

较大的信用额度要求更为细致的客户验证，比如实地考察贷款申请人的工作地点，验证贷款申请人的实际工作性质，以及尽可能地了解贷款申请人的收入信息。对抵押贷款申请来讲，可能有必要通过经审核的报税表、贷款申请人当前的工资存根或W-2表格来获取收入信息。贷款申请人当前的工资存根或W-2表格的使用必须谨慎，一般只接受较为知名的雇主所提供的这两项信息，因为工资存根或W-2表格都很容易伪造。如果对贷款申请人所在的企业有任何怀疑，银行可以联系相关的企业协会以验证该企业的信誉度、经营时间以及其他事项。

对自我雇佣人士而言，银行应了解以下项目：

- 当前的财务报表的副件（最好是经过审计的财务报表）。
- 经审核的报税表。
- 商业支票账户的记录。
- 合伙人的财务报表。

总之，客户验证流程应仔细设计，以实现验证成本与验证效益间的最佳平衡；验证效益是指因得益于从验证流程中所获得的额外信息，银行能制定更为完善的信用决策。除客户验证流程外，本书稍后还会探讨与证明担保物的存在性和担保物的价值相关的验证流程。

完成了客户验证即标志着标准客户筛选流程的结束。在这一过程中，客户完成贷款申请表的填写，银行进行持续的信用决策以筛选出最优质的客户和质量最差的客户。通过客户筛选，银行能将大部分资源投放到质量居中的大众客户身上，有关这部分客户的信用决策最难制定。客户获取过程的最后一步是制定最终的贷款批准或拒绝决策，或者修正贷款条款，并将决策结果告知客户。

通知被拒绝客户

美国法律要求银行应给信用申请被拒绝的客户发送拒信。与此要求相关的主要有两个法案即公平信用报告法案（Fair Credit Reporting Act，FCRA）以及平等信用机会法案（Equal Credit Opportunity Act），尽管这两个法案的具体应用场合略有不同，但两个法案都要求银行在拒绝消费者的信用申请时，应告知消费者申请被拒的具体原因。

如果申请人是因未能满足某些主观判断标准而被拒，被拒的原因就很容易确定并通知相关申请人，比如"收入不足"或"逾期欠款太多"等原因。毕竟，作出拒绝提供信用这项决策的是银行中训练有素的专业人员，这些专家不可能平白无故地否定一项贷款申请，作出否定决策一定有很站得住脚的理由，比如申请人未能满足银行的相关资格要求。

如果申请人被拒的原因部分源于或完全源于信用评分太低，银行在向申请人解释申请被拒的原因时可能会有难度。基本上，申请人被拒无一例外是因为"信用评分不够"。但监管部门认为仅告知申请人"信用评分不够"未免太过简单，监管部门要求银行给出申请人被拒的具体理由，以便申请人能够了解自己的缺陷所在，并努力弥补这些缺陷以在未来成功获得信用。第3章"信用评分"中曾提到过，拒信中可以列出申请人表现最为薄弱的几个方面。比如，银行可以这样向申请人解释：

- 申请人严重拖欠贷款，公共记录较差，或者太多银行在向申请人追缴贷款。
- 申请人的循环贷款余额占银行循环贷款信用限额的比例过高。
- 申请人有太多账户需要偿付。
- 申请人账户中的余额太高。

银行也可以不在拒信中列出申请被拒的具体原因，而是告诉申请人，申请人有权要求银行解释申请被拒的具体原因。银行管理层应提前决定，是在拒信中直接告知申请人贷款申请被拒的具体原因，还是在申请人要求银行作出解释后再告知申请人被拒的原因。

如果申请被拒是基于信用报告代理机构（信用档案公司）的信息而作出的，银行应告知申请人该信用报告代理机构的名称，并告诉申请人，申请人有权直接联系该信用报告代理机构，免费获取自己的信用报告副本。根据 Equifax 公司的说法，仅有不到 10% 的被拒申请人要求信用档案公司提供信用报告副本，很少有申请人会提出异议，要求银行推翻先前的信用决策。尽管如此，银行仍需遵循法律要求的这一程序。

分配信用额度

客户获取流程还有最后一步没有完成，即向客户分配初始信用额度。如果客户申请的是为购买特定商品的贷款融资，比如住房购买贷款或汽车贷款，银行应审查贷款额度价值比和债务负担比率，并据以决定是批准、修正还是拒绝客户的贷款要求。对其他贷款产品，比如无担保贷款或信用限额、信用卡、专营卡等产品，银行一般不会制定十分明确的信用额度分配规则。信用额度分配政策的目的是为了平衡客户质量与贷款额度，政策的制定需要兼顾产品风险与产品的竞争力。传统上，银行一般使用以下方法来分配信用额度：

- 根据信用评分的高低进行分配。
- 根据人口普查区的收入中值进行分配。
- 根据家庭收入水平进行分配。
- 根据客户的债务负担比率进行分配。
- 综合采用以上方法。

今天，银行除了考察客户的信用评分、收入水平以及债务负担比率之外，还会关注客户在竞争对手处获得的贷款产品的当前信用额度以及客户对这些信用额度的使用情况，所有这些信息都可以从信用档案公司处获取。银行在分配信用额度时也会用到一些常识。如果目标客户已拥有其他银行提供的信用额度，但目标客户对这笔信用额度的使用效率很低（仅使用了全部信用额度中一个很小的比例），那么本行再给目标客户提供较高的信用额度是否可取？也许不可取，因为该目标客户的贷款需求似乎并不高。然而，如果目标客户对信用额度的使用比例相对较高，并且目标客户的风险评分也比较合理，这种情况下可能就需要给目标客户分配较高的信用额度。

无论银行采用哪种信用额度分配方法，关键的问题是：应给客户分配多高的初始信用额度？一般而言，初始信用额度应尽可能地低，但又应足够高以使客户有兴趣申请并使用银行的产品。在明确了客户的业绩有保证之后，银行可以逐步提高信用额度。

上述结论得出以两条信息为依据。首先，以美国为例，维萨卡和万事达卡持有者的信用限额目前平均约为 7 500 美元，这两类信用卡账户的平均未偿余额约为 2 400 美元。显然，大部分人在信用限额的使用上比较保守，所使用的信用限额约占全部信用限额的三分之一。其次，如果某项循环贷款因不可收回而需要核销，该循环贷款便利已使用的额度往往接近或已达到信用限额的上限。因此，优质客户在信用限额的使用上趋于保守，而低质量客户恰恰相反。

下面考察在分配信用额度时可能需要用到的信用损失预算。信用损失的考察涉及到两个变量，一是被核销的账户数目，二是被核销的账户的余额。示例 4.6 展示了信用损失预算的计算公式。

示例 4.6　信用损失预算的计算

$$\text{信用损失预算} = \underbrace{\frac{\text{被核销的账户数目}}{\text{总账户数目}}}_{\text{账户损失率}} \times \underbrace{\frac{\text{被核销账户的平均核销额度}}{\text{活跃资金平均余额}}}_{\text{活跃资金余额的核销率}}$$

如示例 4.6 所示，公式右边的第一项处理的是账户数目。账户损失率一般取决于客户筛选中所使用的贷款申请信用评分阈值。例如，假设给定信用评分阈值水平下的账户核销率为 3.0%，这意味着全部账户中被核销的账户比例占到 3.0%，而不是全部贷款余额中有 3.0% 的贷款会成为呆坏账而被核销。

公式右边的第二项处理的是账户的平均余额，包括被核销的账户余额以及整个消费信贷组合的平均余额。如前所述，大部分被核销账户的核销额度等于或接近于信用限额的上限，因此最终被核销的额度主要取决于账户的信用限额。也就是说，为控制呆坏账水平，银行必须严密控制与呆坏账账户相关的信用限额。由于银行并不能提前知道哪些账户将成为呆坏账，因此必须严密控制所有贷款账户的信用限额。为说明这一点，示例 4.7 展示了与具体信用损失预算相关的核销率。

示例 4.7　与具体信用损失预算相关的核销率

			账户余额核销率			
	(%)	0.5	1.0	1.5	2.0	2.5	3.0
	1.0	0.5	1.0	1.5	2.0	2.5	3.0
	2.0	1.0	2.0	3.0	4.0	5.0	6.0
账户核销率	3.0	1.5	3.0	4.5	6.0	7.5	9.0
	4.0	2.0	4.0	6.0	8.0	10.0	12.0
	5.0	2.5	5.0	7.5	10.0	12.5	15.0
	6.0	3.0	6.0	9.0	12.0	15.0	18.0

如示例4.7所示，目标核销率水平为3%，也就是说，整个消费信贷组合损失的金额不得超过全部消费信贷余额的3%。示例4.7的左方展示了不同的账户核销率，这些账户核销率数据可能源于不同的信用评分阈值水平。示例4.7的上方展示了不同的账户余额核销率。如果给定的信用评分阈值水平预示着将有3%的账户核销率，那么被核销账户的平均余额将等于优质账户的平均余额。如果改变信用评分阈值水平，新的阈值水平意味着账户核销率为2%，那么在3%的目标账户余额核销率水平下，被核销账户的平均余额将为优质账户平均余额的1.5倍。后一种情况更为现实，因为如前所述，优质账户的平均余额一般显著低于信用限额。

第5章"客户组合管理"中会探讨如何控制贷款账户的余额。现在，重要的是要认识到，由于优质客户真正使用的信用额度远远低于信用限额，随着信用限额的提高，呆坏账与优质贷款额度间的比率会越来越高。为在信用限额提高时维持既定的信用损失水平，银行需要努力降低账户核销率。如果账户核销率能不断降低，银行最终就能在消费信贷业务中脱颖而出。

如前所述，在明确了客户的信用使用模式和偿付表现之后，特别是在行为信用评分工具的帮助下，银行可以有的放矢地提高客户的信用额度。在实现利润目标的道路上银行没有捷径可走，信用额度的分配无疑是利润实现过程中的重要一环。这是本章对客户获取流程的探讨所要强调的最后一点。

第5章

客户组合管理

对零售银行而言,消费信贷管理中的一个重要方面是恰到好处地处理银行的客户,比如鼓励优质客户继续维持并进一步扩大同银行的业务关系,同时控制并在必要时终止与低质量客户间的业务关系。客户组合管理[①]的总体目标是通过以下管理活动来改善银行消费信贷组合的盈利能力:

- 处理常规消费信贷业务活动。
- 满足客户对银行服务的需要,比如处理客户咨询和客户意见等。
- 向现有客户交叉销售银行的产品和服务。
- 控制客户的业绩表现。

常规消费信贷业务活动如果处理不善,可能会导致客户流向竞争对手处,特别是对优质客户而言,他们拥有很多选择,优质客户是各家银行竞相争夺的对象。下面先简要地探讨一下常规消费信贷业务活动的处理。

常规客服与客维

为有效地管理客户组合,银行有必要制定常规的客户服务规则和客户维持策略。之所以将客户服务和客户维持称为常规业务活动,因为二者都是银行在开展消费信贷业务过程中的必要的重复性活动,二者都不需要使用高级统计技术。例如,银行必须开展以下常规业务活动:

---

① 本章中,"客户组合管理"和"客户维持"这两个术语的意思相同,都用于描述消费信贷业务领域的客户管理活动。

- 资金的支付。
- 发行银行卡/支票。
- 发布报表。
- 记录各项交易。
- 处理各种支付。
- 处理客户的咨询。
- 处理争议。
- 改变客户的住址。

本章中，术语"常规"仅用于提醒银行，客户认为这些业务活动都很常规。"常规"并不意味着这些业务活动很简单或很容易管理。恰恰相反，这些业务活动都很难处理。尽管与不那么常规的业务活动相比，所谓的常规业务活动并不能够大幅提高银行的利润水平，但这些常规业务活动具有较大的下行风险，也就是说，做好每项常规业务活动并不一定能给银行带来优质客户，但一旦常规业务活动处理不善，必定会导致银行客户的迅速流失。注意，常规业务活动是银行与客户间的一条联系通道，如果不好好地利用这条通道，客户很可能会流向竞争对手处。比如，分期偿还贷款客户很容易选择另一家银行提供新汽车贷款业务或抵押贷款业务，信用卡客户每周都可能收到其他银行的促销单，对零售银行来讲，客户流向别处是再容易不过的事情，如何留住客户是银行面临的最棘手的难题之一。

花在客户维持上的成本

经营费用一般包括客户维持成本和贷款回收成本。对第一抵押贷款来讲，经营费用占平均未偿余额的比例为10~20个基点（0.10%~0.20%），对信用卡来讲，经营费用占平均未偿余额的比例为3.0%~5.0%甚至更高。经营费用所占比例的这种差异反映了第一抵押贷款和信用卡在平均未偿余额上的差异，以及在两种产品上需要履行的不同的经营职能。比如，一笔额度为10万美元的抵押贷款所需要的账单发送或常规客服活动的处理成本与一张平均余额为1 200美元的信用卡相当。尽管很少有银行会因为较高的经营成本而破产，但经营成本对银行的盈利能力的确有很大的影响。

客户维持工作应被视作是一个十分精确的过程，银行将手写数据或电子数据输入到与客户维持相关的各个职能部门中，各个职能部门会处理这些客户数据，这些职能部门都有明确界定且可以度量的客户维持目标。通过度量客户维持目标的实现程度，银行就可以判断各个部门业务经营的成败。实现了既定的客户维持目标的相关部门应受到奖励，相反，对未能实现客户维持目标的各个部门应进行彻底的审查和分析。如果最终发现客户维持目标的设定有误，银行应对相关目标作出修正；如果目标的设定十分合理，那么就应对未能满足目标要求的原因进行彻查，并相应更正业务操作上的不合理之处。

完善的客户维持工作应能很好地回答以下问题：

- 客户打进的电话在响了多少声后才有人接听？客户打进的电话无人接听的比例有多大？客户不会忍受长时间的电话等待或银行冗长的促销语音电话。如果电话大概响了十声后还无人接听，或者电话背景音乐的时间超过了五分钟，很多客户都会挂断电话，并且可能永远都不会再打这个电话，这意味着银行可能永远失去了这个客户。

- 在收到客户的书面咨询信件后，银行要花多少天的时间才会给客户答复？银行的答复能令人满意地解决客户的问题吗？

- 语音电话能解决多少客户问题（比如，"查询余额请按1"）？哪些客户问题能由客服代表通过电话在第一时间内解决？

- 如果某位优质客户急需银行提供额外的信用，比如该客户在杂货店付款时，突然发现自己的信用额度不足，银行的授权代表能立刻给该客户提供额外信用吗？为使授权代表在这么做时有章可循，银行应制定明确的批准/拒绝标准。

银行必须能明确地回答上述问题。高级管理者应就这类定性决策制定最高层面的相关指南，银行应定期测试这些指南，以保证相关指南的有效性和可靠性。最好的做法是，每隔一段时间，银行的总裁或高级执行官可以假扮客户给银行打电话，以亲自感受银行的客服水平。总裁或高级执行官的匿名电话对银行的客服工作可以起到很好的督促作用。

银行业务的效力取决于银行预测客户需求的能力以及银行的客户维持能力。提高业务效力意味着银行应加强各个部门之间的沟通和信息交流。银行在发起新的促销活动时，与新的汽车经销商或游艇经销商签订合作协议时，或者在扩大银行业务的地理涵盖范围时，所有这些行动对银行各个部门的业务量都有影响。良好的业务运行要求银行准确预测新的客户需求，积极响应这些客户需求，并努力维持现有的优质客户。这里，"预测"是一个十分有用的业务工具，通过合理的预测，银行可以更好地了解新的客户需求对银行各个部门的预期影响。

内部处理抑或外包

另一个需要解决的问题是，哪些职能应由银行内部处理，哪些职能应外包给专门的数据处理公司。一般来讲，小型银行不可能也完全没有必要照搬大型银行的业务模式。大型银行可能有能力自行处理所有业务职能，而小型银行完全可以利用专业数据处理公司的高效服务。至于业务规模在达到多大时，由内部处理会比较有效，这是一个经验问题，并不存在统一的答案。随着业务规模的不断扩张，银行应持续分析内部处理和外包的相对效率，并选择一种对银行更为有利的业务处理模式。银行没有必要自行处理所有职能，当然，将所有职能都外包出去对银行来讲也不合适。比如，一些银行可能认为客户关系十分重要，因此会由银行内部的职能部门来处理客户关系，以维持对客户关系的绝对控制，确保客户关系的质量；另一方面，类似新客户处理、账单支付以及贷款回收等业务都可以外包出去。

客户组合管理

如前所述，客户组合管理的主要目标是，鼓励优质客户使用银行的产品，同时识别和控制由低质量客户所遭致的损失。本章剩余部分将探讨示例5.1中给出的与客户组合管理相关的各项管理活动[①]。毫无疑问，完善的客户组合管理对银行的盈利能力有重大影响。除了这些管理活动之外，本章也会探讨行为评分工具在客户组合管理中的应用。

客户管理流程开始于银行贷款的发放（如分期偿还贷款）或循环信用额度的建立或信用卡的发行。自此以后，银行就拥有了新的贷款账户和贷款客户。分期偿还贷款的融资流程可以作为一项常规操作，前提条件是银行已对贷款申请人和贷款申请人的抵押财产作了正规审查。

---

① 本章不准备探讨贷款回收职能，贷款回收对银行来讲无疑特别重要，贷款回收要求银行采用专门的操作程序，本书将在第6章和第7章专门探讨贷款回收战略与战术。

第5章 客户组合管理

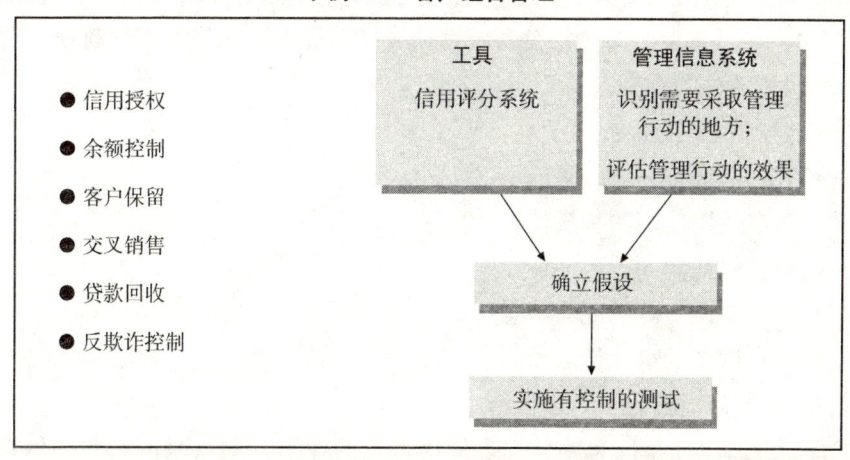

示例 5.1 客户组合管理

- 信用授权
- 余额控制
- 客户保留
- 交叉销售
- 贷款回收
- 反欺诈控制

工具：信用评分系统

管理信息系统：识别需要采取管理行动的地方；评估管理行动的效果

→ 确立假设 → 实施有控制的测试

循环信贷额度与分期偿还贷款有很大不同，因为何时提取循环信贷额度中的款项以及提取多少款项很大程度上由客户决定。不少人在获得了信用卡之后，立马将信用卡放在钱包里，自此以后很少将该信用卡掏出来使用。在这种情况下，银行为维持该信用卡账户所花费的成本将大大超过从该信用卡中可能获得的收入。另一种极端情形是，客户怀揣该卡周游世界，疯狂刷卡消费，以致消费额大大超过银行最初授权的信用额度。考虑到这种极端情形，银行必须确立相关的管理流程，以控制信贷资金的持续流动，并消除可能的欺诈行为以及未授权的消费支付。

为理解示例 5.1 中确认的与信用卡和其他循环信贷额度相关的客户管理活动（如信用授权、余额控制等管理活动），银行需要了解一种十分有用的管理工具即行为评分（与贷款申请信用评分相对），行为评分在客户组合管理中有十分广泛的应用。

行为评分

第 3 章已讨论过贷款申请评分。与贷款申请评分类似，业绩表现评分或行为评分（两个术语的意思相同）也需要经历相同的规划、开发、验证、实施及监控流程。考虑到大部分概念性问题已在前文讨论过，这里着重探讨仅与行为评分相关的问题。

在开发行为评分模型时，需要制定的第一个决策是：开发行为评分系统的目的是什么（这是开发任何信用评分系统的第一步，即明确系统开发的目的所在）？一般来讲，行为评分系统旨在按高低优劣的顺序给客户排序。行为评分系统所考察的指标有：
- 客户的盈利能力。
- 客户的信誉。
- 客户使用信用的积极性。
- 贷款损耗倾向。
- 客户偿还贷款的能力与意愿。
- 客户破产的可能性。
- 客户欺诈银行的可能性。

贷款申请评分和行为评分都是使用过去的业绩预测未来的行为，尽管两种系统仍存在一些重大差别。两种系统的其他异同点表现在：
- 行为评分的预测能力更强，因为行为评分所依据的信息包含在银行的主文件中，比如客户的偿付信息或客户未作偿付的信息，账户余额增加或减少的信息等。尽管行为评分中也包含来自信用档案公司的数据（这一点与贷款申请评分类似），但与使用来自潜在客户贷款申请表的信息相比，使用银行主文件中的实际结果进行预测通常更为可靠。
- 行为评分模型可以应用于每月或每天发生的每种交易中的每个账户。
- 与贷款申请评分类似，银行可以持续测试和监控不同的业务战略，以最大化行为评分系统的效益。

行为评分模型的规划与开发

与此相关的一个基本问题是，银行是否拥有开发行为评分模型所必需的系统和数据。为开发行为评分模型，银行至少必须拥有客户在过去 12 个月内的实际业绩数据（如果能拥有过去 18 个月内的实际业绩数据当然更好）。为确保模型在统计上的合理性，统计总体中应包含足够多的低质量客户；与贷款申请评分模型相比，行为评分模型所要求的样本容量较小，比如开发贷款申请评分模型所需要的样本容量可能为 1 000，而开发行为评分模型所需要的样本容量仅为 250~500。盈利能力预测模型应考虑到对盈利能力有影响的各种因素，比如影响盈利能力的收入项目包括账户余额、贷款偿付以及信用使用模式；影响盈利能力的成本项目包括贷款回收费用以及核销成本等。由于特定时期的历史账户余额和历史业绩数据可能具有较强的季节性，因此业绩数据应随机挑选，所挑选的业绩数据不能表现出任何季节性或其他不具有代表性的特征。

利润的分布

第 3 章"信用评分"中曾指出过，循环贷款的利润随客户风险水平的不同而呈现出一定的分布形式，如示例 5.2 所示：

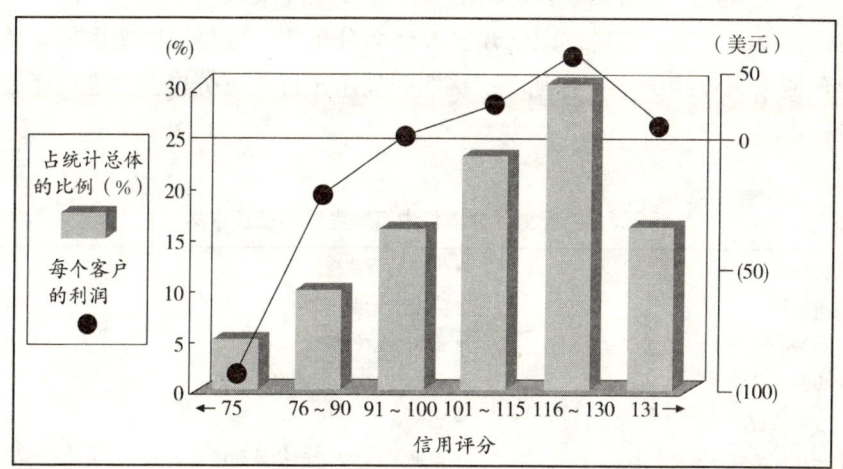

示例 5.2　行为评分中的利润分布

从示例 5.2 中可以看出，盈利能力最高的是信用评分居中的客户，信用评分最低和信用评分最高的客户要么不能给银行带来任何利润，要么勉强能实现盈亏平衡或带来少量利润。风险最小的客户即信用评分最高的客户很少使用循环信用，因此从这些客户身上所获得的收入很少能或根本就不能抵消银行为维持这些客户所花费的成本。风险最高的客户即信用评分最低的客户倾向于频繁使用循环信用，银行从这些客户身上所能获得的收入较大，但这些客户所导致的损失可能也十分惊人，高收入与高风险相抵，银行从这些客户身上也很难获得足够的利润。各家银行都应实施类似示例 5.2 这样的分析，以明确各种类型客户的利润模式。行为评分的一个主要好处是能够建立起管理信息系统，以全面了解银行的客户组合。

在相关数据已到位后，下一步就是选择合适的模型开发人。与贷款申请评分模型类似，银行应决定是由内部专家还是外部专业公司开发行为评分模型。两种选择均有其优缺点。内部专家对银行的客户组合有更为深入的了解，内部专家可以获得外部专业公司所无法获取的信息，因为内部专家能够更好地调查银行的相关文件。在文件调查过程中，内部专家能获得对银行客户组合的进一步了解，这种了解显然对银行有利。另一方面，外部专业公司拥有更多的信用评分系统，它们能够将这些系统应用于银行的行为评分模型开发项目。一些银行综合使用内外部资源，从而能从两种方法各自的优点中获益。

接下来，模型开发人需要选择模型中所要分析的业绩记录，并确认模型中所要考察的相关变量。与贷款申请评分模型类似，在行为评分模型中，银行会提供优质客户与低质量客户的定义，由模型开发人选择待分析的客户样本与待考察的变量。随后，模型开发人就会分析相关数据，以明确能最为准确地预测未来业绩的客户特征。示例5.3展示了行为评分模型中有待考察的变量样本。

示例5.3　行为评分模型中有待考察的变量样本

• 偿付趋势	• 当前的贷款拖欠状况
• 消费趋势	• 当前的到期贷款
• 信用评分（新客户）	• 逾期贷款的额度
• 账户开立日期	• 逾期超过30天的贷款额度
• 上一次偿付的日期	• 逾期超过60天的贷款额度
• 上一次提高信用限额的日期	• 逾期超过90天的贷款额度
• 账户的当前状态	• 逾期超过120天的贷款额度
• 当前消费额度	• 曾达到过的最大余额
• 账户的当前余额	• 曾发生过的最大逾期贷款额度
• 当前偿付额度	• 曾发生过多少次贷款逾期超过30天的情况
• 当前的现金提款额度	• 曾发生过多少次贷款逾期超过60天的情况
• 当前的信用限额	• 曾发生过多少次贷款逾期超过90天的情况
	• 曾发生过多少次贷款逾期超过120天的情况

模型开发人应考察尽可能多的客户特征，以识别出最有效的业绩区别因素。与贷款申请评分类似，行为评分的最后一步是用一个反向样本验证行为评分结果的准确性。使用标准的统计技术，模型开发人最后会编制一份行为评分卡，如示例5.4所示：

示例 5.4　行为评分卡

特征	分类	得分
账户开立时间	<6 个月	0
	7~12 个月	40
	13~24 个月	242
	25 个月以上	384
过去 12 个月内拖欠贷款的天数	0~30 天	0
	31~60 天	−65
	90 天以上	−134
当前余额占信用限额的比例	0~50%	0
	51%~80%	−96
	81%~100%	−130
	>100%	−137
当前的现金提款额度	0	89
	1~100	0
	101~250	−67
	251 及以上	−180
贷款逾期的月份数	无逾期贷款，0	120
	1	0
	2	−80
	3	−140
	4 及以上	−300

信用档案公司的一般行为评分模型

到目前为止，本章对行为评分模型的描述都是基于银行自己掌握的客户业绩数据，也就是基于银行自己所拥有的客户账户的业绩数据。很多非预期事件都可能影响到银行的客户，一些事件可能会导致原来的优质客户转变成高风险客户，比如错综复杂的离婚诉讼、失业、严重的健康问题等都会对客户的财务状况造成致命的影响。也有一些非预期事件能改善客户的财务状况，比如随着孩子们慢慢长大，妻子也能出去工作，因此从原来的单收入家庭转变成了双收入家庭；或者在公司获得了提升等。一般来讲，客户也会持有其他银行的信用账户，这时可能就需要用到信用档案公司的一般行为评分模型，如 Fair, Isaac & Company, Inc.（FICO）公司的行为评分模型（如 Horizon 评分、Empirica 评分以及 ScoreNet 评分等）。通过使用信用档案公司的一般行为评分模型，银行就能了解到客户与其他银行间的关系，比如其他银行提供给客户的信用限额为多少，客户是否很好地履行了其偿债义务，以及最为重要的，客户的行为模式是否有所改变：客户的贷款余额占信用限额的比例是否在增大？客户是否更为频繁地发生小额贷款拖欠现象？所有这些因素都能给出统计上的解释，从而能指导银行制定更好的信用决策。那么，何时以及如何使用信用档案公司的一般行为评分模型呢？时间和成本方面的原因使得银行不可能每个月都使用信用档案公司的一般评分模型，以彻底调查每个客户的信用状态；考虑到时间和成本方面的制约因素，每个季度使用一次一般评分模型可能已足够。此外，如果银行正在犹豫是否改变产品的现行价格，是否延长、扩展或加深同某个客户间的关系，或者银行发现客户关系明显恶化时，银行可以立即获取信用档案公司的评分结果，以全面了解客户同其他银行间的关系并据以采取相应的对策。

Fair, Isaac & Company, Inc.（FICO）公司的 Horizon 评分模型在预测客户的破产可能性时非常有用。1998 年 6 月，Fair, Isaac & Company, Inc. 公司在其出版物 Bureau Scores Today [1]中报告说，针对占统计总体 5% 的信用评分最低的客户，与根据银行自己掌握的数据所开发的行为评分模型相比，Horizon 评分模型所识别的破产客户数目是前者的三倍。如果仅使用银行自己掌握的数据，由于行将破产的客户在银行中只拥有一个账户，因此很难根据该账户的业绩状况判断客户破产的可能性。实际上几乎所有的破产客户都会持有多家银行的贷款账户，因此使用信用档案公司的一般行为评分模型能更为全面地把握客户的业绩动态，从而能更好地预测客户破产的可能性。如果仅针对银行自身拥有的账户实施破产分析，难免会导致很多破产可能性极高的客户成为漏网之鱼。

注意，在有些国家，法律不允许银行随便单方面终止与客户间的业务关

---

[1] Fair, Isaac & Company, Inc. 公司在该出版物中报告与该公司的信用评分模型相关的新闻。

系，即使该客户的破产可能性极高。在这种情况下，银行可以逐步降低授予该客户的信用额度，或者改变针对该客户的部分信用或全部信用的成本。在采取这些负面行动之前，银行应明确先前与客户签订的贷款协议条款是否允许银行这么做，以及如何告知客户采取这些负面行动的原因。显然，仅仅告诉客户"你的破产预测评分太高"并不够。正如在拒绝贷款申请人时银行需要给出具体的解释一样，银行也应向客户解释改变信用条款的合理性，比如客户有太多贷款账户已逾期30/60天未偿还，客户对循环贷款的使用额度太多等等。当然，除了给出这么做的原因之外，银行还应告知客户相关信用档案公司的名称。

与贷款申请信用评分类似，在行为评分中，银行也可以综合采用外部信用档案公司的一般行为评分模型与银行内部的行为评分模型，综合采用两种模型能更为有效地评估客户的信用风险。银行可以针对所有尚未启动贷款回收程序的账户使用这两种模型，比如每月或每个季度使用这两种模型评估贷款账户的业绩。如果银行已建立了预警系统以识别贷款损耗可能性极高的客户，那么了解这些客户在其他银行的表现可能非常有用。综合采用两种行为评分模型，特别是突出两种模型结论一致或不一致的地方，对银行来讲可能特别有用。

开发好了行为评分模型之后，银行接下来就应将该模型应用于信用授权、余额控制、客户保留、交叉销售以及反欺诈控制等客户组合管理活动。接下来将一一探讨这些管理活动。

信用授权

今天，美国的银行可以审查每一笔信用卡消费，并做出批准或拒绝的决策（当然，其他国家的银行要做到这一步可能还需要一些时日）。这与过去相比是一个巨大的进步，过去，银行只为信用卡消费设定一个上限，只要消费额低于该上限水平，信用卡消费交易就能自动获得批准，银行不会进行任何审查。只有少数超过限额的交易才会打回发卡银行予以审查。得益于技术的进步，今天已有将近99%的交易能通过示例5.5所示的电子流程进行审查[1]。

---

[1] 示例5.5展示了信用卡消费流程。如果收单行和发卡行是同一家银行，信用卡消费只需经由发卡行的授权网络审查，由发卡行的授权网络将相关决策返回给商家。

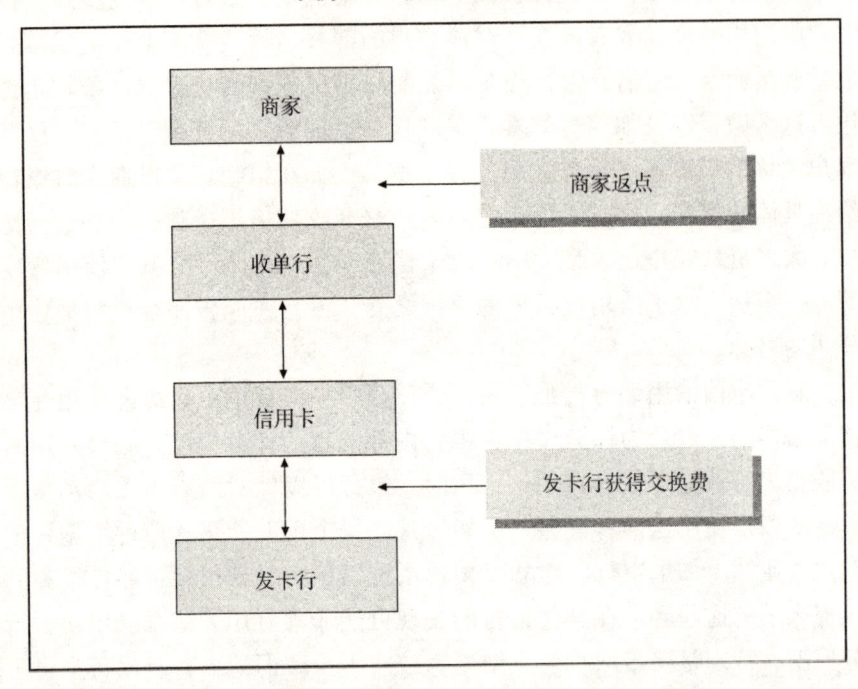

示例5.5 信用卡授权流程

```
商家 ←→ 收单行 ←→ 信用卡 ←→ 发卡行
                    商家返点
                    发卡行获得交换费
```

如示例5.5所示，为获得信用卡消费的授权，商家输入消费额度和消费日期信息，然后在商家的POS机终端上刷卡，或者通过电话告知收单行消费者的信用卡账号。相关消费信息和信用卡账号信息传至收单行，然后通过跨行转接清算机构（比如银联），将相关信息传至发卡行。

信息传至发卡行后，发卡行的信用管理部门有如下几种选择：

- 如果该信用卡账户是有效账户、信用卡消费额未超过限额并且目前没有任何逾期欠款，信用管理部门将批准该次信用卡消费。
- 即使该次消费已超过了当前的信用限额，仍予以批准。
- 如果怀疑该次消费存在欺诈嫌疑，发卡行的信用管理部门会返回一个"请与我行联系"的信息。这要求消费者联系发卡行，一般是通过电话直接联系，以验证该次消费信息和/或持卡人的身份，验证无误后，信用管理部门才会批准该次信用卡消费。
- 如果信用卡账户严重拖欠贷款或者查明该次消费中存在欺诈行为，信用管理部门会要求持卡人恢复该信用卡的信用状态。
- 拒绝其他信用卡消费，如高风险持卡人的消费或超过信用限额的消费。

第5章 客户组合管理

发卡行必须在几秒种的时间内完成信用审查并给出信用决策。大部分信用卡消费交易都位于上述常见的几种范畴内，因此能迅速作出接受或拒绝的决策。当然，现实中的确存在一些比较难以决策的情况。例如，是应立即决定给客户增加信用限额，还是当机立断拒绝给该次消费提供信用，因为消费额度超过了客户的信用上限？整个信用授权流程需经历信息从商家到收单行，从跨行转接清算机构到发卡行，最后再从发卡行返回的过程，整个过程花费的时间不超过10~20秒。问题是，客户愿意在收款台前或加油站等待多长时间？面对长长的排队等待结账的消费者，收款员又愿意等待多长时间？可以肯定的是，客户和收款员都不愿意等待过长的时间。因此，银行必须优化信用授权流程，尽可能地缩短信用授权所需的时间。信用评分可能有助于优化信用授权流程，比如对信用评分超过790分的客户，银行可以给该客户提供超过原定信用限额10%的额外信用；对评分超过820分的客户，可以提供超过原定信用限额20%的额外信用；等等。

制定好授权决策后，必须将该决策通过相同的授权网络返回给商家和客户。现实中，将近97%的信用卡消费都能获得审批。仅有2.5%~3%的信用卡支付遭到拒绝；少量信用卡支付（所占比例不超过1%）需经过人工审查，即客户会收到"请与我行联系"的信息。比如，客户在购买钻石婚戒时，刷卡支付可能会收到银行的"请与我行联系"的信息。另一方面，银行肯定不愿意为一笔价值仅为37.20美元的消费支付，要求客户"请与我行联系"，除非有充足的理由证明该笔消费支付十分可疑，比如该笔消费极有可能是一笔欺诈交易。

如前所述，99%的信用卡消费交易均能通过电子流程予以审查，那么剩余的1%情况如何呢？剩余的1%的交易发生在电子系统维修期间或系统超载时，比如在下班时间或圣诞节前夜，这种购物高峰时刻可能会导致系统超载。有时也会发生区域性的系统崩溃，从而导致信用卡消费交易无法通过正常的电子流程予以审查。在这种情况下，由于无法通过电子流程联系到发卡行，发卡行会授权跨行转接清算机构根据一系列规则制定接受或拒绝决策。一些银行在对跨行转接清算机构的授权上比较保守，另一些银行更为激进，给跨行转接清算机构提供了相当大的权限。无论采用哪种做法，银行都应密切追踪由跨行转接清算机构代为审查的结果，如果结果表明银行所制定的规则过紧或过松，银行应对相关规则作出相应的修改。

信用授权是信用卡和旅行娱乐卡的主要关注点。在信用卡提款方面，决策相对简单。如果客户仍有信用限额可用且账户并未发生严重拖欠情况，银行将批准客户的信用卡提款；否则，信用卡提款要求就会被拒绝。

与信用卡和循环信贷相关的最后一个问题是，信用卡支付何时划账？因为划账时间选择不当可能会导致支票被退回（因资金不足而退回）。如果信用卡支付很快就划账，这会增大持卡人的已用信用限额，导致信用卡账户的信用限额很快就被用完，致使随后签发的支票会因资金不足而被退回。因此，确立一个合适的划账时间也很重要。

现在，发卡行已能十分准确地批准或拒绝信用卡支付。对银行而言，客户维持中的下一个关键就是余额控制。银行应严密控制客户的信用限额和透支请求，也就是说，银行应鼓励优质客户对信用的使用，同时遏制低质量客户滥用信用。

余额控制

第4章"客户获取"中探讨了确立并实现合适的目标损失水平的重要性。为了使信用损失水平不超过目标值，银行必须很好地控制账户核销率和余额核销率。完善的信用评分系统可以帮助银行将账户核销率控制在目标水平以内，除此之外，为实现信用损失预算目标，银行还必须制定合适的余额控制流程，以密切监控所有客户的平均未偿余额。

如前所述，循环贷款账户的基本规律就是，低质量客户容易导致呆坏账，且最后核销的呆坏账额度一般等于或略高于银行给予低质量客户的信用限额；优质客户一般比较保守，优质客户的平均贷款余额往往明显低于银行给予的信用限额。这一点可以通过示例5.6所给出的数据得到印证。

从示例5.6中可以看出，逾期30天的信用卡组合的余额核销率比没有逾期的信用卡组合高40%，逾期60天和逾期90天的信用卡组合的余额核销率甚至更高。如果银行的余额核销率目标为1.3%，逾期30天的信用卡组合的余额核销率为1.4%，已高于目标水平，逾期60天和逾期90天的信用卡组合就更不用说了。现实世界中这种情况很常见。为吸引客户，银行纷纷提高信用限额（信用限额经常被银行用作一种市场营销工具），这导致实现余额核销率目标对银行而言变得更为困难。这一问题可以从两个方面着手解决。一是鼓励高质量困难更多地使用银行的信用，二是提前识别出潜在的低质量客户，并采取必要的举措以防止低质量客户的余额核销率超过银行的既定目标水平。

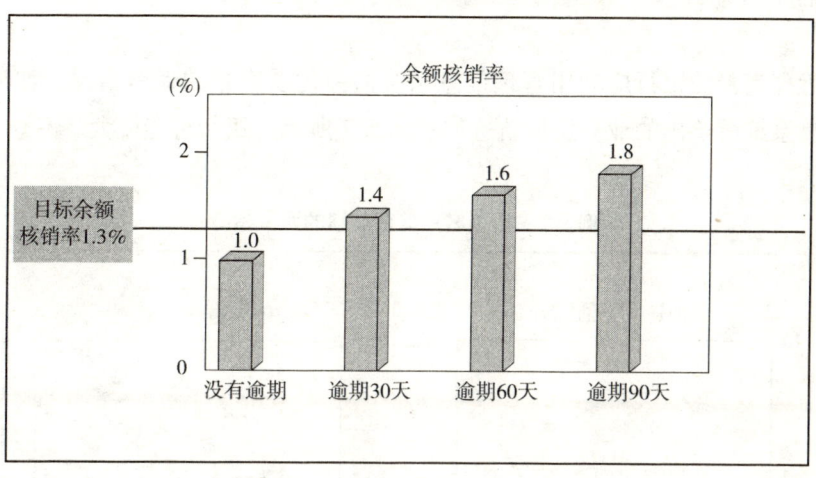

示例 5.6　客户组合的余额核销率数据

余额核销率（%）：没有逾期 1.0，逾期30天 1.4，逾期60天 1.6，逾期90天 1.8。目标余额核销率 1.3%。

余额控制针对的是当前的有效账户，这些账户的余额高于正常的平均水平。余额控制的目标旨在明确这些账户日后是否会给银行带来麻烦。余额控制应尽早进行。余额控制的要义并不是招惹优质客户（比如采取一些不成熟的过激行为），而是为了防范高风险客户的贷款余额进一步增长。通过客户细分并识别出余额有进一步增长势头的客户，银行可以在这些客户的余额超过正常余额水平但又不致太高时着手干预。

关键是，银行应使用目标行为评分来评估余额风险和识别应着手干预的账户。这一评估过程包括从外部获取有关这些客户的信息，比如获取信用档案公司的报告和行为评分结果，以明确该客户是否已给其他银行带来了麻烦。如果客户看起来的确面临严重的财务困难，比如客户的行为评分较低，这意味着银行需要立即针对该客户采取行动。如果银行对该客户的贷款规模和潜在盈利能力感到满意，银行或许还应进一步从客户口中获得从信用档案公司所无法获知的信息（比如该客户是否拥有401k账户？是否拥有共同基金账户？）。也许一位信用卡余额仅为850美元的客户，单就信用卡业务来讲并不能给银行带来多少利润，但该客户所持有的大额信用限额或其他额度较小的长期业务可能是银行十分出色的利润来源。毫无疑问，完善的余额控制是维持客户组合盈利能力的关键。

客户保留

管理完善的银行应利用管理信息系统监控优质客户的保留情况。如果管理信息系统所给出的业务发展轨迹如示例 5.7 所示,银行可能就大事不妙了:

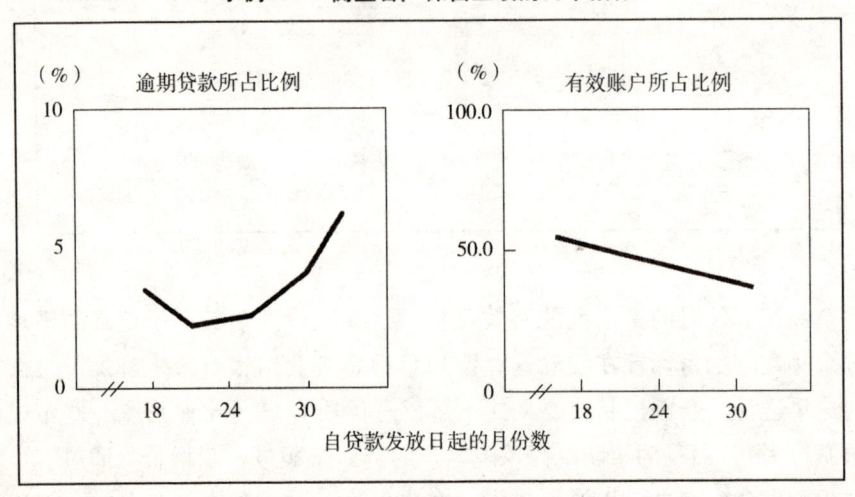

示例 5.7　衡量客户保留业绩的两个指标

20 世纪 90 年代,余额代偿机制一度十分流行,银行给客户提供极低的贷款利率,以鼓励客户将贷款余额转至自己名下。很多客户就这样不断利用各家银行提供的余额代偿利率优惠,将余额从一家银行转至另一家银行。优质客户永远拥有很多选择,他们随时可能转至竞争对手名下;低质量客户因为别无选择,只好留了下来。面对信用卡业务令人震惊的损耗率,业务经理必须立即着手展开调查,明确造成优质客户流失的主要原因,并制定出行之有效的方案以减缓业务流失的趋势。在调查过程中,业务经理应提出以下问题:

- 与竞争对手相比,本行的信用卡或其他消费信贷产品有何优势?
- 本行的产品定价是否过于僵化,以致竞争对手所推出的一个看起来微不足道的价格优惠都能把客户吸引走?
- 本行的信用限额是否具有竞争力?或者由于本行在信用限额的管理上过于死板,以致最优秀的客户纷纷流向竞争对手处?
- 本行对客户投诉的处理是否存在问题?本行能否在客服上投入足够的

资源，以使客户打进来的电话能由受过良好培训的、富有经验的人士解答，并且客户等待的时间不致太长？

- 本行是否提供有意义的产品升级？或者本行在所谓的产品升级上设置了过多的限制，以致根本没有客户会真正用到这些产品升级？
- 银行是否实施过一些能使客户感到愉悦的客服举措？还是尚未主动实施过任何旨在使客户感到愉悦的客服方案，只是被动地等待感到不满的客户自行离开银行？
- 银行应针对哪些客户提供额外的消费信贷产品？

造成贷款损耗率增大的原因往往不只一个，银行应详细分析客户流失的各种原因。一些银行指定专门的部门处理客户流失问题，除了尽力保留优质客户之外，该部门还应明确客户流失的具体原因，以使银行能在客户流失进一步恶化之前明确问题所在，并采取相应的措施纠正问题。此外，银行还应定期分析产品的特征和产品附带的升级服务，并突出客户最为看重的相关特征。

如何保留优质客户？

除了以上提到的客户保留技巧之外，银行还可以采用以下手段来保留优质客户：

（1）对经常旅行的客户提供额外的奖励。经常旅行的高消费人群是一个很好的目标市场，值得银行额外关注。如果客户使用的是本行的信用卡，银行应很容易识别客户在饭店、航空及汽车租赁上的花费，包括本国及国外的花费。如果客户的信用卡很少有或根本就没有这方面的消费记录，这表明客户在旅行消费方面很可能使用的是竞争对手的信用卡。客户之所以不愿意使用本行的信用卡，可能是因为本行信用卡的信用额度太小，或者因为本行给客户提供的旅行消费奖励太少。对这类优质客户，银行应提供专门的旅行奖励，这么做或许能赢得这些客户的旅行消费业务。

（2）立即提高信用额度。想象一下这种情况，客户排在长长的等待结账的队伍里，好不容易等到自己结账了，却被告知信用限额已达上限，该次刷卡消费将被拒。这种情况下，客户该会多么沮丧，这种沮丧的心情势必会影响到客户对银行的整体评价。如果银行有完善的信用授权流程，这种尴尬的局面完全可以通过现场信用授权得到避免。这种现场决策以经过充分测试的、自动化的评审流程为基础，一般会考虑到客户的信用评分，个别案例可能还需要主观判断。对优质客户而言，偶尔给他们提供一次信用透支能显著提高这些客户对银行的忠诚度。

(3) 改变信用条款和条件。银行已越来越多地通过改变循环贷款产品的信用条款和条件来奖励优质客户（低风险/高使用频率客户），同时惩罚低质量客户。客户当然不会反对降低产品价格、提供越期付款便利或者免除某些费用。令人吃惊的是，相反的情况也很少有客户会反对，比如提高产品价格、收取额外的费用等，当然前提条件是，银行已仔细考虑了针对哪些客户提高产品价格或征收额外的费用，并向相关客户解释了这么做的原因。毕竟，一些客户的确迫切需要信用，这些客户也许刚刚经历了人生的一场变故，他们需要时间和资金以使生活重新回归正常。对这些客户来讲，产品的价格并不是问题，这些客户最为关注的是信用的持续可得性。对贷款产品实施风险调整定价对银行而言并不陌生。针对客户的风险水平实施定价和信用条款的细分，比如对高风险客户收取更高的价格，同时为防止优质客户流向竞争对手处，银行可以针对优质客户提供一系列优惠。

交叉销售

如前所述，银行可以通过扩大、延长或加深与现有客户间的关系，从而能以极小的成本实现巨大的盈利潜力。例如，可以针对当前的优质客户提供新的贷款选择，如游艇贷款、汽车贷款或汽车租赁便利等。这种交叉销售方案有助于客户保留，能防止客户流向竞争对手处。一些银行在经过合适的信用考察后（包括了解客户当前的信用评分），会提前给一部分客户提供相关信用，比如汽车购买或游艇购买信用。尽管交叉销售存在诸多好处，但令人吃惊的是，很少有银行在认真地实施交叉销售。毫无疑问，交叉销售是银行在市场营销领域有待开发的一片沃土。通过合理地划分优质客户与低质量客户，银行可以定期与优质客户联系，感谢优质客户选择本行开展各种业务。作为奖励，银行可以提升优质客户的信用额度，或者给优质客户提供其他好处。这种交叉销售方案对银行而言有百利而无一害，不仅能提高银行的盈利潜力，还能进一步巩固银行与客户间的关系。

接下来将探讨客户组合管理中的一项重要职能，即反欺诈控制。

反欺诈控制

消费信贷业务领域的欺诈与反欺诈斗争毫无疑问是一场旷日持久的博弈，银行在反欺诈控制方面已走了很长一段路，这条路仍将继续走下去。毋庸置疑，银行为信用卡业务领域的反欺诈控制投入了很多资源和精力，并已取得了一定的成果。尽管有时很难区分因欺诈导致的坏账和因其他原因导致的呆坏账核销（例如对某笔坏账是应定位为客户破产前的一系列新的信用支付？客户的故意欺诈？还是定位为因其他原因导致的呆坏账核销？），但银行一般将欺诈定义为客户的故意行为，客户故意用银行的信用购买商品或服务，并且根本无意偿还相关负债。欺诈往往是犯罪分子蓄意预谋的行为，这些犯罪分子从事盗用信用卡、伪造信用卡以及使用捏造的数据骗取银行的贷款等勾当。事实上，犯罪分子可能会用到本书中所提到的每一种伎俩从事欺诈性交易。尽管与10年前相比，因欺诈导致的信用卡业务损失已下降了一半以上，但仅以美国为例，每年因欺诈所导致的信用损失仍在10亿美元以上，具体如示例5.8所示。

以下是对常见的欺诈伎俩的定义：

- 盗用。信用卡遗失或被盗，并被某位未经过授权的人使用。
- 邮件截取。新卡在邮寄给真正的持卡人的途中被盗。
- 伪造。伪造看起来和真卡一模一样的假卡。
- 邮购/电话订购。犯罪分子利用客户的账号从事欺诈活动。
- 用他人的真实姓名欺诈。犯罪分子利用某位信用历史比较干净的人的姓名和社会安全号等信息，并用一个捏造的地址申请信用卡。

大部分带有欺诈性质的信用卡消费使用的都是遗失、盗用或通过邮件截取的信用卡，这些信用卡在零售商看来都是合法的信用卡，因此这种性质的信用卡欺诈所导致的损失应由发卡行承担。只要商家遵循了合适的授权程序，这种形式的信用卡欺诈所导致的损失就不应由商家负责。然而，采用邮购形式从事的欺诈交易往往要求商家负责，至少在真正的客户对因欺诈所造成的损失向商家提出投诉时，商家一般会承担因欺诈给客户造成的损失；当然，并不是所有客户都会详细审查每个月的账单，客户有时很难察觉一些数目较小或不常发生的欺诈交易。毕竟，欺诈交易所购买的商品必须寄至某个不同的地址，否则犯罪分子就无法收到该商品。如果邮寄地址与真正的客户当初在文件上所留下的地址有所不同,这种差异就会引起客户的警觉,并且往往会要求商家承担由此造成的损失。负责邮寄商品目录的相关部门意识到了邮寄地址不当可能会造成的经营损失,然而,这些部门在核对邮寄地址上所花费的精力取决于欺诈交易在过去给他们造成的损失。

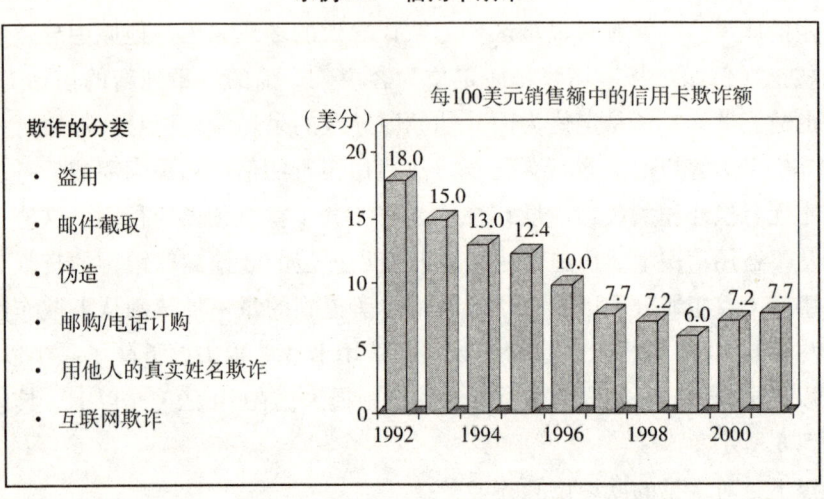

示例 5.8　信用卡欺诈

欺诈的分类
- 盗用
- 邮件截取
- 伪造
- 邮购/电话订购
- 用他人的真实姓名欺诈
- 互联网欺诈

每100美元销售额中的信用卡欺诈额(美分)

年份	1992	1993	1994	1995	1996	1997	1998	1999	2000	2001
欺诈额	18.0	15.0	13.0	12.4	10.0	7.7	7.2	6.0	7.2	7.7

过去,反欺诈控制均由有过警察工作背景的专家负责。这些专家与当地的执法部门关系密切,他们负责识别各种欺诈模式,并能针对欺诈中的漏洞设计出行之有效的反欺诈手段。某些欺诈行为具有独特性,必须单独加以管理。某些犯罪团伙或惯犯从事的欺诈行为具有共性,可以设计出统一的应付手段。随着技术的进步,比如对每笔信用消费交易的电子验证、全息图的引入以及磁条防伪技术的改进等,银行已能更好地防范信用欺诈。然而,道高一尺魔高一丈,犯罪分子的欺诈伎俩也日益先进。可以预见的是,银行与犯罪分子间的反欺诈与欺诈斗争永无宁息之日。由于银行在反欺诈斗争上的不懈努力,银行因信用欺诈所遭致的损失相比过去已有明显下降。犯罪分子也明白,银行与其他机构在反欺诈控制上的通力合作,已使欺诈交易越来越难实施。如果犯罪分子发现了实施欺诈交易的漏洞,可以想见,欺诈交易将层出不穷,银行也会疲于应付。

由于信用卡欺诈交易与优质客户的信用卡消费交易十分相似(至少在开始时是这样),因此银行现在更多地将反欺诈控制责任分派给风险管理部门。

风险管理部门的职责是制定完善的政策和程序，目的是不致因过度控制而导致失去优质客户，同时又能迅速识别出欺诈交易。

为成功实施反欺诈控制，银行需掌握三个关键点：（1）密切监控与信用卡发行和信用授权相关的每一个流程；（2）能及时获得和分析世界范围内的信用交易数据，并能针对分析结果采取相应的举措；（3）使用最新的反欺诈技术，以有效防范职业犯罪分子。一些银行发现，将神经网络信用评分系统与银行的消费模式识别能力相结合，对尽早识别出欺诈交易十分有用（有关"神经网络信用评分系统"的内容，请参见第3章"信用评分"）。

反欺诈故事

听听下面这则反欺诈故事。美国运通公司给琼斯打电话，核对最近的几笔消费；令琼斯吃惊的是，她最近并没有进行这些消费。琼斯的确持有一张美国运通信用卡，琼斯一般将这张卡用于商务旅行，但最近琼斯并没有商务旅行经历。有人盗用琼斯的信用卡进行了三次消费，三次消费记录都是用于购买汽油，总金额合计60美元，三次消费的间隔时间都很短。Amex欺诈检测系统发现了这种反常的消费模式，毕竟正常的持卡人很少会在很短的时间内三次给汽车加油。犯罪分子很可能正在测试这张信用卡，只是测试方式比较愚蠢，最终被欺诈检测系统发现了蛛丝马迹。琼斯并未意识到有人在盗用她的信用卡。确认了欺诈事实之后，Amex系统立即废除了这张信用卡，并重新给琼斯提供了一张新的信用卡。

注意，越早发现欺诈交易对银行而言越有利，这样银行可以尽早废除有问题的信用卡，从而能将损失控制在最小水平。以下是银行在实施反欺诈控制时可以采取的一些步骤[1]：

- 盗用。识别与常规消费模式不符的反常交易，包括消费次数、消费金额、消费的商家与地点等方面的反常行为。尤其是对新账户，更应注意信用盗用问题。
- 伪造。将验证码设置在信用卡的磁条和账户的主文件上，而不是信用

---

[1] 第4章"客户获取"中探讨了如何防范客户获取流程中的欺诈信息。

卡卡面上。
- 邮购/在线订购。仅授权已被认可的持卡人地址。所有的卡不在场欺诈均由商家负责。
- 为信用卡设置明确的起始日/到期日。

与借记卡类似，也可以为信用卡设置密码，这么做能更有效地甄别欺诈交易。除了极少数蓄意预谋的欺诈交易之外，信用卡密码能将大部分欺诈交易拒之门外。当然，为信用卡设置密码可能会给客户和商家带来一定的麻烦，毕竟密码验证需要一定的时间。

测试组与控制组

客户保留、交叉销售、提升信用额度以及改变信用条款等举措的价值可以通过测试来验证。如果银行根据某些标准筛选出了一组客户，并计划提高这些客户的信用额度，那么银行如何能知道提升信用额度是最佳策略呢？银行又如何判断该策略是否需要进一步改进？显然，如果银行对符合一定标准的所有客户都一视同仁，那么银行永远都不可能知道上述问题的答案。策略的设计、测试以及使用测试结果进一步完善原有策略，这一流程的实施依赖于控制组，控制组是一个用于参照对比的样本，银行对控制组不实施该项策略。通过对比测试组和控制组的业绩结果，银行就可以明确测试组的哪些变化源自策略的实施。

控制组在所有特征上都与测试组相同，如平均余额、分析所处的时点等。应对控制组和测试组实施统计检验，以确保两者在统计意义上完全相同。

在测试客户组合管理策略的效果时，有必要设计一组假设前提，这些假设前提与预测类似，给出了策略实施后预期会实现的结果，如下所示：

	测试组	控制组
平均余额	$ 1 103	$ 1 083
策略	信用额度提高 $ 1 000	无
假设	银行收入增加20%	无变化
	逾期贷款增加18%	
	呆坏账核销额增加22%	
	银行利润增加30%	

银行必须仔细分析测试结果。示例 5.9 中的分析样本表明，如果该项策略十分有效（比如资产的平均回报率提高 36%），测试组的业绩会有十分明显的变化。为获得更多的信息，可以将测试组作进一步的细分，比如按策略实施前（即提高信用额度前），客户所使用的信用额度占银行提供的信用额度的比例细分测试组。

如示例 5.9 所示，对较高信用额度有需求的客户（即初始余额占信用额度的比例位于 25% ~75% 之间的客户）的利润改善效果最为明显。这意味着，将有足够多的优质客户对该项策略做出回应，因此足以抵消因实施该项策略所导致的贷款回收成本和核销成本的上升。初始余额较低的客户（初始余额占信用额度的比例低于 25%）并没有带来明显的利润改善效应，尽管这一细分组别中的一些客户的确对该项策略做出了积极的回应，但由该细分组别中的优质客户所带来的利润增加（这些优质客户增大了信用使用额，因此能给银行带来更多的利润）并不足以抵消因实施该策略所导致的贷款回收成本和核销成本的上升，因为该细分组别中的少数高风险客户在信用额度提高后会更加肆无忌惮地使用信用，从而会导致贷款回收和呆坏账核销方面的进一步恶化。类似地，尽管初始余额较高的客户（初始余额占信用额度的比例超过 75%）对该策略也做出了回应，但在信用额度提高后，这一细分组别对银行的利润也造成了负面影响。根据示例 5.9 所给出的信息，该项策略的使用只能局限于初始余额占信用额度的比例位于 25% ~75% 之间的客户。如果进一步细分测试组，银行可以进一步细化该项策略的目标客户群。

客户组合管理方面的这种策略测试有无数种可能性，在实施这种测试时，银行应注意：

- 限制待测试的策略的数量，以有效地控制测试的质量。
- 给策略的实施提供足够的时间，以充分展示策略的实施效果。
- 有效监控策略的实施效果。
- 确保控制组的样本容量足够大，确保控制组与测试组在统计意义上足够相似，以使分析结果能得到准确地解读，并能用于预测未来业绩。

如果银行最终发现客户组合管理策略取得了巨大成功，银行当然不应怀疑这种测试的公平性、客观性和全面性。

示例 5.9　提高信用额度后的业绩变化

自提高信用额度起 9 个月后的业绩表现

　　　　　　　　　　　　　　　　　← 初始余额占信用额度的比例（%）→

	<25%			25%~75%		>75%	
	测试组	控制组	变化	测试组	变化	测试组	变化	测试组	变化
平均余额（美元）	1 431	1 097	30%	275	175%	1 750	35%	1 950	15%
平均净收入（美元）	139	119	17%	19	90%	165	20%	207	9%
经营成本（美元）									
贷款回收成本	13	10	30%	2	300%	15	30%	20	21%
其他经营成本	75	75	0%	75	0%	75	0%	75	0%
呆坏账核销	28	21	33%	4	100%	34	39%	40	21%
费用总计（美元）	116	106	9%	81	5%	124	12%	135	8%
每个客户的利润（美元）	23	13	77%	-62	8%	41	52%	72	10%
资产回报率（%）	2.14	1.58	36%	-30.06	-67%	3.12	15%	4.92	-4%

下一章将探讨如何处理开始拖欠贷款的客户，对这类客户银行需要制定具有前瞻性的战略战术。本书将这类管理活动称为"贷款回收"。

第6章

贷款回收战略

到目前为止，本书一直关注于消费信贷业务的规划、客户获取及客户维持等管理领域。如果银行在以上管理领域均有十分出色的表现，可以预见的是，大部分客户都能及时偿还贷款，要么每月偿还全部余额，要么偿还最低还款要求，以维持账户的良好信用状态。尽管大部分客户在还款方面表现都不错，但总会有少数客户发生贷款拖欠现象，有些客户偶尔拖欠一次，有些会经常拖欠，还有一些客户会严重拖欠贷款，有些客户甚至会破产，导致其贷款不得不予以核销。贷款回收是消费信贷管理中的一个重要组成部分，所有银行都需要设立专门的贷款回收部门以处理这些问题客户。本章将从战略层面给贷款回收流程提供一些指南，下一章将具体探讨与战略实施相关的战术问题。

很难想象银行能够在不设立贷款回收部门的情况下开展消费信贷业务。也许省去贷款回收部门能给银行节省不少成本，但银行将很快意识到，没有贷款回收部门，银行在客户筛选上必须更加小心，例如，银行将只能选择质量最优即信用评分最高的客户。这必然会缩小银行的目标市场选择范围，降低银行的客户数目，尽管银行的呆坏账核销额的确也能因此得到降低。由于银行不能获得足够多的优质客户和中等质量的客户，因此银行很难真正建立起具有规模效应的消费信贷业务，由此必然会导致银行的利润进一步缩水。最后的情景必然是，在一个群雄逐鹿的时代，银行不得不眼睁睁地看着竞争对手大踏步地前进，自己只能成为市场中的一个毫不起眼的玩家，而且即使是自己手中所拥有的市场也很难保全，现有的市场份额正面临竞争对手的无情蚕食。

总之，银行必须铭记以下事实，这也是本章的核心主旨：拥有强有力的贷款回收能力的银行将能获得战略优势，因为这些银行能接受风险更大的客户。也就是说，这些银行能深入挖掘具有高度竞争性的市场，并能从市场中获得有利可图的业务。

具有革新意识的银行，尤其是那些能不断扩张其客户组合的银行，无一不将贷款回收视作是超越竞争对手的一个大好机会。对银行来讲，一个显而易见的事实是，为扩张客户组合，银行必须做好逾期贷款会增加的准备。这意味着银行必须配置更多的贷款回收人员，培训这些贷款回收人员，并提前准备好贷款回收过程中需要用到的技术资源。在发起新的市场营销活动前，特别是在准备进军风险较高的目标市场前，银行应为贷款回收做好相关准备。

拖欠贷款的客户组合明显不同于整个客户组合。拖欠贷款的客户组合具有以下特征：

- 对于信用状况良好的客户而言，客户组合的管理一般不需要人为干预，仅在个别情况下才需要人为介入。对于拖欠贷款的客户组合来讲，人为干预是常态，也就是说，人为介入是一项管理规则。人为介入无疑会显著增大管理成本。

- 收回拖欠贷款的客户的欠款的可能性主要取决于银行在贷款回收期间所采取的行动。

- 由于贷款回收是一项劳动密集型工作，因此完善的管理和领导就是贷款回收取得成功的关键所在。

贷款回收流程到底有多重要？一旦获得客户，贷款回收成本和核销成本就会占到信用卡组合全部经营成本的将近90%。因此，贷款回收业绩上的较小变化可能会导致银行盈利能力的显著改善或明显恶化。由于贷款回收业绩对银行盈利能力具有较大的"杠杆作用"，因此贷款回收显然是银行的一项核心竞争力。

首先简单地看一下贷款回收流程（如示例6.1所示），并对与贷款回收相关的几个关键术语给出定义。

这里借用一个医学术语"Triage"（鉴别分类）来描述贷款回收流程的第一步行动。在遭受自然灾害或发生战争时，由于医疗设施和医护人员有限，这时会将伤员按轻重缓急（受伤程度）分成三类：第一类是那些轻度受伤，不立即救助也能存活下去的伤员；第二类是那些即使立即施救，也不可能存活的伤员；第三类是那些通过立即施救能挽回生命的伤员。有经验的医生在这种情况下都会优先救助第三类伤员。

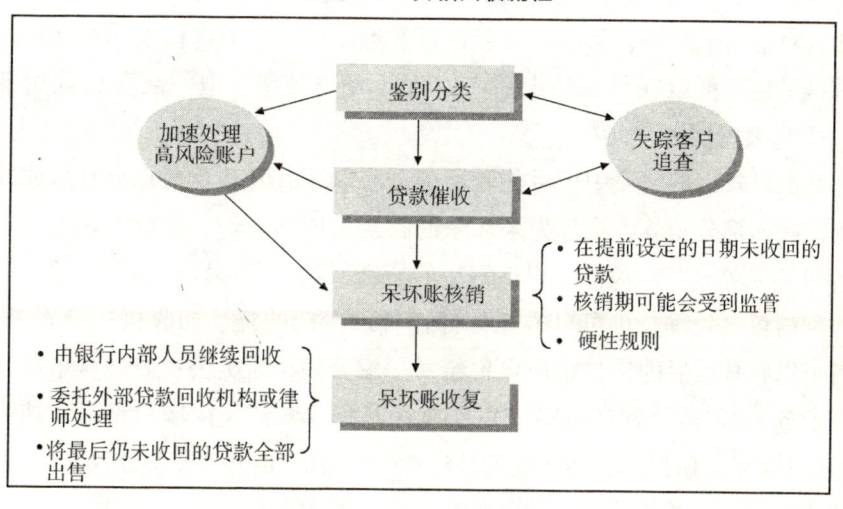

示例 6.1　贷款回收流程

```
                    ┌─────────┐
            ┌──────▶│ 鉴别分类 │◀──────┐
            │       └────┬────┘       │
      ┌─────┴────┐       │       ┌────┴────┐
      │ 加速处理 │       ▼       │失踪客户 │
      │高风险账户│  ┌─────────┐  │  追查   │
      └─────┬────┘  │ 贷款催收│  └─────────┘
            │       └────┬────┘
            │            │           • 在提前设定的日期未收回的
            │            ▼             贷款
            │       ┌─────────┐     • 核销期可能会受到监管
            │       │呆坏账核销│     • 硬性规则
            │       └────┬────┘
  • 由银行内部人员继续回收│
  • 委托外部贷款回收机构或律
    师处理              ▼
  • 将最后仍未收回的贷款全部  ┌─────────┐
    出售                     │呆坏账收复│
                             └─────────┘
```

在贷款回收中也可以实施这种鉴别分类法。由于需要回收的贷款在数量上可能十分惊人，银行可以按风险高低顺序给这些贷款分类。事实上，在客户拖欠贷款前，银行就可以实施鉴别分类法[①]，将客户按风险高低顺序进行分类（稍后会探讨如何识别高风险客户和低风险客户）。银行需要识别这三类客户：（1）无需银行提醒，会自觉自愿偿还贷款的客户；（2）从一开始就不准备还款的客户；（3）需要银行提醒的客户，在银行提醒后，这类客户也能及时还款。一般来讲，银行的贷款回收活动应重点关注第三类客户。

完成了鉴别分类后，贷款回收流程进入下一阶段，即示例6.1中的"贷款催收"阶段。这一阶段所要处理的客户可能只占到鉴别分类阶段所处理客户的10%或更少比例。这一阶段的客户极其顽固，这些客户可能已有2～3笔欠款未偿付。让这些客户还款对银行而言的确是项比较艰巨的任务，因为进入这一阶段的大部分客户都没有还款能力或者根本就没打算还款。俗话说"债多不愁"，这些客户欠债多多，他们的债权人肯定不止银行一家，对这些

[①]　一些银行的客服部门会主动给客户打电话（有时由贷款回收部门打这种电话），确认（新）客户已收到账单，并提醒客户按合同条款支付账单。

债权人的欠款他们可能都没法偿还，因为他们根本就没钱还债。结果，贷款催收阶段的很多客户（比例达到50%~60%或更高）的贷款最终将作为呆坏账核销（一般在贷款逾期120~180天后作为呆坏账核销）。银行应对各种产品提前设定好核销期间。在美国，银行何时核销呆坏账有严格的监管要求，例如，对信用卡来讲，呆坏账一般在贷款逾期后180天内核销；对其他产品来讲，呆坏账可以在贷款逾期后2~14个月内核销，但一般在贷款逾期后120~150天内核销。

从已被核销的账户中仍可能收回部分贷款，有时甚至在几个月后或几年后仍能收回部分贷款。这称为呆坏账的收复（Recovery），也就是示例6.1中的"呆坏账收复"阶段。账户核销后的贷款回收活动可以由银行内部的贷款回收部门负责处理，也可以委托外部律师或专门的贷款回收机构负责处理，或者可以将核销后的贷款账户出售给另一家公司，这类公司专门从事呆坏账购买业务。"加速处理高风险账户"意思是指少数高风险账户可以加速进入"呆坏账收复"阶段，比如在逾期超过45天后就交由外部律师处理。"失踪客户追查"是指在找不到客户时所实施的客户搜寻流程。

这里只是大致描述了一下贷款回收流程，本章和下一章将详细考察贷款回收流程中的各个步骤。

制定贷款回收战略

贷款回收战略的制定一般是风险经理的责任，战略的实施则是贷款回收经理的责任。如果用"瞄准"来表示贷款回收战略的制定，则贷款回收战术的实施无疑就是"射击"或"开火"。

贷款回收涉及到很多战略决策，比如应联系哪些客户，提醒他们需要偿还贷款？何时联系这些客户？何时启动贷款回收流程，是在贷款逾期10天后还是逾期45天后？如何联系这些客户，是电话联系还是信件联系？如何识别高风险客户和低风险客户？等等。示例6.2展示了与贷款回收相关的战略决策和战术责任。

第 6 章 贷款回收战略

示例 6.2　贷款回收的战略与战术

确定需要采取哪些行动	切实履行这些行动
战略决策 • 如何实施鉴别分类，并针对不同类型的客户采取相应的贷款回收行动？ • 贷款回收流程中的不同阶段分别针对哪种客户？ • 银行应提供哪些偿付选择和偿付方法？ • 如何在整个银行中分配与贷款回收相关的工作？ • 如何设计与贷款回收工作相关的组织结构？ • 贷款回收的总体目标是什么？	**战术责任** • 最大化贷款回收要求 • 最大化贷款偿付，包括偿付贷款的客户数目和偿付额度

如前所述，本章探讨与贷款回收战略相关的各个步骤，下一章探讨贷款回收战术中所涉及的各个步骤。

联系谁？何时联系？

银行在发觉客户拖欠贷款时，这时客户可能只有 1~2 笔欠款未偿付，并且贷款拖欠客户组合中的绝大部分都是这种欠款较少的客户。尽管贷款回收流程的初期可能面临大量欠款客户，但大多数客户一般都会主动还款，或在银行稍作提醒后主动还款。因此初期阶段的战略安排应为：将贷款回收资源集中在少数最不可能还款的客户身上。

如果将贷款回收资源集中在最可能还款的客户身上，由此可能导致几个方面的负面影响，如下所示：

• 会造成宝贵的时间和资金的浪费，因为这类客户一般都会主动还款。
• 会激怒优质客户。
• 造成贷款回收资源的分散，无法将资源集中在回报最大的客户身上，也就是说，通过关注这类低质量客户，银行能显著改善贷款回收工作的业绩。

另一方面，值得庆幸的是，贷款逾期已超过 60 天或更长时间的客户的数目较小，这类客户可能已有 3 笔或更多笔欠款未偿付，并且这类客户处于"贷款催收"阶段。不幸的是，这类客户中的绝大多数都很难偿还欠款，尽管银行在这些客户身上可能已投入了很多的贷款回收资源。因此，在贷款催收阶段，银行应主要关注于最可能还款的客户。如果在这一阶段将主要贷款回收资源投入到最不可能还款的客户身上，由此可能会导致几个方面的负面影响，如下所示：

• 将资源集中在无论银行怎么努力都不会还款的客户身上，无异于是对银行宝贵的时间和资金的浪费。

• 无论贷款回收人员怎么努力，这些客户就是不还款。强制要求贷款回收人员将精力集中在最不可能还款的客户身上，很容易打击贷款回收人员的工作积极性，不利于贷款回收工作的顺利开展。

• 造成贷款回收资源的分散，无法将资源集中在回报最大的客户身上，也就是说，通过关注最可能还款的客户，银行的贷款回收努力能取得立竿见影的效果。

总之，在初期阶段应将贷款回收资源集中在最不可能还款的客户身上，在贷款催收阶段则应重点关注最可能还款的客户。这一战略原则与传统的贷款回收策略有所不同。示例 6.3 展示了传统的贷款回收策略。

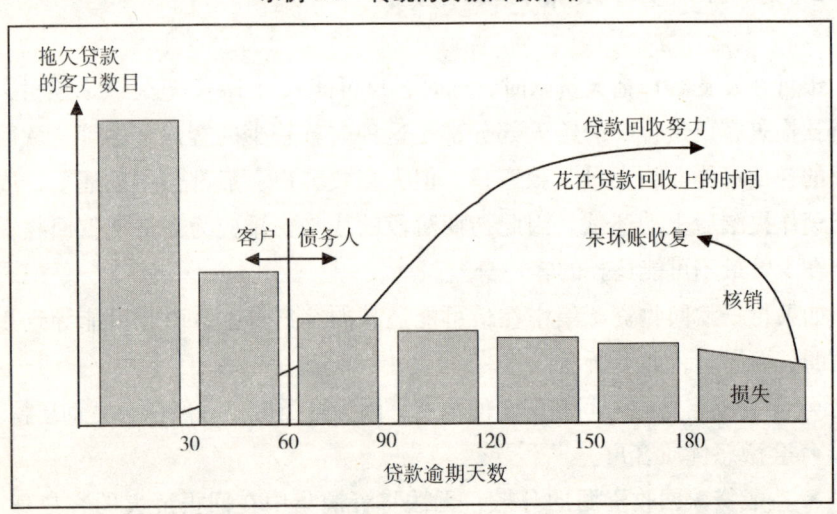

示例 6.3　传统的贷款回收策略

示例 6.3 中的柱形图揭示了在贷款回收不同阶段，银行所面临的拖欠贷款的客户数目。最左边的柱形给出的是贷款逾期天数不超过 30 天的客户数目，这些客户可能仅有 1 笔欠款未偿付。最右边的柱形即标注有"核销"二字的柱形，表明银行已将这类客户的贷款记为损失并予以核销。"贷款回收努力"指的是贷款核销前为收回贷款所花费的时间和精力；"呆坏账收复"指的是贷款核销后对贷款账户的处理，比如可以由内部贷款回收人员或外部贷款回收机构或律师继续回收贷款，或将已核销的贷款账户全部出售给另一家公司。

如示例 6.3 所示，逾期天数在 1～29 天内的客户数目显著高于逾期天数在 30～59 天内的客户数目；随后各个阶段的客户数目的下降就不是那么明显。逾期天数越长，客户偿还贷款的可能性就越低。逾期天数超过一定范围后，比如超过 60 天后（这时客户一般有 3 笔欠款未偿付），银行就不再将账户持有人称为"客户"，而是称之为"债务人"。这时，银行可能会对贷款回收目标作出调整，比如从仅回收逾期贷款调整为回收全部贷款余额。如果是担保贷款，在逾期时间超过 60 天后，银行可能会对客户提出正式警告，提醒客户如果再不及时偿还贷款，客户可能会丧失抵押品如汽车或房屋的赎回权。

示例 6.3 中的曲线反映了大部分银行在回收逾期贷款上所花费的时间和精力（可以看作是银行给客户施加的还款压力）。在贷款回收的初期阶段，很多银行可能只会动用最缺乏贷款回收经验的回收员和主管，每个贷款回收员可能需要负责 1 000～2 000 名客户。在这一阶段，贷款回收员一般只简单提醒一下客户，要求客户注意及时还款。在贷款核销前夕，银行一般会给贷款回收工作配置最有经验的回收员和主管，每个贷款回收员可能只需负责 250～350 名客户；银行会给贷款回收员提供相当大的自由度，只要能收回贷款，贷款回收手段的使用可以比较灵活。

表面上看，特别是从银行的角度而言，示例 6.3 所给出的贷款回收策略似乎很合理，但从客户的角度来看，事情就没有这么简单了。客户在面临财务困难时，其贷款偿还能力也会受到影响，可能会有多家债权人同时向客户催缴贷款，客户可能会同时收到抵押贷款催缴书、汽车贷款催缴书、水电气账单、各种信用卡催款通知、医疗费用账单、学生贷款催缴书、分期偿还贷款催缴书甚至缴税通知。在同时面临多个偿债要求时，客户自己可能会对这些偿债要求排一个优先级，决定哪些账单先付，哪些后付，哪些根本就不付。那么，客户何时会制定这种偿债优先级决策呢？由于账单一般每月来一次，因此客户的偿债优先级决策也会每月制定一次。收到账单后，客户至少会在大脑中迅速给账单归类，决定哪些账单可以考虑支付，哪些先放在一边。一旦客户已做出了偿债优先级决策，这时再想说服客户改变该决策会非常困难。相比较而言，银行更有可能在客户决策前就对客户的决策制定施加影响。也就是说，有效的贷款回收流程应遵循以下两个基本原则：

● 贷款回收是一项极具挑战性的工作。银行应在客户心里建立这样一种地位，使客户优先考虑银行的偿债要求。

● 银行必须在客户制定偿债优先级决策前对客户施加影响，使银行的偿债要求能位于客户的优先考虑之列。

各个客户都有自己的偿债优先级考虑。一般而言，客户比较倾向于优先偿还住房抵押贷款。对其他债务，不同客户的优先级会有所不同，税收债务的优先级一般比较靠前，汽车贷款和水电气账单的优先级也比较高。医疗费用账单和牙医账单的优先级比较靠后，学生贷款的优先级也较低。信用卡贷款的优先级一般居中，在客户持有多张信用卡的情况下（大部分客户都持有多张信用卡，据估计，美国平均每个家庭的信用卡持有量为5~6张），各个信用卡的优先级也会有所不同。客户当然知道至少要维持一张信用卡的良好信用记录，以备外出旅行时或其他特定情况下的不时之需。

上面探讨了一般情况下的偿债优先级，现实中永远存在一些特例。例如，居住在大城市的消费者可能会给汽车贷款分配较低的偿债优先级，因为大城市的公共交通比较方便，即使因汽车贷款偿还不力而导致汽车被银行收回，对这些消费者的生活也不会造成太大的影响。在公共交通比较落后的地方，没有汽车人们可能寸步难行，居住在这些地方的消费者就会给汽车贷款分配较高的偿债优先级。一些消费者注意到，如果不偿还抵押贷款，他们就有能力偿还很多其他的账单。不同国家的消费者可能具有不同的偿债优先级安排。比如在哥伦比亚，税收债务的优先级比较靠后，而医疗费用账单的优先级比较靠前。债务的优先级安排并没有一种统一的模式。人们在面临财务困难时，总会根据自身的具体情况制定偿债优先级决策。对银行来讲，关键是要把握好时机，通过贷款回收技巧在客户心里建立起比较突出的地位，以使客户在制定偿债优先级决策时能将银行放在比较靠前的位置。

贷款回收规则的制定既能以花在贷款回收上的时间为基础，也能以风险水平为基础。传统的贷款回收策略是以时间为基础，随着贷款逾期时间的延长，在贷款回收上所投入的时间和精力也越来越多。欠款笔数的多少决定了下一步将采取的贷款回收行动。传统的贷款回收策略对逾期时间越长的客户投入的时间和精力越多。

考虑到最终被核销的账户在贷款回收初期也是示例6.3中第一个柱形图的一部分,因此以风险水平为基础的贷款回收战略无疑更为可取。

识别高风险客户与低风险客户

实施以风险水平为基础的贷款回收战略时,第一步是进行鉴别分类,识别出高风险客户,并加速处理这类高风险客户。鉴别分类是将贷款逾期时间较短的客户划分成两类,一类客户会自觉自愿地偿还贷款,另一类客户需要银行的敦促才会偿还贷款。这种分类既能在主观判断的基础上进行,也能根据信用评分的高低进行分类。在识别高风险客户时,可以参考一些明显的指标,例如:

- 客户的信用评分或贷款回收评分较低(稍后会更为详细地探讨贷款回收评分)。
- 银行的新客户,比如账户建立时间少于3~6个月的客户,这类新客户如果有1笔或多笔欠款未偿还,特别是分期偿还贷款中的首笔还款未支付时,这类客户的风险一般会比较大。
- 信用限额全部用完或已发生信用透支的客户。
- 客户的电话不通,连续7~10天给客户打电话都无人接听,包括晚上和周末打电话也是如此。
- 已有一次或更多次的还款承诺未兑现,或者从未给过任何还款承诺。
- 邮件被退回。
- 较高的现金提款额,尤其是如果新客户的现金提款额较高,该客户的风险一般会比较大。

银行一般会给高风险客户配备最优秀的贷款回收员,有时甚至会委托外部贷款回收机构负责高风险客户的贷款回收,或者在贷款回收风险明显较高时,银行可能会诉诸法律手段解决。具体采取何种选择取决于上一步贷款回收行动的结果,而不仅仅是贷款逾期时间的长短。例如,如果客户对银行的催款电话十分反感甚至恶语相加,继续给欠款客户打电话就没有什么意义,因为事实已摆在眼前:该客户根本没准备偿还欠款。

很多情况下,尽管根据上述指标判断,客户的高风险特征已十分明显,但银行的贷款回收部门仍继续不厌其烦地给这些客户打催款电话,同时还会增大在这些客户身上的资源投入，比如为这些客户花费更多的贷款回收时间（即采用示例6.3中"贷款回收努力"曲线所示的策略）。银行这样做明显得不偿失（要知道，贷款回收活动的成本十分高昂），正确的应对方法是加速处理这类高风险客户，无论这类客户的欠款笔数有多少。事实上，在贷款拖欠的早期频繁接触这类高风险客户，更有可能改变客户的偿债优先级安排，并能使银行的贷款获得较高的优先级。

贷款回收评分

可以采用一般评分模型或定制评分模型来识别高风险客户，比如在银行刚刚发觉客户有逾期贷款时，就可以采用这类模型识别出高风险客户，以提前安排针对高风险客户的贷款回收活动。贷款回收评分模型一般以客户过去的还款行为以及人口统计特征为基础。如果客户已处在贷款催收阶段，并且贷款催收时间已达一个月之久或更长时间，那么客户的贷款偿还概率就不再仅仅取决于客户自身的属性；在这种情况下，银行所采取的贷款回收行动对客户的贷款偿还概率也有影响。在贷款回收评分中考虑到银行的贷款回收行动无疑会显著增大评分模型的复杂性，这种复杂的评分模型尚未得到普遍接受，因此贷款回收评分的应用目前主要局限于贷款回收流程的初期阶段，也就是贷款逾期时间不超过30天时。随着技术的进步，这一状况应能逐步得到改观。

现有的自动化贷款回收软件（即用于运行自动拨号器的软件，详细信息请参见第7章"贷款回收战术"）是为支持传统的以时间为基础的贷款回收流程而开发的，该软件无疑阻碍了贷款回收评分模型的应用。该软件的使用导致加速处理高风险客户十分麻烦，即很难将高风险客户剔除出以时间为基础的贷款回收流程。尽管市场上存在很多成熟的（当然也十分昂贵）贷款回收评分模型，但由于上述因素的存在，银行对这类评分模型的应用往往十分有限。目前，贷款回收评分模型的主要应用在于确定在贷款逾期后的前30天中的哪一天，应开始对该客户实施贷款催收程序。进入贷款催收程序后，所有客户都会以同样的方式处理。

示例6.4简单地展示了贷款回收评分的基本原理，即在贷款回收流程的初期阶段，通过评估客户的相对风险，以针对客户的不同风险水平采取不同的贷款回收安排。

下一章将探讨在给客户打催款电话时，应如何向客户阐明银行的意图。

在探讨贷款回收战术之前,本章还需讲解与贷款回收相关的另一个战略决策,即贷款回收职能的设置问题,该决策会影响到银行的组织结构。

示例6.4　简单的贷款回收评分样本

贷款逾期天数	低风险	中等风险	高风险	
60+	客服电话	催款电话	委托外部贷款回收机构或律师处理	第2份贷款逾期报告
45+	不打扰客户	客服电话	催款电话	
30+	不打扰客户	信件通知	客服电话	第1份贷款逾期报告
15+				

贷款回收职能的设置

大型银行需要考虑贷款回收职能的设置问题,比如在哪些分支机构设置贷款回收职能,安排多少贷款回收人员,以及贷款回收职能与银行其他职能间的相互关系等等。贷款回收职能的设置对银行的业绩和成本均有重大影响。一些人认为,与设立全国性的贷款回收职能单位相比,与客户处于同一个地方的贷款回收员能实现更好的贷款回收业绩,因为贷款回收员与客户具有一样的口音,能使客户倍感亲切。这种口音上的优势也许的确有用,但这种优势微不足道,迄今尚未有人对量化这种优势感兴趣。很多大型银行在全国范围内建有多个贷款回收职能单位,这些职能单位既可以联系本地欠款客户,也可以负责其他地方的贷款回收业务,实践证明这种职能模式相当成功。

银行需决定应设置多少个贷款回收职能单位。显然,仅设置一个贷款回收职能单位无疑能降低成本,由此可以避免与设置多个贷款回收职能单位相关的设备和人员的重复浪费问题。单一贷款回收单位也便于银行管理,因为银行只需要监督一个职能单位的贷款回收绩效。另一方面,设置多个贷款回收职能单位也具有自身的优点,比如:

- 可以比较不同职能单位的贷款回收业绩(事实上,仅设置一个贷款回收职能单位也能进行这种业绩比较，比如同一个贷款回收职能单位中可以安排多个贷款回收小组，银行可以比较这些贷款回收小组的业绩)。

● 在某个职能单位出问题时有备用的职能单位，从而能确保贷款回收职能的平稳运行。

● 设置多个贷款回收职能单位，能避免单一职能单位的规模过于庞大，各个职能单位在人员配置上规模适度，便于银行管理。

● 银行可以给某个职能单位分配特定的职能，比如破产控制职能，这样可以由一个单位专门负责某项职能，其他贷款回收单位则可以免受这项职能牵掣。

度量贷款回收业绩

这里探讨两个问题，一是银行如何预测贷款逾期水平和核销水平，二是如何评估贷款回收工作的业绩。

预测贷款逾期水平和核销水平

风险管理的成败最终要用贷款损失占未偿贷款额度的比例高低来度量。银行不仅需要考察历史贷款损失率和当前的贷款损失率，更重要的是要预测未来的贷款损失率。越早着手预测未来的损失水平，银行就越有可能对贷款损失水平施加影响，从而使最终的结果对银行更为有利。特别是在预计损失水平高于预期水平时，提前干预贷款损失水平，使之朝积极的方向变化无疑特别重要。在预测消费信贷组合的业绩和未来损失水平时，银行需要跟踪逾期贷款在整个生命周期内的表现，即从刚刚发觉贷款逾期直至贷款逾期时间超过一定的天数从而需将贷款核销这段期间内的贷款表现。了解了逾期贷款的历史表现之后，银行就可以利用该历史数据预测未来的贷款损失水平。这种方法称为净流率法 (Net flow forecast) 或滚动率法 (Roll rate)。示例6.5展示了净流率法的一个样本。

滚动率

滚动率是指一个月后滚动到下一个期间的贷款余额比例或贷款账户比例。如示例6.5所示，在1月、2月和3月这三个月份，与从逾期1~29天的状态转变为逾期30~59天的状态相关的滚动率平均约为30%（1月到2月的滚动率为34%，2月到3月的滚动率为29%，3月到4月的滚动率为31%），也就是说，逾期1~29天的贷款余额中约有30%会继续保持逾期状态直至下一个期间，其余的约70%的逾期贷款余额会在逾期时间不超过30天的期限内得到收回。从示例6.5中可以看出，与从逾期30~59天的状态转变为逾期60~89天的状态相关的滚动率略高于9%。这些历史滚动率数据有助于银行预测未来的贷款逾期水平。例如，可以估计5月份的逾期时间在30~59天的逾期贷款额度约为16 400万美元，因为根据历史经验，4月份逾期时间在1~29天的逾期贷款中约有30%会滚动到下一个期间（即5月份），即约有30%会转变为逾期时间在30~59天的逾期贷款（30% × 547 500 000 = 164 300 000）；5月份逾期时间在60~89天的逾期贷款额度约为1 610万美元，即9.5% × 169 300 000 = 16 100 000。滚动率法的原理就是，先计算出历史上的滚动率，将历史滚动率与当前的条件相结合（例如在4月份，人们将获得退税，因此有一笔额外的资金用于偿还贷款），参考银行自身的经验，据以估计出未来的逾期贷款水平。使用滚动率法，银行还可以预测6个月后的毛核销额（稍后会探讨净核销额的计算）。

示例6.5　净流率法举例

月份	合计	逾期1~29天	逾期30~59天	逾期60~89天
1月	720.6	498.9	171.1	18.4
2月	742.1	515.6　34%	169.6　9.6%	16.4
3月	755.2	541.6　29%	150.4　8.7%	14.7
4月	772.1	547.5　31%	169.3　9.8%	14.7
5月	781.3	551.5		

单位：百万美元

作为一种度量和预测工具，滚动率法也存在一些缺陷。滚动率法只是简单地取历史结果的平均值，然后结合当前的状况估计出未来结果。滚动率法没有考虑到宏观经济条件的根本变化，也没有考察选择破产的消费者数目的变化，或者没有意识到这个事实比如市场营销部门已于几个月前改变了目标市场定位。滚动率法所存在的这些缺陷可以由消费信贷业务的一些特征予以弥补，比如消费信贷业务的开展基于相同的信用标准，业务面向同一个地理区域，以及业务在同一时间生效等等。这样银行在考察滚动率时就能以消费信贷组合为基础，比如风险较高的客户或大学生客户等。

迁移报告

迁移报告也称作逾期贷款矩阵或历史－现状报告。迁移报告是一种十分有用的贷款回收战略工具，也是十分有效的度量工具。迁移报告使得银行可以分析逾期贷款的偿还情况，迁移报告揭示了客户在每个期间内（即根据贷款逾期天数所划分的期间，如1～29天，30～59天，60～89天等）的欠款笔数，以及这些欠款笔数的变化情况。例如，银行可以分析上个月逾期天数在60～89天的贷款笔数，以及这些逾期贷款在本月的还款状态，分析结果存在三种可能性，如下所示：

- 客户未偿还任何欠款。这意味着客户将滚动到下一个期间，即逾期天数为90～119天（贷款逾期情况发生恶化）。
- 客户偿还了一笔欠款。这意味着客户将继续保持当前状态，即逾期天数为60～89天（贷款逾期情况既没有恶化也没有改善）。
- 客户偿还了多笔欠款。这意味着客户的贷款逾期天数将减少到30～59天或1～29天（贷款逾期情况得到改善）。

完善的管理信息系统使得银行管理者可以度量贷款回收单位的绩效，这种度量一般是通过比较不同单位的贷款回收业绩进行，比如，某个贷款回收单位是否成功地促成了更多的客户偿还多笔欠款？另一个贷款回收单位所负责的大部分客户是否都"未偿还任何欠款"？银行的贷款回收经理应采用这种分析方法，以即时掌握各个贷款回收单位的业绩动态。

净核销额

前文已探讨了如何预测毛核销额，但标准的管理报告和会计报告都要求净核销额数据，因为报告利润的计算需要明确净核销额的大小，比如在计算呆坏账核销准备金时。为计算净核销额，银行需要将所预测的毛核销额数据：（1）加上在接下来的X个月内估计会破产的客户的贷款余额。注意，在任何一个贷款回收阶段（即按逾期天数划分的不同阶段，如逾期1～29天、逾期30～59天、逾期60～89天等），都有可能发生客户破产事件[①]。（2）减去从

---

① 遗憾的是，目前并不存在能有效估计破产损失的公式。一个替代办法是，以不同地域的历史破产数据为基础，根据当前的趋势作出调整，据以估计出破产损失。

已核销的账户中可以收复的贷款金额。示例6.6展示了一个复杂的两年期净核销额预测样本。

滞后报告与当前报告

与预测和报告贷款损失率相关的一个基本概念是滞后报告与当前报告间的区分。示例6.6中的最后两列给出了各月的当前核销率和滞后核销率。以2000年1月为例,当前核销率为2.08%,滞后核销率为3.48%。之所以要计算这两种核销率数据,是因为快速增长或迅速衰退的消费信贷业务会扭曲所报告的贷款损失率数据。从示例6.6中可以看出,1999年最后几个月和2000年最初几个月的滞后核销率与当前核销率数据间存在很大的差异。应收贷款总额在报告期间增长迅速,1999年1月的应收贷款不过2.5亿美元,12个月后就增长到了5亿~6亿美元。仅考察当前核销率数据,人们将认为该消费信贷业务在1999年表现出色,因为1999年的当前核销率仅为1%~2%。与当前核销率相比,滞后核销率明显要高得多,下面将解释为何滞后核销率会明显高于当前核销率。

示例6.6　1999年与2000年的核销额预测

1999年的核销额预测

	平均应收贷款（千美元）	核销额（千美元）				核销率（%）	
		毛核销额	破产损失	呆坏账收复额	净核销额	当前核销率	滞后核销率*
1999年1月	250 660	215	137	64	288	1.38	1.40
1999年2月	237 618	210	138	58	290	1.46	1.58
1999年3月	255 950	222	135	57	299	1.40	1.39
1999年4月	296 006	203	130	60	272	1.10	1.21
1999年5月	319 334	204	178	68	314	1.18	1.30
1999年6月	354 200	228	167	73	322	1.09	1.86
1999年7月	385 194	216	238	64	391	1.22	1.87
1999年8月	416 739	218	223	57	385	1.11	1.94
1999年9月	459 268	265	227	63	429	1.12	2.01
1999年10月	482 850	494	235	70	659	1.64	2.67
1999年11月	514 065	438	350	70	719	1.68	2.70
1999年12月	552 311	595	363	78	881	1.91	2.98
1999年合计	4 524 195	3 508	2 521	782	5 249	1.39	1.91

示例 6.6（续）　1999 年与 2000 年的核销额预测

2000 年的核销额预测

	平均应收贷款（千美元）	核销额（千美元）				核销率（%）	
		毛核销额	破产损失	呆坏账收复额	净核销额	当前核销率	滞后核销率*
2000 年 1 月	645 487	786	409	77	1 118	2.08	3.48
2000 年 2 月	623 725	1 005	532	90	1 447	2.78	4.17
2000 年 3 月	625 919	1 242	755	97	1 900	3.64	4.96
2000 年 4 月	637 446	1 936	870	125	2 681	5.05	6.66
2000 年 5 月	646 776	1 625	986	130	2 482	4.60	5.79
2000 年 6 月	660 574	1 803	881	126	2 558	4.65	5.56
2000 年 7 月	664 292	1 506	868	118	2 256	4.08	4.19
2000 年 8 月	674 753	2 053	862	126	2 789	4.96	5.37
2000 年 9 月	688 761	2 395	1 040	124	3 311	5.77	6.35
2000 年 10 月	678 824	2 201	1 391	233	3359	5.94	6.31
2000 年 11 月	686 463	2 456	1 017	233	3 239	5.66	6.01
2000 年 12 月	697 415	2 662	1 013	217	3 458	5.95	6.28
2000 年合计							

*滞后核销率指的是当月净核销额占 6 个月前的平均应收贷款的百分比。

如果银行的标准核销政策是在贷款逾期 180 天后予以核销，这意味着自贷款逾期日起至贷款被核销需要经历 6 个月的时间，除非银行提前核销逾期贷款。在计算核销率时，银行一般是将给定月份的核销额予以年度化（或使用年初至今的核销额数据），将该核销额除以相同月份的应收贷款额度，如示例 6.7 所示。

从示例 6.7 中可以看出，消费信贷组合在 6 月份的呆坏账核销额为 82.5 万，年度化核销率为 4.2%，即用 82.5 万乘以 12 得到年度化核销额 990 万，再用年度化核销额除以 6 月份的应收贷款 23 800 万，得到年度化核销率为 4.2%。由于该消费信贷组合增长迅速，为更深入地了解这种情况下的贷款损失率，银行应计算当前月份的贷款损失占 6 个月前的应收贷款（在示例 6.7 中，6 个月前的应收贷款为 8 200 万）的比例，因为当前的核销额来自 6 个月前的应收贷款。这种计算得到的就是滞后损失率。对快速增长的消费信贷组合来讲，滞后损失率明显不同于当前损失率，滞后损失率是一个更为现实的贷款损失指标。

第 6 章　贷款回收战略

示例 6.7　计算核销率

贷款回收阶段（按贷款逾期时间长短划分）	+1	2	3	4	5	核销额
12月	8 200万					
1月		766万				
2月			238.5万			
3月				128.7万		
4月					99.4万	
5月						93.6万
6月	23 800万	983.6万	403万	238.2万	160.1万	124.6万	82.5万×12＝990万(年度化核销额)

990万 ÷ 23 800万 ＝ 4.2%

990万 ÷ 8 200万 ＝ 12%

在上面的计算中，最后所得到的滞后年度化核销率为12%，即用年度化核销额990万除以6个月前的应收贷款8 200万。滞后核销率为12%，当前核销率为4%，二者间的巨大差异源于应收贷款的急剧增长。显然，由于应收贷款增长迅速，因此较低的当前核销率是对真实损失率的极大扭曲。由于滞后核销率真实地反映了现实，为暂时隐瞒表现不佳的贷款业绩，很多银行只编制当前报告。一旦消费信贷业务停止增长，所有一切都将浮出水面，这个时候的当前核销率将等于真实损失率。如果消费信贷业务日渐萎缩，结果将正好相反，这时的当前核销率将会夸大真实损失率。如果消费信贷业务的规模保持稳定，滞后核销率与当前核销率将相等。

这里探讨的是与贷款核销相关的管理报告。下一章将更为详细地讨论与贷款回收业绩相关的操作性指标。

寻找战略突破口

毫无疑问，贷款回收是一项极具挑战性的工作。人们希望能够找到一种黑匣解决方案以极大地改善贷款回收效率。几年前，预测拨号器（Predictive dialer）曾被认为是一种黑匣解决方案，预测拨号器能自动地按顺序呼叫一连串的电话号码，并向贷款回收人员反馈呼叫结果和客户信息（参见第7章"贷款回收战术"）。在银行尚未普遍使用拨号器之前，拥有拨号器无疑给少数银行带来了很大的竞争优势。与拨号器类似，贷款回收评分模型也具有相同的效果，在贷款回收评分模型刚面世时，少数拥有该模型的银行获得了竞争优势。随着贷款回收评分模型的应用日益普及，各家银行又开始回到同一条起跑线上竞争。人们希望贷款回收活动能逐渐演变成一项比较轻松的工作，并提出了各种具有创意的贷款回收手段，比如通过互联网回收贷款、在家工作的贷款回收员、定时呼叫软件以及其他方法等。

无论银行拥有多么先进的黑匣解决方案，要使该方案发挥效用，最终还得依靠贷款回收人员的回收技能。如果贷款回收人员未能掌握必要的贷款回收技巧，银行在贷款回收软件、拨号器、信用评分系统以及其他贷款回收工具上投资再多也不足以改善银行的贷款回收业绩。贷款回收方面的制胜策略为：拥有真正有效的最为先进的贷款回收工具（并不是所有的贷款回收工具都适合于每家银行），同时拥有最优秀的贷款回收人员，在技术和人员方面占据优势，银行的贷款回收业绩就能远远超过竞争对手。下一章将探讨贷款回收战术问题，也就是贷款回收人员所使用的回收技巧和手段。

小　结

贷款回收战略应关注于客户的违约风险和还款行动，也就是说，贷款回收资源应投放在回报最大的客户身上，这些客户对银行的贷款回收工作的回应最为积极。在筛选这类客户时，信用评分模型将能派上用场。贷款回收战略的一个禁区是，绝不能使用冗长的、以时间为基础的贷款回收流程。制定了合适的回收战略后，银行就能成为第一个联系客户的债权人，从而在客户的偿债优先级中能获得比较有利的地位。如前所述，客户会针对多项欠款制定偿付/忽略决策，在客户制定好偿债优先级决策前以及抢在竞争对手前跟客户联系，能使银行获得客户的优先考虑。银行在设计贷款回收战略时有必要考虑到这些因素。

第7章

贷款回收战术

完成了贷款回收战略的制定和实施工作后,银行将拥有明确的贷款回收战略目标,并选定了作为重点回收对象的客户以及联系这些客户的时间;银行将制定有完善的呆坏账预测程序,建立起健全的贷款回收职能结构,并配备好优秀的贷款回收人员。在与贷款回收相关的战略工作全部到位后,银行接下来的任务就是采用合法且具有成本效益的方式,从欠款客户手中回收尽可能多的贷款。接下来将探讨银行在管理内部贷款回收人员和外部贷款回收资源时所涉及的相关战术问题。

简单来说,贷款回收活动开始于银行花钱聘用贷款回收人员。人工成本是贷款回收流程中的一个主要成本项目。聘用了贷款回收人员后,接下来的贷款回收工作包含两个主要组成部分,即生产和转换。

"生产"指的是贷款回收的"原材料加工",即电话联系欠款客户。生产阶段的目标是,单个贷款回收员在单位时间内要联系到尽可能多的客户。显然,联系的客户越多,收回更多贷款的可能性就越大。生产效率取决于贷款回收人员的数目、用于客户联系的时间、专门系统的使用(比如拨号器)以及贷款回收人员的自律性。贷款回收的生产阶段需要履行的是生产管理职能,这与汽车的生产即汽车组装线有天壤之别。通常由贷款回收职能单位的高级管理者负责生产阶段的控制工作。

贷款回收中的"转换"是指将客户联系转化成贷款的偿还。"转换"对贷款回收人员相关技能的要求很高,转换能否取得成功直接取决于贷款回收人员打电话的技巧,贷款回收人员打电话的技巧又直接取决于基层主管在这方面的技巧。具体地讲,基层主管应能诊断出贷款回收人员所面临的问题,并有针对性地指导贷款回收人员改正这些问题,帮助贷款回收人员发展相关技能。贷款回收人员对贷款回收战略的战术执行本质上是一种电话催款技巧。这种战术执行旨在通过电话与客户建立起某种关系，目的是成功地促使客户还款，以将欠款客户转化成能给银行带来利润的高价值客户。贷款回收活动在具体执行时需要制定很多决策，如配置多少贷款回收人员、如何安排这些贷款回收人员的工作、使用何种技术、如何组织工作流、如何实施薪酬激励制度等等，所有这些决策归根结底都属于"生产"或"转换"范畴的一部分。通过将与贷款回收相关的战术决策简化为"生产"和"转换"这两个范畴，银行管理者就能将宝贵的精力集中在对贷款回收业绩真正有影响的战术活动上。

将战术决策简化为"生产"和"转换"，有助于银行管理层的分工。高级管理者可以专注于贷款回收的生产方面，如拨号器的设计。与此同时，基层主管可以专注于提升并维持贷款回收人员的技能，以最大化单次客户联系的效益，即从单次客户联系中获得尽可能多的贷款回收额。这是基层主管的主要职责。

显然，最优贷款回收业绩的实现要求在"生产"和"转换"领域同时实现竞争性与协同性。降低富有经验的贷款回收员的客户联系量，无异于是对这些贷款回收员的技能的浪费，同时还会导致贷款回收活动成本效益的下降。另一方面，给尚不成熟的贷款回收员分配过多的客户联系任务，无异于向大量客户展示银行比较差劲的一面，这对银行形象的负面影响可想而知。

从聘用贷款回收人员到客户偿还欠款的整个过程可以用一个金字塔图形来表示，如示例7.1所示。

如何度量贷款回收活动的业绩对银行而言是一个问题，因为可以度量的东西实在太多，如聘用的贷款回收员的数量、贷款回收员的月平均成本、贷款回收员联系的客户数目等，持续关注这些琐碎信息对银行而言比较困难，成本太高。事实上，管理信息系统所给出的简单诊断已足够银行判断贷款回收活动的业绩高低。如前所述，贷款回收活动的核心是将贷款回收人员的付薪工作时间转化为客户的还款。这一点在示例7.1"贷款回收金字塔路径"中得到了很好的体现，"贷款回收人员的付薪工作时间"和"客户偿还欠款"正好处于金字塔的两端。例如，假设某贷款回收单位的贷款回收人员在每个付薪工时内能收回500美元的客户欠款，另一个贷款回收单位的贷款回收人员在每个付薪工时内只能从类似客户身上收回400美元的欠款。这两个贷款回收单位在贷款回收效率的差异就是一个十分重要的管理信息。"贷款回收金字塔路径"使得管理层能够像剥洋葱般一层层地解析贷款回收中所涉及的各个要素，最终明确是哪些要素造成了贷款回收效率上的这种差异。比如，贷款回收效率上的差异是否源于两个贷款回收单位"生产"能力上的差异？如贷款回收人员付薪工时的差异、"生产"时间的差异、拨号器的差异以及合适的客户联系上的差异等。或者，贷款回收效率的差异源于两个贷款回收单位"转换"能力上的差异？比如贷款回收人员获得客户还款承诺的能力，以及最终成功促成客户还款的能力等。显然，管理信息系统是银行改善贷款回收业绩的一个很好的起点。

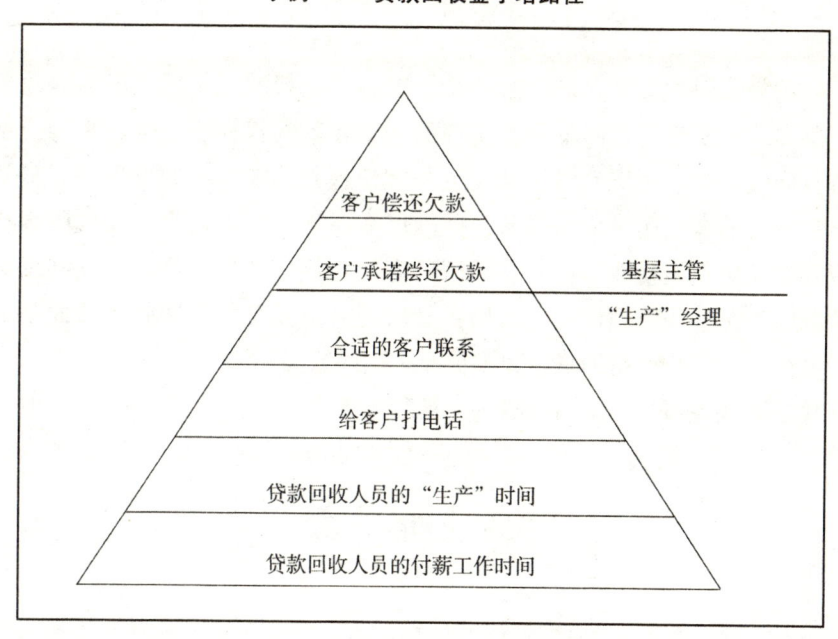

示例7.1　贷款回收金字塔路径

```
                    /\
                   /  \
                  /客户\
                 /偿还欠款\
                /----------\
               /客户承诺偿还欠款\      基层主管
              /------------------\   ─────────
             /    合适的客户联系    \   "生产"经理
            /------------------------\
           /      给客户打电话          \
          /------------------------------\
         /    贷款回收人员的"生产"时间     \
        /----------------------------------\
       /     贷款回收人员的付薪工作时间       \
      /--------------------------------------\
```

对于初次开发贷款回收管理信息系统的银行而言，第一步应是给示例7.1金字塔图形中的每一层级分配一个明确的目标。目标的完成情况可以在各个组织层面上进行度量，比如可以在单个贷款回收员层面上、在贷款回收团队层面上或者在整个贷款回收单位的层面上进行度量。例如，针对低风险和高风险欠款客户，银行可以制定如下所示的每周目标：

	低风险	高风险
"生产"时间占付薪工作时间的百分比	85%	85%
每"生产"工时的客户联系数量	10	5
客户还款承诺占客户联系数量的百分比	85%	75%
客户履行承诺占客户还款承诺的百分比	65%	50%
平均还款规模	$140	$100
每付薪工时的预期价值	$657	$159

（以低风险客户为例，计算过程如下所示：85%"生产"工时/付薪工时×10次客户联系/"生产"工时×85%客户还款承诺/客户联系×65%客户履行承诺/客户还款承诺×$140平均还款规模＝$657）

使用贷款回收金字塔路径作为诊断工具还能帮助银行识别出业绩改善机会。例如，如果某贷款回收员所实现的平均还款规模较小，也许银行应帮助该贷款回收员改善在贷款偿还额度上与客户谈判的能力；如果另一位贷款回收员所获得的客户还款承诺较低，原因可能在于该贷款回收员在说服客户还款方面缺乏主观能动性，在一开始遭到客户拒绝后就再也没有勇气继续与客户谈判。有了这些管理信息，基层主管就能及时发现贷款回收员所面临的问题，并能有针对性地帮助贷款回收员改正这些缺陷。

接下来准备探讨贷款回收战术工具和实务。

贷款回收系统

任何达到一定规模的贷款回收业务都以主机或个人计算机网络为运行平台，平台中使用贷款回收软件，这种软件可能是贷款系统模块或单机软件。无论采用系统模块还是单机软件的形式，贷款回收软件都具有以下功能：

- 进入贷款系统的界面。
- 提供基本的逾期账户信息。
- 允许贷款回收员标注或添加相关信息。
- 编制管理报告如滚动率报告，以及为贷款回收管理信息系统提供输入信息。

大型银行在贷款回收中普遍使用预测拨号器，预测拨号器有时也称作自动拨号器。拨号器接收与欠款客户相关的信息，并根据银行指定的规则安排拨号顺序，同时使用软件算法来优化拨号频率。软件算法旨在预测合适的拨号频率，这种拨号频率既能保证充分利用所有贷款回收员的"生产"时间（使贷款回收员足够忙碌），又能避免导致客户等待以及避免客户因等待时间太长而挂断电话。

电话接通后，拨号器会立即将相关电话转接给贷款回收员。通过对预测拨号器进行合适的编程，贷款回收员不用浪费时间等待客户接听电话，或将时间浪费在电话那头一连串的忙音上，或浪费在客户设置的电话自动应答程序上，因为拨号器能识别无人应答、忙碌或自动应答等特征。在贷款回收员完成了一个客户的电话联系业务后，拨号器会马上接入另一个客户的电话。经验证明，银行完全不用担心贷款回收员会对这种电话接听业务感到厌倦，只要拨号器运行无误，贷款回收员就会忙于这种电话催款业务，贷款回收员会发现每天的时间都过得很快，丝毫不会感到无聊。

以下列出了预测拨号器的一些优点。预测拨号器极大地提升了银行的电话催款效率，这也是大型银行必须使用预测拨号器的原因。

- 预测拨号器的使用使得每个贷款回收员能够处理 1 000~2 000 个客户；在人工系统下，每个贷款回收员最多只能处理 300~350 个客户。
- 预测拨号器的使用使得每个贷款回收员每小时能够处理 100 多个客户电话；在人工系统下，每个贷款回收员每天最多只能处理 120 个客户电话。
- 预测拨号器的使用使得银行管理层能通过多种途径排列欠款客户的优先级。
- 预测拨号器能给业绩报告提供有价值的输入信息。
- 预测拨号器使得银行管理层能控制对最优电话联系时段的使用。最优电话联系时段是指客户一般在家的时段，银行可以对预测拨号器进行适当的编程，以在最优电话联系时段联系客户。

预测拨号器也具有一些内在的缺陷，如下所示：

- 无法要求贷款回收员负责具体的客户。拨号器随机将电话转接给某个贷款回收员，同一个客户在不同的时间可能会由不同的贷款回收员接听电话。
- 预测拨号器发挥作用的一个前提条件是，银行拥有大量欠款客户和规模足够大的贷款回收团队。例如，一个 25 人的贷款回收团队在使用预测拨号器的条件下，每天能处理超过 16 000 个客户电话；如果贷款回收团队的规模较小，预测拨号器就会丧失其预测功能，因为拨号器所处理的客户数量太小。

预测拨号器的效用主要取决于贷款回收经理的"生产"管理能力。由于需要平衡电话命中率与银行的贷款回收员数目，出色的"生产"经理能通过仔细研究银行的详细"生产"数据，从而对每小时或每天的客户联系数目施加重大影响。这要求"生产"经理分析每个地区每天每小时的实际客户联系数目以及每次客户联系的时间长短，并根据这些信息调整自动拨号器的拨号频率，以最大程度地利用贷款回收员的有效工作时间，使贷款回收员的时间能真正花在贷款回收业务上。

银行可以综合采用预测拨号器和人工拨号，如下例所示。比如，贷款回收团队将每天的工作时间划分为两部分，即采用预测拨号器的工作时间和采用人工拨号的工作时间。采用预测拨号器具有客户联系效率高的优点；人工拨号适用于分配给各个贷款回收员的具体客户，一般是高风险客户。使用"预览模式"，对高风险客户也能采用预测拨号器；但很多银行在联系高风险客户时更愿意使用人工拨号方式，因为在高风险客户身上需要花费更多的时间。

总之，由于预测拨号器在电话联系客户方面所具有的巨大数量优势，自动拨号器已成为大型银行的一项必备工具。为使自动拨号器真正发挥效用，银行在自动拨号器的管理上必须下足功夫。这意味着管理者必须把握好每次客户联系的时间长短，管理者应熟练掌握软件算法，以使贷款回收人员不用浪费时间等待客户接听电话，客户也不致因电话长时间没人接听而挂断电话。

催款电话

趁客户在家时拨打催款电话最为有效，这使得贷款回收工作比较适合在非上班时间实施。在客户上班时拨打催款电话应作为银行最后的选择，因为给客户上班的公司拨打电话更为麻烦，需要花费更多的时间，比如需要通过接线员转接或者客户所在的公司不允许雇员在上班时间接听私人电话。

下表展示了趁客户在家时拨打催款电话的成功率。需要注意的是，美国《公平债务催收实务法》规定只能在上午8点到下午9点之间拨打客户住宅电话（以客户所在地的时间为准；稍后还会提到该法案的其他一些规定）：

第7章 贷款回收战术

打电话的时间		成功联系到客户的次数占客户电话联系次数的百分比
星期天	8AM~9PM	14%
星期六	8AM~9PM	12%
周末	6PM~9PM	10%
周末	8AM~10AM	8%
周末	10AM~6PM	<5%

一般认为最佳客户联系时间是周末，具体时间在周末的下午6点之后。这对贷款回收人员和基层主管明显提出了较为苛刻的要求，但很多大型银行有70%的贷款回收员会在周末工作。额外要求贷款回收员在周末工作可能会导致优秀的贷款回收员流失，因此银行必须权衡好从这一额外要求中所获得的贷款回收效益与因这一额外要求而导致贷款回收员流失相关的成本。这种权衡对银行而言并不轻松。

银行一旦决定最大化电话命中率，即最大化通过电话实际联系到客户的概率，与贷款回收相关的技能要求就与电话销售对相关人员的技能要求无异。今天，电话营销在各行各业都很普遍，我们在生活中可能都会经历拙劣的电话营销。出色的营销技巧是不可复制的，因为出色的营销最关键的要求是"真诚"，真诚显然不可能通过照背或照读一些典型的营销用语而得以实现。对贷款回收人员而言，也适用相同的规则。

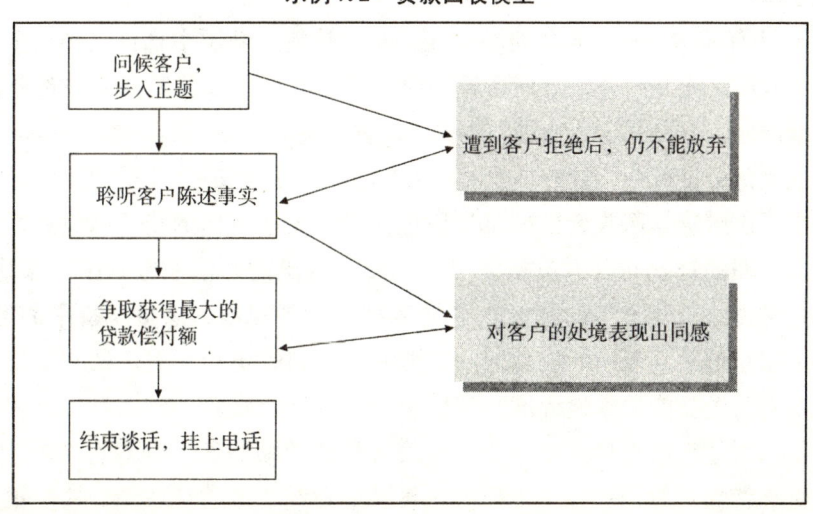

示例7.2 贷款回收模型

```
问候客户，
步入正题
    ↓
聆听客户陈述事实  →  遭到客户拒绝后，仍不能放弃
    ↓
争取获得最大的     →  对客户的处境表现出同感
贷款偿付额
    ↓
结束谈话，挂上电话
```

示例7.2展示了一个贷款回收模型，模型中包含6项最基本的贷款回收技能。该贷款回收模型已得到广泛的实证验证，在世界上很多国家的银行中都有使用。该模型存在两个关键点。首先，贷款回收人员必须学会如何有效的使用该模型；其次，贷款回收人员必须学会如何聆听，贷款回收人员应给客户提供充足的时间，并认真聆听客户所说的话。如果贷款回收人员仔细地聆听了客户的话，客户的经历和描述自然而然地就能告诉贷款回收人员下一步应采取的行动。例如，如果客户因为财务困境而明显比较沮丧，贷款回收人员就应对客户的处境表现出同感（Empathy）；如果客户说自己很忙，没有时间搭理贷款回收员，贷款回收员也不能因此放弃；如果客户说自己只能偿付X元，贷款回收人员应尽量争取，以从客户手中获得最大的贷款偿付额。

本书的目的并不是探讨各种销售技巧，我们的目的是引出以下贷款回收技巧，这些技巧对贷款回收最终取得成功至关重要：

- 在贷款回收战术的实施上努力做到与竞争对手有所不同。贷款回收人员必须掌握一定的销售技能，以向客户展示银行积极的正面形象。
- 刚入职的贷款回收人员不可能通过某位有经验的贷款回收人员的言传身教而全面掌握这些技能。
- 仅通过课堂学习并不能使贷款回收人员真正掌握相关技能。尽管课堂学习往往会使贷款回收人员有醍醐灌顶之感，并能充分认识到这些技能的重要性，但要真正掌握这些技能只能通过亲身实践，即从模仿开始逐步练习和实践这些技能。
- 为使贷款回收人员能维持并改善相关技能，基层主管自己必须全面掌握相关技能。除此之外，基层主管还应有能力准确诊断贷款回收人员所面临的业绩问题，并针对这些业绩问题提出改善方案。

在大部分银行中，针对贷款回收人员的培训包含1~2周的课堂学习，培训重点是讲解贷款回收软件的工作原理，很少关注具体的贷款回收技能。为每个新入职的贷款回收人员指定一名老员工带班的做法在银行中也很盛行，采用这种做法，新员工的技能水平最多只能达到与该名老员工持平的地步。大多数银行都缺乏专门的贷款回收技能发展项目，更谈不上定期测试贷款回收人员对相关技能的掌握程度。基层主管很少能给贷款回收人员提供相关的指导，基层主管似乎只是知道贷款回收人员的业绩好坏，但不能深入地了解业绩好坏背后的原因，也不能想办法维持好业绩、改善坏业绩。这些银行认为贷款回收人员的培训是专门的培训师的责任,银行管理者从未把自己定位为员工的"导师"。事实上,贷款回收人员的技能水平是贷款回收业务获得成功的两个决定性变量之一(另一个决定性变量是客户联系的"生产"水平,即银行在单位时间内能成功联系到多少客户)。

  银行需要培训贷款回收人员如何打催款电话,培训中会涉及多种角色扮演,以使贷款回收人员能成功地处理贷款回收中可能碰到的各种棘手问题。如前所述,如果在入门培训结束后使用管理信息系统如示例7.1中的贷款回收金字塔路径,基层主管就能识别出贷款回收员在贷款回收路径的哪一阶段存在问题。客户的偿付额是否太低?如果问题出在金字塔的顶层,也许应帮助贷款回收员改善谈判技巧。承诺偿还欠款的客户是否太少?也许贷款回收员在遭到客户拒绝后就立马放弃了贷款回收努力,或者贷款回收员在社交技巧上存在问题,未能很巧妙地对客户的处境表现出同感,因此激怒了客户。通过同贷款回收员间进行角色扮演,了解贷款回收员在贷款回收全程中所说的每一句话,基层主管就能准确识别出贷款回收员所存在的问题,并能帮助贷款回收员改正这些问题。

其他贷款回收实务

  到目前为止,本书已描述的所有贷款回收活动都需要使用电话。尽管银行也使用邮件给客户寄送账单,通知客户账户的当前状态(包括逾期贷款),但电话仍是银行在同客户沟通问题时的一个基本选择。至少在美国和其他发达国家,电话仍是银行的一个基本沟通工具。在其他一些国家,比较常用的贷款回收手段是,由贷款回收员亲自上门拜访欠款客户,敦促客户还款。有时贷款回收员必须长途奔波上千里,整个贷款回收活动可能必须花费一个星期的时间,并且还不能保证所有逾期贷款都能被收回。这种贷款回收战术可能导致客户根本不搭理银行先前进行的所有贷款回收活动,如催款邮件和催款电话等,除非贷款回收人员亲自上门拜访,客户才愿意偿还欠款。当然,客户可能临时有事,以致贷款回收员在约好的时间上门拜访时,客户正好不在家。在客户压根不想偿还贷款时,"临时有事"的确是一个十分完美的借口。"亲自上门拜访"这种贷款回收战术实施成本太过高昂,除非情况十分特殊(比如稍后会讲到的,在客户拖欠汽车贷款时,贷款回收人员可能必须亲自上门收回抵押的汽车),否则银行应尽量避免使用这种战术。

最近《华尔街日报》报告了一起十分罕见的贷款回收实务。文中描述了一个委内瑞拉债务回收人拜访了一位赖账不还的客户，该债务回收人开着一辆由老爷车改装成的大马力汽车，汽车上配备有大功率的音乐播放器和五颜六色的大灯。卡车停在债务人的家门口或办公室门口，车上跳下一位戴着魔鬼面具的彪形大汉，一位穿着鲜红的迷你裙的妙龄少女，一只四英尺高的丹麦大狗，以及一位着正装的律师，外加一群电视台的新闻人员，所有人都直奔该债务人而来，并叫喊着，"你大难临头了！"该债务回收机动队无疑十分有效，但这种方法只适用于臭名昭著的债务人，这些债务人长期赖账不还，他们回避银行的一切催款活动，对贷款回收人员的上门拜访避而不见。这里并不是推荐这种做法，而是为了说明世界各地的贷款回收实务五花八门，无奇不有。事实上，美国的《公平债务催收实务法》明确禁止对债务人的人身侮辱或其他人身攻击。

特殊的贷款回收战术

下面将探讨一些特殊的贷款回收任务，这些任务不在常规的贷款回收管理活动的范畴内。

失踪客户追查

失踪客户追查是指在联系不上欠款客户的情况下，想方设法查明欠款客户的电话和住址。经验表明，在任何月份被核销的账户中，有高达四分之一或更多的账户来自失踪客户，也就是说，银行在账户核销前的60天内根本联系不到这些客户。显然，失踪客户会给银行带来严重的贷款损失。

预防是最好的解决方案。银行在设计贷款申请表时可以要求申请人多留几个电话号码，可能的话应要求申请人留下其他家庭成员的电话号码。银行还可以通过客服电话验证申请人的电话号码和住址。

十年前，银行在追查失踪客户时一般是要求贷款回收员或失踪客户追查员从其他银行处获得失踪客户的联系方式，有时可以从信用档案公司的报告中获得失踪客户的有效联系方式。显然，用这种方式来追查失踪客户需要耗费大量时间，并且成功的希望十分渺茫。很多银行发现，追查失踪客户是一项十分艰巨的任务,即使失踪客户最终被找到,他们也不太可能偿还银行的贷款。

失踪客户追查可以使用以下方法:
- 在刚刚发觉贷款逾期时,使用自动拨号器确认经过一个星期的努力都未联系到的客户。
- 使用自动追查工具(包括互联网搜索工具)查找失踪客户。这时不必实施昂贵的人工追查。
- 使用非熟练员工搜索失踪客户在银行的文件。经验表明,约有20%的失踪客户能在银行自己的文件中找到,比如通过银行与客户建立的另一层客户关系或者通过纠正数据录入错误来确认客户。
- 在核销失踪客户前,可以通过向外部贷款回收机构支付一定的风险代理费,委托该机构回收失踪客户的欠款(不仅仅是找到失踪客户)。银行应提前安排这项工作,不要等到账户将要被核销时才考虑这么做。

如果银行发现高风险客户中失踪客户所占比例高达30%~50%,这是一个非常危险的信号。这表明银行的贷款申请流程可能需要重新修订。此外,在贷款回收流程较为靠后的阶段所存在的大量失踪客户可能意味着一笔十分惊人的贷款损失,因为这些失踪客户即使最终被找到,也不太可能偿还贷款。如果失踪客户很容易就被银行找到,并且在很短的时间内就偿还了全部欠款,这对银行来讲无疑是一个好消息。在失踪客户追查方面,银行应早作安排,对可能失踪的客户提前采取一些比较容易但十分有效的措施,以尽可能低的成本提高贷款偿付率。

重新安排逾期贷款

贷款回收人员在同客户谈判贷款偿付条件时可以拥有多大的灵活度?例如,贷款回收人员是否可以自作主张降低客户的每月还款额?贷款回收人员是否有权批准客户延迟偿还欠款?在客户有意愿还款但实在力不从心时,贷款回收人员是否有权适当降低客户的贷款偿付总额?在客户暂时面临财务困难时(客户现在没有能力还款,但可以合理预期客户在几个月后的财务状况将得到改善,到时客户将有能力还款),这种情况下即使银行频繁地打催款电话也无济于事,因为客户实在拿不出钱来。频繁打催款电话可能还会适得其反,激怒那些本来有良好还款意愿但暂时没钱还款的客户。银行应针对这些暂时面临财务困难的客户制定特殊的还款政策，重新安排这些客户的贷款条件，目的是继续保留这些优质客户，帮助他们渡过目前的困难时期。

银行高级管理层必须对重新安排逾期贷款制定成文的审批条件和政策。政策中应明确在重新安排逾期贷款时可能有的几种选择，在何种情况下可以考虑重新安排逾期贷款，欠款客户必须满足怎样的条件才有资格重新安排逾期贷款，以及在重新安排逾期贷款时要经历哪几道审批程序。为防止相关人员滥用重新安排逾期贷款政策，银行必须密切监控政策的执行情况。

银行在重新安排逾期贷款时可以有以下几种选择：

修改偿债条款。重新安排债务人的偿债时间，通常是降低每月还款要求，相应地延长还款时间，以使债务偿还时间与债务人的偿还能力间实现更好的匹配。

延长贷款期限。在分期偿还贷款中，一笔或多笔偿付可以延迟到原始贷款合同到期后再偿还。

放宽贷款偿付要求。为降低银行的贷款回收成本，在客户已偿还绝大部分到期贷款时（比如已偿还90%的最低还款额时），就可以认为客户的债务偿还表现已达到银行的要求，不必将客户滚动到下一个贷款回收阶段，如从逾期1～29天的状态滚动到逾期30～59天的状态。对只有少量欠款的客户实施这种战术，银行就不必对这些客户发起大规模的催款攻势，从而有助于银行节省贷款回收成本。

减免部分债务。银行应给贷款回收人员提供一定的授权，比如在得到管理层批准的条件下，贷款回收人员可以减免客户的部分债务。当然，银行应规定可以减免的最大债务比例，以及使用债务减免政策的时点，比如在债务逾期超过150天后才可以使用减免政策。

账户追踪

对逾期贷款已得到重新安排的账户应单独追踪，因为与正常账户相比，这些账户的风险明显更大。如果不仔细追踪和控制这些账户，这些账户的贷款偿还业绩可能会进一步恶化。逾期贷款已得到重新安排的账户在3～4个月后再次面临高达50%的逾期率，这种情况并不少见。银行出于减少贷款回收活动以节省成本的考虑，可能会进一步放宽重新安排逾期贷款的资格条件，从而会导致逾期贷款得到重新安排的账户数目的增大。另一方面，银行可能会逐步放宽贷款回收要求，包括为满足短期业绩目标而对本应核销的账户不予核销。推迟账户核销期只能在短期内美化银行的业绩指标，这一理由并不能作为重新安排逾期贷款的依据。

与贷款回收相关的另一项战术安排是，某些账户虽已逾期好几个月，但最近2~3个月（最好是3个月）每月的最低还款额都有保证，由于账户的还款表现已有显著改善，很多银行不再将这类账户作为贷款回收对象，而是归入正常账户之列。一些银行的贷款回收系统会自动更改这些账户的状态。也就是说，贷款回收系统能识别账户最近连续发生的2~3笔偿付，并根据这些偿付信息修改账户状态。由于这些账户已恢复为正常偿付状态，因此没必要继续将其视为贷款回收对象，由此还能节省宝贵的贷款回收资源；尽管严格意义上讲，这些账户仍处于拖欠状态，但拖欠的贷款数目已逐步减少并有望很快还清。

滚动率法的一个误区

上一章探讨了如何使用滚动率（即一个月后滚动到下一个贷款回收状态的贷款余额比例或贷款账户比例，如从逾期1~29天的状态滚动到逾期30~59天的状态）法来预测未来的贷款回收业绩和核销率。尽管滚动率作为一项战略指标十分有用，但如果将滚动率用作战术指标则会危害到银行的贷款回收业务。例如，如果银行的战术目标是要求贷款回收单位或单个贷款回收员尽力降低逾期贷款的滚动率，对贷款回收员来讲，实现这一战术目标的最为简单的解决方案是仅要求客户偿付每月最低还款额，而不是要求客户偿付尽可能多的逾期贷款。此外，为实现该战术目标，贷款回收员可能会放宽贷款偿付要求，比如在客户只偿还90%的最低还款额时，即认为客户的贷款偿付表现已达到要求，不必将客户滚动到下一个贷款回收状态。仅要求客户偿付每月最低还款额或放宽贷款偿付要求只能将客户的贷款偿付状态维持原状，这种战术丝毫无助于改善贷款回收业绩或降低银行的贷款回收负担，事实上还会进一步加剧未来的贷款回收风险。根据WYMIWYG法则（What You Measure Is What You Get，你评估什么，你就得到什么），这种战术可能会导致贷款回收员对客户讲："不要给我100美元，你只需偿付每月最低还款额50美元，剩下的50美元留作下月的还款额。"

个人破产

中国目前并不存在个人破产机制，这里以美国为例作讲解。破产已成为消费信贷业务领域不可回避的一个事件。在某些信用卡业务中，全部核销额中已有40%~50%源于客户破产，而在20世纪80年代初，这一比例仅占到15%~20%。在大额无担保贷款中这一比例还要更高，大额无担保贷款因客户破产所导致的贷款核销占全部核销额的比例有时可以达到60%以上。一旦贷款被核销，银行就别指望能从破产客户手中收回债务，因为一般来讲，75%的个人破产都适用《1978年破产改革法》的第7章，该章的规定事实上勾销了已破产个人的所有债务。剩余的破产个人适用该法案的第13章，根据第13章的规定，破产个人需制定一份债务清偿计划，至少偿还一部分债务。尽管第13章的规定更有利于债权人，但债权人最终所获得的债务偿付额仍显著低于原始债务额[1]。

美国破产法

下面简单看一下美国破产法中与个人破产相关的主要内容。《1978年破产改革法》规定了债权人和债务人在面临破产事件时可以进行的选择，该法案中的第7章、第11章和第13章主要适用于个人破产。

法案第7章。法案第7章适用于除汽车和沉重按揭的住房之外鲜有或根本就没有其他资产的个人。这类个人在破产程序下可以免除几乎所有债务，除了少数永远不能勾销的债务之外，如过去三年内的大部分应缴税款、子女抚养费、离婚后支付给配偶的赡养费以及大多数学生贷款。根据第7章的规定，债务人必须将其大部分财产卖掉以清偿债权人，但债务人仍可保留一些基本的资产，如特定数额的住房权益、汽车、个人退休账户（IRA）中的大部分资金以及养老金储蓄。美国的一些州对破产个人可以保留的豁免财产有非常严格的规定，比如破产个人所保留的财产不得超过一定额度，其他一些

---

[1] 美国国会已通过了新的破产法议案，新议案增大了适用破产法第13章的具有可确认资产的破产个人所占的比例，新议案的这一变化将能缓解个人消费者滥用破产法的倾向。

州（最具代表性的是得克萨斯州和佛罗里达州）则允许破产个人保留十分昂贵的住宅，有时甚至允许破产个人保留一定面积的土地（不超过160英亩）。除豁免财产外，破产个人的其他财产都必须予以出售以偿还债权人。一般情况下，客户一旦进入法案第7章的破产程序，债权人就很难收回债务。

法案第13章。法案第13章要求已破产但仍有稳定收入来源的个人制定一份债务清偿计划。在法案第13章的破产程序下，债权人一般能在某段时间内收回一定比例的债务，比如在3～5年的时间内收回10%～20%的债务。债务清偿计划的制定需要有律师的参与，并会指定一名受托人管理该计划。个人债务人的无担保债务如果超过10万美元，同时担保债务超过35万美元，债务人就不能提出法案第13章的破产申请，这种情况下应适用法案第11章的破产程序。

法案第11章。法案第11章以前只适用于公司破产，从1991年开始也可用于个人破产。与法案第13章类似，法案第11章要求债务人和债权人间达成一项债务清偿计划。与法案第13章不同的是，由于法案第11章的破产程序涉及更大数额的资产，因此为执行该破产程序需要花费更多的成本，执行过程也更为复杂。

不同地区的个人破产率

在美国，申请破产不再被认为是一件值得羞耻的事，破产似乎已得到社会的普遍接受，特别是在美国的一些地方，律师甚至将自己处理个人破产的经验作为一大亮点广而告之。由普林斯顿大学信用调查中心于几年前进行的一项调查表明，一旦资不抵债，约有25%的个人债务人愿意申请破产。尽管破产在今天已得到大家的普遍认可，但美国不同州的个人破产率仍有很大差异。示例7.3展示了美国10个州的个人破产率，囊括了破产率最高和最低的州，其余40个州的个人破产率均位于该最高值和最低值之间。绝大多数个人破产（所占比例高达71%）适用于破产法第7章。不同的州适用破产法第7章的个人破产申请所占的比例也有很大差异。

由SMR调查公司于1999年进行的一项研究给出了各州在个人破产率上出现显著差异的原因。研究指出，尽管某州的失业率与该州的债务负担比率间并没有什么相关性，但与个人破产率较低的州相比，个人破产率较高的州具有以下特征：

- 较高的离婚率。
- 较高的赌博率。
- 较低的医疗保险覆盖率。
- 对司机责任保险的要求较低。
- 律师普遍将处理个人破产的经验作为一大亮点进行宣传。

示例7.3　不同州的个人破产率

个人破产率较高的州	2001年的个人破产率	适用破产法第13章的个人破产申请所占比例
田纳西州	2.85%	53%
犹他州	2.78%	35%
内华达州	2.63%	25%
佐治亚州	2.43%	59%
阿拉巴马州	2.32%	55%

个人破产率较低的州	2001年的个人破产率	适用破产法第13章的个人破产申请所占比例
纽约州	0.98%	18%
明尼苏达州	0.93%	17%
康涅狄格州	0.92%	13%
马萨诸塞州	0.74%	13%
佛蒙特州	0.71%	9%
全美平均水平	1.43%	29%

SMR调查公司的这些发现无疑具有十分重大的意义，并且毫无疑问，上述特征的确能在很大程度上解释不同州在个人破产率上所存在的显著差异。除了以上原因之外，不同州在个人破产率上的差异还可能源于各州的法院在处理个人破产申请方面的不同程序（比如，一些法院对个人破产申请有很严格的审批，另一些法院对个人破产申请的审批程序要宽松得多），以及各州对个人破产的认同度，尽管对这两点原因尚缺乏明确的证据支持。个人破产率的高低与各州的风气有关，可以想见，如果某位潜在的破产客户发现邻居在进入破产程序后，照样拥有他们的房子、车子以及一切肉眼可见的世俗的商品，甚至连作风派头也与过去毫无二致，这对该潜在的破产客户会产生什么样的影响？毫无疑问，潜在的破产客户对申请破产的看法会发生根本改变，

该客户内心原有的那么一点对破产所感到的羞耻心将会荡然无存,唯一的结果将是:破产客户又多了一个。

考虑到不同州在个人破产率和贷款回收业绩上所存在的巨大差异,银行在开展新的消费信贷业务前应先明确业务所在州的历史信用状态。

处理客户破产

不同的银行对破产客户的态度可能有很大差异。少数银行视破产客户为洪水猛兽,只要潜在客户有过破产经历,银行就绝不会给这些客户提供任何信用;其他银行对有过破产经历的客户只提供安全的有担保房屋净值产品;一些银行在个人破产率特别高的州只提供有限的消费信用,严把客户关。尽管几乎所有银行都对个人破产持有某种戒备心理,但大多数银行已能很自然地将个人破产视为一种经营成本,并希望由个人破产所导致的损失大体上能由业务经营所获得的利润吸收,毕竟这些损失最终都要核销掉。对银行而言比较棘手的是,客户一旦破产,要想从客户手中收回债务就十分困难,这对银行的利润的确有很大的负面影响。

银行可以采取多种方式来处理潜在破产客户。这里假设客户在回应银行的催款电话或催款邮件时,曾提到过自己可能会申请破产。尽管在最后真正破产的客户中,高达40%~50%的客户不会有任何征兆,也就是说,这些客户的贷款偿付状态一直十分正常,这些客户甚至没有任何逾期贷款,这些客户的突然破产无疑会给银行一个措手不及。如果银行已了解到客户有申请破产的打算,银行可以采取以下对策:

- 将客户委托给外部贷款回收机构。专业的贷款回收机构拥有训练有素的贷款回收员,这些贷款回收员在处理客户破产方面拥有丰富的经验。他们了解与破产法相关的最新规定,熟悉各州的破产申请程序,并能提出权威的建议和应对措施。

- 向客户解释破产的负面影响。破产申请可能并没有客户想象的那样轻松,比如法院会有严格的审查程序;即使破产申请最终得到批准,也会给客户带来一系列负面影响,比如客户在随后的至少7年或更长的时间内可能都无法获得银行的无担保贷款,甚至现有的信用额度也会被取消。客户可能尚未意识到这些负面影响,贷款回收员应向客户解释破产所可能导致的不利结果,这么做或许能打消客户申请破产的念头。

- 同客户讨论其他备选方案。贷款回收员应同客户讨论破产的替代方案，比如债务的再确认（Reaffirmation）。再确认意味着客户会继续偿还债务。通常情况下，如果客户履行了一定的承诺，银行也需给客户提供一定的好处，比如延长提供给客户的信用期。再确认协议只有在被破产法庭备案并得到破产法庭批准的条件下才能成立。如果法庭并不认可再确认协议并且债务人停止清偿债务，银行就不能再向债务人追索债务，否则银行就触犯了破产法并且可能招致破产法庭的制裁。这种错误对银行来讲代价太过高昂，不值得冒险。

- 尽力将可能适用破产法第 7 章的破产申请转化为适用破产法第 11 章或第 13 章的破产申请。在破产法第 11 章或第 13 章的破产程序下，银行更有可能收回一些债务，因此如果银行有足够的理由证明客户的确拥有资产和稳定的工作，银行就应努力争取按破产法第 11 章或第 13 章处理破产程序。前文在脚注中曾提到过，美国立法机构通过了新的议案，新议案可能要求更多的个人破产适用破产法第 13 章。

在美国，银行还有另一种选择，那就是同非营利性消费信贷咨询机构商讨。美国的大部分主要城市都存在这类机构，它们提供免费的或收费极低的破产咨询服务。这类机构还可以对暂时面临财务困难的消费者提供帮助，通过帮助这类消费者进行债务合并，同时约束这类消费者的个人消费和支付习惯，从而帮助这些消费者制定出合理的解决方案。

法律行动

如果在审查破产者最近的信用历史时发现了一些可疑行为，比如破产者的消费额急剧上升，或者发现债务人在有能力偿付债务时仍选择破产，比如债务人居住在富人区，在这种情况下，银行就应派代表参加债权人会议（称作"341 hearing"）。债权人会议使银行有机会审查债务人的全部信用记录并提出各种疑问。通过债权人会议，银行可以亲自验证客户的欺诈行为或不合理行为。债权人会议最大的好处在于，债权人的法律专家可以比较客户原始贷款申请表上所列示的资产与客户的破产文件上所实际确认的资产。债权人可以就严重被低估的资产提出质疑，并据以要求债务人进一步清偿债务。

只要申请破产相对容易，滥用破产的趋势就会一直持续下去。亲自体验一下破产法庭的程序一定会让你大开眼界。法官随便询问几个毫无意义的问题，破产申请人或破产申请人的律师宣过誓之后给出了几条陈述，随后破产申请人的债务就被一笔勾销。大多数破产法庭能在不到一个小时的时间内处理 20~30 个破产申请人。破产申请人提交的信息从未被质疑过。很少有债权人的代表出庭，询问哪怕最简单的问题。破产法庭的程序简单至此。这一局面直到债权人联合起来共同抵制破产滥用行为后才有所改观。

除了防范破产申请人的欺诈行为外，银行还应留意破产制造工厂，即那些大肆宣传其破产处理经验并低价出售破产法律服务的律师事务所。这些收费低廉的律师事务所当然不可能花费大量精力调查破产申请人信息的真实性，如果债权人对某些信息提出质疑，这些律师事务所马上会来一个一百八十度的大转弯，并利用法律工具使情势更有利于自身。

外部贷款回收机构

在贷款已核销后和/或银行自己的贷款回收努力已无法再收回任何欠款时，银行还可以诉诸其他一些手段。"呆坏账收复"（Recovery）是指在银行已承认贷款损失并进行了贷款核销后所实施的贷款回收活动。在呆坏账收复阶段，银行一般会将这些呆坏账委托给外部贷款回收机构处理，并向这些机构支付一笔风险代理费。银行也会使用贷款回收律师，特别是在账户余额较大且客户有资产作抵押的情况下。

贷款回收机构从银行处大量收购呆坏账。目前，美国约有 10 家大型贷款回收机构，每家机构都有一千多名贷款回收员；除此之外，美国市场中还存在 30~50 家中型贷款回收机构。在挑选贷款回收机构时，银行应重点关注以下特征：

- 贷款回收机构的声誉。可以与其他银行交流这一信息。
- 贷款回收机构的财务实力。
- 贷款回收机构的规模。比如，贷款回收机构是否有能力处理银行的业务？银行是贷款回收机构的重要客户吗？
- 贷款回收机构是否拥有高端自动化设备。
- 贷款回收机构过去的业务活动是否曾遭遇过监管约束。
- 贷款回收机构的价值观。注意，银行可能会因贷款回收机构的不当行为而受到连带指控。

- 贷款回收机构的其他客户。避免与大型银行相互竞争贷款回收机构的最优资源。最为理想的情况是，本行是贷款回收机构最重要的客户。

银行应选用多少贷款回收机构？这个问题需要银行仔细权衡。仅使用一家贷款回收机构往往不是最佳答案，因为缺乏竞争可能会导致贷款回收机构疏慢银行的业务。多于三家贷款回收机构可能太过奢侈，除非银行的业务规模十分庞大。贷款回收机构过多会增大管理上的难度，并导致每家机构只能分到很少的银行业务，结果对每家机构而言，银行都不是重要客户，这会给银行所能获得的服务质量带来严重的负面影响，还会极大地损害银行账户的贷款回收业绩。银行应要求贷款回收机构给银行账户分配专门的贷款回收人员和主管。如果银行分配给贷款回收机构的待回收账户太少，贷款回收机构很可能不愿意理会银行的这一要求，因为对贷款回收机构来讲，银行是一个微不足道的客户，不值得重视。

在度量贷款回收机构的业绩时，最为重要的指标是贷款回收机构从给定数目的账户（批账户）中所收回的贷款额度，这称为"批账户追踪"。示例7.4展示了批账户的月度收复率和累积收复率。

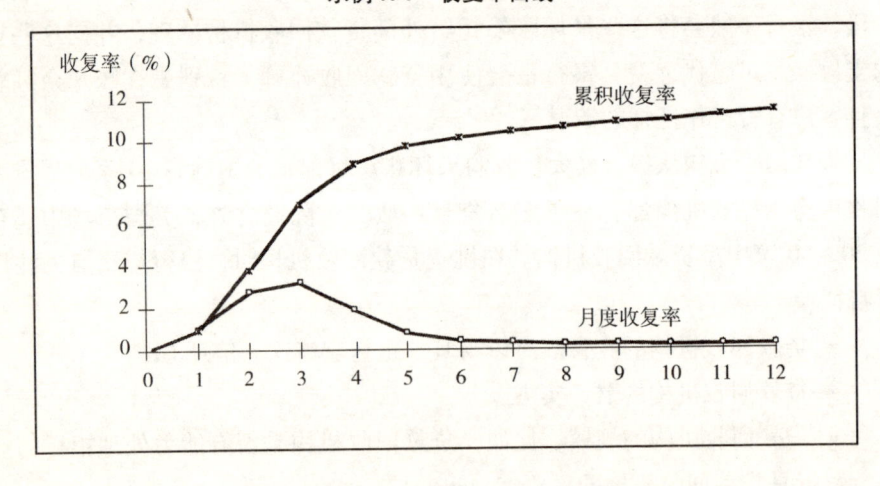

示例7.4 收复率曲线

示例7.4表明，前三个月或前四个月的呆坏账收复最为成功。这一结果很具代表性。在示例7.4中，经过12个月的努力，全部呆坏账核销额中约有12%得到成功收回。收复率随具体产品以及呆坏账账龄的变化而变化，账龄较小的呆坏账可能更容易收回。有时，收复率会不同寻常地高，这意味着银行在账户核销前的贷款回收业务有待加强,即银行有很大的潜力改善银行自身的贷款回收业绩,特别是如果大部分成功的呆坏账收复都发生在将呆坏账委托给外部贷款回收机构后不久时。

有必要鼓励贷款回收机构间的竞争,这对提高银行账户的收复率十分重要。每月比较不同贷款回收机构对类似批账户的收复结果,并对收复率更高的贷款回收机构提供奖励,比如给该机构分配更多的银行业务。这里需要注意的是,为确保这种业绩比较的公平性,分配给各个贷款回收机构的账户应从类似的消费信贷组合中随机选择。示例7.5展示了这种业绩比较的一个样本。

示例7.5 不同贷款回收机构间的业绩比较

	_____月度收复率与累积收复率_____					
	10月	11月	12月	1月	2月	累积
机构1的收复率	1.2%	2.3%	2.2%	1.6%		7.3%
机构2的收复率	0.9%	2.0%	1.9%	1.8%		6.6%
银行内部贷款回收单位的收复率	1.5%	2.4%	1.5%	1.0%		6.4%

一般地,批账户追踪结果会在各个贷款回收机构间共享,这有助于促成各个机构间的竞争。从示例7.5中可以看出,经过4个月的努力,机构1的业绩最优。如果机构1继续保持这种势头,该机构将能获得更多的银行业务。

自20世纪90年代以来,在账户核销前即将账户的贷款回收工作外包给专门的贷款回收机构的做法已越来越流行。事实上,美国大部分大型银行都在一定程度上使用"核销前外包"这种做法。核销前外包一般采用收费服务的形式,这与呆坏账收复不同,呆坏账收复是直接支付风险代理费。外包机构一般使用银行的贷款回收系统履行贷款回收工作,这使得外包机构就像银行的分支机构一样,并且是负责实施客户控制的分支机构。将贷款回收工作外包可以给银行带来以下好处:

- 使用外部标杆度量银行内部的业绩和成本。
- 在业务高峰时将工作外包出去,有助于缓解银行内部工作人员的压力,从而使银行能维持稳定的员工配置水平。
- 将高风险账户提前外包给贷款回收机构,有助于提高银行的贷款回收业绩。

● 有助于银行精简内部员工配置。

● 在因自然灾难或停电事故导致银行内部的贷款回收单位无法正常工作时，外部的贷款回收机构可以作为银行的后备资源。

这种使用外部贷款回收机构的方式能提高贷款回收业务的竞争程度。在美国，由外部第三方机构实施的贷款回收活动需遵循《公平债务催收实务法》（FDCPA），这是一个联邦法案。严格上讲，由银行内部的贷款回收单位实施的贷款回收活动无需遵循《公平债务催收实务法》，但实务中所有大型银行基本上都会全面遵循该法案，只有一个条款例外。该条款通常称作"小米兰达条款"。小米兰达条款规定，贷款回收机构必须书面通知所有债务人，告知债务人该机构准备着手实施贷款回收活动，并且债务人有权对债务的偿付提出争议，在债务人提出争议时，贷款回收活动将中止，直至该争议得到解决，再重新启动贷款回收活动。

小　结

这里对本章的内容作一个简单总结。成功的贷款回收战术涉及以下要点：

● 建立简单的管理信息系统。一份 1~2 页纸的简短报告能帮助银行迅速识别出贷款回收过程中的"生产"问题和"转换"问题，并有针对性地采取一些必要措施以帮助贷款回收人员提高客户联系效率和贷款回收技能。

● 提高客户联系效率。通过管理信息系统提供有关客户联系效率的管理信息，使用预测拨号器以充分利用贷款回收人员的有效工作时间。这两项战术操作能在很短的时间内显著改善银行的客户联系效率。

● 基层主管应有能力识别贷款回收人员在催款技巧上所存在的问题，并有针对性地帮助贷款回收人员提高催款技能，同时还要注意努力维持贷款回收人员的技能水平。贷款回收人员在给客户打催款电话时，事实上也是在向客户展示银行的良好形象。有必要提高贷款回收人员的电话催款技巧，以使银行在众多竞争对手中脱颖而出，获得较好的偿债优先级。这种电话催款技巧实际上就是一种关系营销技巧。

● 贷款回收战术主要关注两个方面，即"生产"和"转换"。"生产"是指每个贷款回收人员每天能联系多少客户；"转换"是指贷款回收人员能成功地将多少"合适的客户联系"转化成大额的贷款偿付。毫无疑问，贷款回收战术涉及很多因素，但只要银行紧紧抓住"生产"和"转换"这两个维度，其他问题就可以迎刃而解。

• 牢记 WYMIWYG 法则即 "What You Measure Is What You Get"（你评估什么，你就得到什么）。贷款回收活动中可以度量的指标有很多，如果这种度量太过琐碎，银行可能会在一堆数据和报告中迷失方向；如果度量不到位或度量的指标不合适，度量所导致的结果可能与初衷相差很远甚至适得其反。事实上，银行可以采用"剥洋葱"战术，这种战术实施起来十分简单，同时又能有效地指导银行开展贷款回收活动。正文中的示例7.1"贷款回收金字塔路径"简单地展示了这种战术的实施流程。

• 最后，成功的贷款回收战术要求银行具备强有力的领导和管理体系。贷款回收是一项人工密集型的业务活动。贷款回收业绩在很大程度上取决于银行的管理流程和领导能力。银行的管理流程应能推动每个贷款回收员在单位时间内联系到更多的客户；银行还应具备强有力的领导体系，尤其是基层领导，以持续开发和提升贷款回收员的相关技能。对贷款回收业务来讲，领导和管理体系的完善与否是决定贷款回收成败的关键。银行有没有给贷款回收人员提供通过实践掌握相关技能的机会？银行的管理系统是否足够关注细节，从而能及时发现并纠正贷款回收人员的技能缺陷？银行的领导人员尤其是基层领导是否有足够的耐心，能实地观察和考察贷款回收人员的实务操作，以提出具有针对性的建议？上述问题的答案就在银行的领导和管理体系的设计理念与激励机制之中。

在聘用贷款回收经理时，如果银行必须作出取舍，也应选取强有力的领导和管理技能，宁可舍弃全面的贷款回收经验。

到此为止，本书已完成了对整个信用循环的讨论。接下来的几章将探讨有担保的消费信贷产品，主要是汽车贷款和住房抵押贷款。

第8章

间接消费信贷

间接消费信贷在很多方面都不同于直接消费信贷。直接消费信贷是直接向客户发放贷款,比如客户填写了贷款申请表,银行在审查了贷款申请表中的各项信息后决定批准客户的贷款申请;或者银行通过发行信用卡的方式给客户提供贷款;或者银行通过对现有客户的交叉销售向客户提供贷款;等等。与此相反,间接消费信贷是通过第三方向客户提供贷款,常见的第三方有汽车经销商、抵押贷款经纪商、商场或其他零售商等,这些第三方代表商品的买方即最终的贷款客户向银行申请贷款。贷款申请由经销商或经纪商提交给最终的贷款人,如银行、金融公司(如通用汽车金融服务公司、福特汽车金融服务公司)。零售商可能会使用自己的金融公司如西尔斯(Sears)金融公司或其他金融公司如通用电气金融服务公司(GE Capital)。

间接消费信贷业务领域可以发掘的机会有很多,如果银行能摸清间接消费信贷业务的规律,该项业务将能给银行带来不菲的利润。每年仅在美国就有超过1 700万辆新轿车被出售,全世界每年销售的新轿车数目不低于3 500万辆,这些新车购买中约有70%~80%需要使用间接贷款融资。此外,每年还有数不清的游艇、卡车、休闲车、移动房屋、家用电器以及其他零售商品的购买需要使用间接贷款融资。间接消费信贷的出现使得商家能够销售更多的商品。间接消费信贷也为银行开辟了一条新的贷款产品销售渠道,实践证明,该渠道能给银行带来丰厚的回报。间接消费信贷业务能实现跳跃式的增长,因为在经纪商或经销商与银行建立了间接消费信贷业务关系之后,该经纪商或经销商就会源源不断地给银行带来新的间接贷款客户。这与直接消费信贷业务有所不同,直接消费信贷业务具有稳定性和可预见性,而间接消费信贷业务是阶段性的突然增长,具有明显的跳跃性。间接消费信贷业务的这种跳跃式特征要求银行仔细拟定管理计划，比如根据业务量配备合适的员工以及建立必要的基础设施等。

与一般的消费信贷业务相比，间接消费信贷业务对银行员工的技能要求有所不同。例如，在与经销商达成了合作关系后，除了一般的消费信贷业务技能外，银行相关人员还必须掌握诸如财务报表分析、商业信贷业务技能以及业务计划的制定与执行等方面的能力。此外，在消费信贷市场的顶端，主经销商是私人银行业务的主要目标客户。

由于间接消费信贷在诸多方面都不同于直接消费信贷，因此间接消费信贷和直接消费信贷应由不同的业务部门负责。本章旨在探讨间接消费信贷的具体特征，重点关注与经销商以及零售商/商场相关的间接消费信贷业务。

涉及经销商的间接消费信贷

涉及经销商的间接消费信贷业务的实施和管理与一般的消费信贷业务类似，除了前者需要考虑到更多因素之外。涉及经销商的间接消费信贷业务的规划流程包括以下步骤，即选择间接消费信贷产品如新汽车贷款、二手汽车贷款、移动房屋贷款、游艇贷款等，明确间接消费信贷的条款和条件如定价、信用标准、贷款额度价值比、贷款期限等，选择准备着手开展间接消费信贷业务的地理区域，以及明确银行准备与哪些经销商建立合作关系。下面逐一探讨这些步骤。

产品决策

不同的间接消费信贷产品在风险/回报特征上也具有很大的差异，如下所示：

新汽车贷款。在美国，销售新汽车贷款的银行必须提供极具竞争力的定价条款，汽车制造商有时会提供极低的融资利率（比如12月份出售的丰田汽车提供2%的融资利率），偶尔为了促销甚至会提供免费融资。与其他市场一样，在新汽车贷款市场中，出色的服务和快速评估风险的能力是赢得成功的关键。新汽车贷款的风险水平随汽车类型以及制造商的不同而有很大差异。在汽车类型方面，有运动型多功能汽车（SUV）与高性能汽车或"肌肉"汽车的区分；在汽车制造商方面，德国的奔驰公司与韩国的现代公司的风险水平也有明显差异。

二手汽车贷款。每年全美销售的二手汽车总量超过3 600万辆。二手汽车贷款的风险高于新汽车贷款，相应地，二手汽车贷款的定价也比新汽车贷款高。银行应考虑何时以及如何限制二手汽车融资，比如在车龄超过6年后就不再提供二手汽车贷款，因为给这种车龄的二手汽车提供贷款面临极大的风险。在给二手汽车提供贷款时，银行应全面了解该二手汽车的维修记录和性能，并评估在贷款合同期内该汽车需要大修的可能性。如果二手汽车的质量很差，借款人违约的可能性会更高。

移动房屋贷款。移动房屋贷款是一个十分专业化的间接消费信贷业务领域。移动房屋贷款对银行不太有吸引力，因为移动房屋经销商的财务实力一般较差，并且移动房屋的购买者群体也很小。绿树阿克赛普顿斯公司（Greentree Acceptance）一度是美国移动房屋市场的绝对主导者，直至该公司发生严重的财务危机[1]。

休闲汽车贷款。休闲汽车是奢侈品，休闲汽车贷款一般比较安全。正是因为这类产品比较安全，所以它成了银行竞相争夺的业务对象。休闲汽车贷款市场的竞争十分激烈，休闲汽车贷款也是一种十分专业化的间接消费信贷产品。

游艇贷款。高端游艇贷款市场与私人银行业务十分接近，特别是价值100万美元以上的游艇贷款。低端游艇贷款类似于汽车贷款，低端游艇贷款市场的竞争也十分激烈。

产品决策是间接消费信贷中的基本决策，即银行需决定提供哪些间接消费信贷产品，哪些产品能给银行带来盈利，以及为提高间接消费信贷业务成功的可能性，银行需采取哪些措施。除了上面提到的间接消费信贷产品之外，市场中还存在一些更为专业化的产品，如出租车贷款和重型卡车贷款等，这类贷款需要银行掌握相关行业的具体信息，本章不准备涉及这些内容。

产品决策取决于银行在间接消费信贷业务领域的历史经营模式以及银行业务经营所在的地理区域，以美国为例，在永远不会下雪的佛罗里达州当然

---

[1] 美国联邦调查局（FBI）原局长J·埃德加·胡佛（J. Edgar Hoover）曾这样描述移动房屋公园："罪恶与堕落之地，妓女四处游荡，罪大恶极的罪犯在这里藏身，白人奴隶的聚居地，大学生在这里从事肮脏的杂交勾当。"相信没有人胆敢将胡佛的原话转述给佛罗里达州移动房屋退休社区的居民。

不会有雪上汽车的融资需求，同样，在曼哈顿也很少有人会买休闲车。在未作仔细规划和长期探索的情况下，很少有银行能成功地开展间接消费信贷业务。银行应牢记一点，那就是只能提供自己真正了解的间接消费信贷产品，自己一知半解或毫无概念的产品只管留给竞争对手。

本部分主要关注间接汽车贷款。与间接汽车贷款的规划、运营和监控相关的基本原则也适用于游艇贷款和移动房屋贷款。银行在所有间接消费信贷业务中都要遵循一条基本理念，即应不遗余力地了解所要提供的间接消费信贷产品、汽车（或游艇、移动房屋）的制造商以及汽车的经销商。

在间接汽车贷款业务中，还有一个重要决策也需尽早制定，即银行希望成为经销商的首选融资来源还是次要融资来源。

首选融资来源与次要融资来源

汽车经销商往往需要大量资金。除了需要帮助汽车购买者或租赁者安排汽车贷款之外，汽车经销商自身也需要存货融资（汽车经销商需要从汽车制造商处购买用于出售的汽车）、营运资本融资以及门面抵押贷款，有时甚至需要为经销商自己所拥有的汽车租赁公司提供融资。作为经销商的首选融资来源，银行必须为经销商提供上述融资服务，有时可能还需为经销商个人或经销商的家人提供私人银行业务。作为回报，银行可以优先筛选质量最好的新汽车贷款申请人和二手汽车贷款申请人。

如果银行刚刚进入汽车贷款市场，想一下子成为经销商的首选融资来源会比较困难，除非银行愿意与遭到其他银行"抛弃"的经销商建立合作关系，这类经销商的业务运营乏善可陈，甚至可能存在欺诈嫌疑。今天，大型汽车制造商都提供十分完善的汽车金融服务。那些销售美国汽车、欧洲汽车以及日本汽车的经销商一般都能从汽车制造商下属的金融公司处（如通用汽车金融服务公司、福特汽车金融服务公司等）获得批发存货融资、零售融资以及汽车租赁融资。

汽车制造商下属的金融公司并不一定是最佳零售融资来源，也就是说，这类金融公司并不一定能提供最优惠的价格（即最低的融资利率）和最好的服务，然而，作为70%的存货或更大比例的存货融资提供方，这类金融公司仍具有自身的优势。即使经销商的存货融资由汽车制造商提供，这并不能保证经销商仍会选择汽车制造商作为零售融资的主要来源。经销商是独立的特许经营人，有权决定最终的融资选择。经销商的全部汽车销售业务中信用销售所占比例一般高达 70%～80%，因此可靠的融资来源对经销商业务运营的成功至关重要。出于这方面的考虑，经销商一般不会更换当前的首选融资来源，除非该融资来源出现了重大问题或者新的融资来源具有明显的优势。为使经销商愿意接受本行作为其新的首选融资来源，银行必须给出强有力的证据，证明更换首选融资来源符合经销商的利益。银行应时刻关注经销商所面临的资金压力和融资条件，不失时机地抓住与经销商建立合作关系的一切机会，比如在信贷紧缩时期，在其他银行纷纷削减对经销商的资金支持时，银行可以抓住这个机会，通过给经销商提供宝贵的融资支持，取得经销商的信任并建立起稳固的合作关系；再如，在经销商当前的首选融资来源无法继续维持具有竞争力的贷款价格或服务时，银行可以趁这个机会联系经销商，提供比首选融资来源更为优惠的贷款价格和条件，从而获得经销商的间接贷款业务。

次要融资来源一般不需要给经销商本人提供融资服务如存货融资、营运资本贷款等，次要融资来源是通过经销商给购买汽车的消费者提供贷款，即提供零售融资。作为次要融资来源，这意味着银行只能得到风险更大的间接消费信贷业务，即首选融资来源所不愿意接受的业务。现实中，经销商会将汽车购买者的贷款申请表同时发送给好几家银行，所提供的贷款条件最为优厚并且对贷款申请的反馈最为迅速的银行将获得该笔贷款业务。经销商一般会选择 3～4 家银行作为次要融资来源，目的是在这些次要融资来源间形成竞争，比如服务的竞争（贷款审批时间较短的银行将具有竞争优势）、审批率的竞争、贷款价格的竞争以及佣金的竞争（支付给经销商的佣金）。对银行来讲，可能要花费几年的努力才能从汽车经销商或移动房屋经销商处获得间接贷款业务，为从那些经营稳定、财务稳健、声誉良好的经销商处获得间接贷款业务所需的时间会更长。只有愿意不懈努力并善于把握机会的银行才能取得成功。

如果银行希望成为经销商的首选融资来源或次要融资来源，银行必须花功夫全面了解该经销商以及该经销商所销售的产品，这项工作从选择目标市场开始。

选择目标市场

如果目标市场是经销商，应选择那些通过信誉良好的经销商网络分销的比较知名的产品，产品和经销商的可靠性会极大地影响银行所面临的信用风险。在挑选产品的制造商时，银行应重点关注以下指标：

- 制造商业务经营的稳定性。
- 产品的市场认可度。
- 制造商的售后服务和质保政策。

制造商业务经营的稳定性和制造商在市场中的声誉是两个十分重要的指标，因为质量低劣的产品只能吸引到信用质量低下的客户，此外，财务实力不够强大的制造商很难为其产品或客户提供强有力的支持服务。如果客户感觉自己花钱购买了一件劣质产品，并且无法就产品质量向经销商或制造商提出索赔要求，客户往往会选择贷款违约。最近几年，南斯拉夫的尤果汽车（Yugo）和韩国的现代汽车在美国的表现都不够理想。其他品牌比如德国的奥迪，因暂时面临质量问题，其声誉和销售业绩也受到了一定影响。

经销商应有坚实的特许经营权和可靠的信誉，这是银行在挑选经销商时必须把握的一条原则。即使银行并不准备给经销商提供存货融资，银行也有必要了解经销商的业务特征和财务实力。银行必须明确地回答以下问题：该经销商是银行愿意与之建立长期合作关系的业务伙伴吗？

由于行业整合的加速，美国市场中的汽车经销商数目日益减少。类似全美汽车租赁公司（AutoNation）这样的大型、拥有多重特许经营权的经销商的发展势头逐渐减缓（在 20 世纪 90 年代末，全美 22 000 多家汽车经销商中约有 35% 的经销商加入了某个连锁汽车销售商组织）。对银行来讲，向这些大型连锁汽车销售商组织提供间接消费信贷业务更具挑战性，因为这些汽车销售商组织有实力谈判，他们往往会要求极为优厚的贷款条件。因此银行在选择目标市场时必须作出判断，明确是仅与传统的汽车经销商建立合作关系（这类汽车经销商的业务规模往往较小，有些甚至是家庭作坊式），还是与大型连锁汽车销售商组织展开合作。这两种合作模式对银行的要求截然不同。为与全美汽车租赁公司合作，银行必须具备十分专业化的业务操作模式和高度有组织的操作流程。

如果银行同时给经销商提供存货融资、资本贷款以及其他融资便利，银行给经销商提供的资金可能会达到经销商自有资金的 5~10 倍。在经销商面临财务困难时，这种局面对银行显然十分不利；如果经销商破产，银行遭受的损失将比经销商更大。银行与经销商间的合作关系必须建立在有效的法律文件的基础上，文件中应明确界定双方的权利义务，并确保双方已就这些权利义务达成一致意见。经销商的责任可能包括提供财务数据、个人担保、存货保险等内容。需要注意的是，汽车经销商的存货极具流动性（与房屋不同），因此一定要警惕与存货相关的欺诈行为。

目标市场选择：次级贷款

选择制造商、产品和经销商的过程实际上就是选择客户的过程。显然，一位在康涅狄格州格林威治镇购买林肯轿车的消费者必然不同于一位在芝加哥市中心购买皇冠轿车的消费者。银行在选择目标市场时可以定位于高风险、高回报客户，即所谓的次级贷款市场。

20 世纪 90 年代中期，一些汽车金融公司仓促进入次级汽车贷款市场。水星金融公司（Mercury Finance）、Jayhawk 公司以及阿卡迪亚金融公司（Arcadia Financial）是华尔街的宠儿，这些公司向投资者解释说，它们能够满足所有人的"汽车梦"，哪怕这些人先前的信用记录很差或者根本没有任何信用记录，它们也愿意给这些人提供汽车贷款。显然，这些信用记录不良或没有任何信用记录的消费者急需融资，通过满足这些消费者的融资需要，上述金融公司赚得了不少利润。

随着更大的公司开始进入次级汽车贷款市场，竞争进一步加剧。原本已放松的贷款审批标准日益恶化，质量更低的客户现在也可以获得较低的首付、较长的贷款期限等待遇。结果不言而喻，这些次级贷款人遭遇了巨大损失，其股价一落千丈。即使向下调整先前的盈余数据（有时是因为收回的汽车的递延冲销）也无济于事。投资者和会计人员一度被收回的汽车的转售和再融资这种旧伎俩蒙骗，结果是一次又一次的汽车收回，贷款的核销也相应地被递延。这么做只能暂时误导投资者，最终银行仍需承担因呆坏账导致的损失。可悲的是，银行已养成了"持续追加贷款不会造成损失"的惯性思维（事实上，消费者也养成了这种惯性思维。只要房屋等产品继续升值，借款人就可以不断通过再融资来避免违约），一旦再融资的大门关闭，持续追加贷款的链条断裂，损失便会接踵而至。

尽管存在上述风险，但次级汽车贷款市场仍不失为一个具有可观盈利潜力的目标市场，美国信贷（AmeriCredit）以及其他一些公司在次级汽车贷款市场的成功证明了这一点。然而，需要注意的是，次级贷款业务的成功绝不能单纯依靠贷款数量，为严格控制风险，银行必须制定合适的信用控制政策，合理的产品定价，以及最为重要的，银行必须有完善的贷款回收程序，并且在借款人违约时银行必须能有效地收回汽车（当然，银行的会计数据必须真正反映现实）。

制定贷款条款和条件

与其他消费信贷产品一样，银行必须为间接消费信贷制定核心或标准产品条款。由于间接消费信贷业务的总体目标是为银行赚取利润，因此银行在制定贷款条款和条件时必须考虑到客户违约的概率（多少客户会违约）以及客户违约的严重程度（单个客户违约会给银行带来多少损失）。稍后会探讨信用评分在这种度量中所扮演的角色以及如何控制客户违约概率。

以下项目会影响到客户违约的严重程度，标准条款应明确界定对这些项目的要求：
- 最长/最短贷款期限。
- 最大/最小贷款规模。
- 贷款额度价值比与首付要求。
- 经销商贷款与消费者贷款的定价。
- 贷款保险要求。

下面逐一探讨这些项目。

最长/最短贷款期限

贷款的期限为多长时比较合适？汽车贷款的期限一般为24～72个月，个别汽车贷款的期限可能会长达84个月。期限较短的贷款（期限短于24个月）的风险可能较小，但这种贷款可能很难给银行带来利润，因为与贷款处理相关的成本很可能会超过从短期贷款中所获得的利润。另一方面，长期贷款的风险会更大，但这类贷款的盈利潜力也较高。在其他条件都相同的情况下，期限较长的贷款意味着客户必须经过更长的时间才能获得汽车的相关权益，这意味着一旦客户违约，银行将需承担更大的损失。示例8.1展示了贷款期限对风险水平的影响。

较长的贷款期限意味着客户可能发生财务困难（比如失业或破产等）的时间区间会更长，也就是说银行会面临更大的风险。曾有一段时间，主要汽车贷款人都显著地延长了汽车贷款期限（即从42个月延长到平均55个月），目的是降低客户每月的偿付额。例如，在利率相同的条件下，期限为60个月的贷款的每月偿付额仅占期限为36个月的贷款的每月偿付额的三分之二。贷款期限的延长使得制造商和经销商能够吸引到更多的客户，并且能在价格保持不变的情况下卖出更多的汽车。直至20世纪90年代初，由于贷款损失率相比过去增大了一倍，贷款人相应地缩短了贷款期限。尽管经验表明延长贷款期限会显著增大风险，但延长贷款期限的动机永远存在。

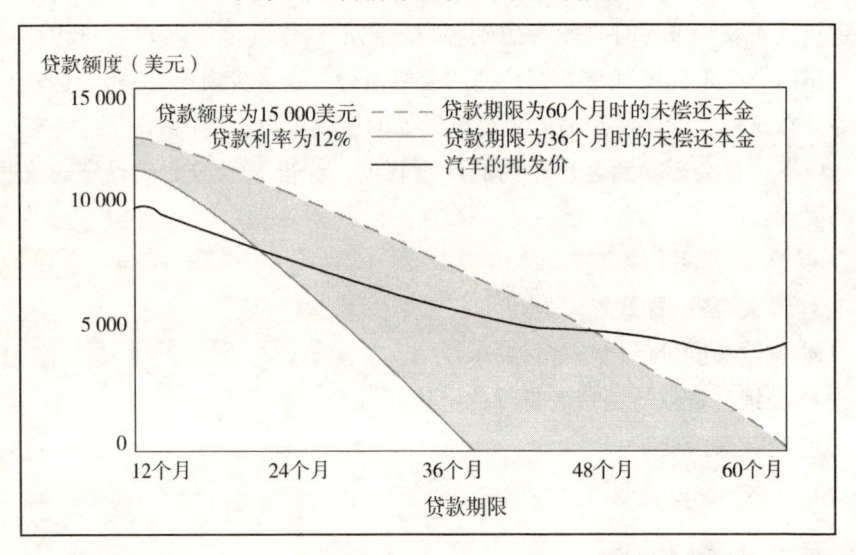

示例8.1　贷款期限对风险水平的影响

不同的汽车其批发价随时间的变化也会表现出不同的模式，比如奔驰汽车与福特福克斯汽车的批发价随时间的变化方式就有所不同，银行应明确客户贷款购买的汽车其价值是会基本保持稳定还是会迅速贬值。如果汽车会迅速贬值，那么从延长贷款期限中所额外获得的利润是否足以弥补因贷款期限的延长所导致的额外风险？除非在延长贷款期限的同时能提高贷款的利差收入。但提高利差收入对银行来讲谈何容易，尤其是在面临汽车制造商下属的金融公司的激烈竞争的情况下，这些金融公司往往会提供极为低廉的贷款利率。

最大/最小贷款规模

以美国为例，银行一般认为低于最小贷款规模（比如 3 000 美元）的分期偿还贷款不值得发放，因为与贷款处理有关的成本将超过从小额贷款中所能获得的利润。另一方面，对于一份价值 10 万美元的保时捷汽车贷款，银行有足够的把握承担与该贷款相关的风险吗？能购买保时捷汽车的人毕竟很有限，保时捷汽车市场的规模很小，银行可能对这种高端汽车的价值了解甚少，因此贸然承担与保时捷汽车相关的高额贷款对银行而言可能风险太大。为控制风险同时确保能获得一定的利润，在开展间接消费信贷业务的过程中，银行有必要设定最大/最小贷款规模并严格遵循该规模要求。

贷款额度价值比与首付要求

传统规则一般是，贷款额度绝不能超过汽车批发价，并且贷款首付要求一般约为 20%。这一规则在今天遭到不少银行摒弃，然而，银行在摒弃该规则并放宽贷款要求时，有必要深入了解这么做可能带来的风险。如果贷款的首付要求很低，那么一旦客户违约，每辆收回的汽车的损失可能会达到 8 000 ~ 10 000 美元，这么高的损失水平需要很多笔盈利贷款才能弥补，假设每笔盈利贷款的利润为 400 ~ 500 美元，这意味着每笔违约贷款需要 20 笔盈利贷款来弥补。此外，在发放间接贷款时，银行还需明确融资额度中包含哪些杂项费用以及其他收费，如保险费、销售税、许可费等，具体如示例 8.2 所示。

要求客户支付尽可能高的首付款的目的很明显，即旨在最小化客户违约时银行可能遭受的损失。一般而言，低风险客户愿意支付较高的首付款，高风险客户则会尽可能地降低首付款支付额。如前所述，汽车贬值很快，一辆新车在购买后几个月内其价值就会急剧下跌。此外，示例 8.2 中所提及的其他融资项目其转售价值很低或者根本就没有任何转售价值（保险费可能是一个例外，在客户违约时，相关的汽车保险可以取消）。为最小化可能发生的贷款损失，银行有必要限制贷款额度价值比，即降低贷款额度占汽车批发价或零售价的比例。

谨慎的贷款人至少会粗略地计算一下贷款额度占汽车批发价的比例。银行不能盲目地接受经销商所提出的首付款比例。为帮助财务状况堪忧的客户购买汽车，经销商往往会提出过低的首付款要求，结果手头本不宽裕的客户现在又面临"过度贷款"风险，这些客户一般很难及时偿付贷款。经销商的这种动机是间接汽车贷款业务中的潜在风险因素。

示例8.2　汽车贷款交易样本

汽车售价（裸车与配套装备）	$ 14 300
减去：首付要求（20%）	(2 860)
汽车售价中的贷款部分	11 440
其他融资项目（可选）：	
保险费	1 200
经销商安装的设备费	830
税费	627
融资额度总计	$ 14 097
注：1年后该汽车的处理价	$ 9 000

贷款的定价

间接消费信贷业务的一个独特之处在于，在与同一个经销商的合作关系中可能需要涉及到几种不同的定价因素。在给贷款定价时，银行需要考虑到与经销商间的整体关系。

存货贷款、零售融资、新车贷款、二手车贷款、资本贷款以及汽车租赁贷款等贷款项目要求银行采用不同的定价方法。在给这些贷款项目定价时，银行应以与经销商间的整体关系为基础，对各个贷款项目适用不同的回报率要求。作为次要融资来源的银行应主要关注单个贷款合同的定价。

间接消费信贷业务的净客户收入一般低于直接消费信贷业务。在间接消费信贷业务中，银行实际上是"租用"经销商的分销网络，而不是建立银行自有的分销网络，这对银行来讲意味着，间接消费信贷业务的经营成本较低。

间接消费信贷业务领域的价格竞争十分激烈，经销商有多家银行可供选择。为成功地获得间接消费信贷业务，银行的贷款价格必须足够有竞争力，这对银行的定价策略提出了很大的挑战。

贷款定价中两个具有决定性的影响因素是经销商佣金和追索安排，如下所示：

经销商佣金

经销商一般要求银行支付一定的佣金，佣金占贷款额度的一定比例。佣金的支付方法和支付额度一般由竞争状况决定。通常情况下,银行向经销商收取的贷款利率与经销商向客户收取的贷款利率间的差额就是经销商所赚得的佣金。例如,如果银行向经销商收取的贷款利率为 10.5%,经销商向客户收取的利率为 12.5%,两个利率间的 2.0% 的差价就是经销商赚得的佣金。银行应给经销商佣金设定一个上限水平,以防止经销商向客户收取过高的利率。

银行应尽可能地在贷款期限内分期分批支付佣金,比如在客户偿还贷款本息时支付佣金。如果提前支付佣金,一旦客户提前偿还贷款,银行将很难从经销商手中索回经销商多得的那部分佣金。现实中很多间接贷款合同都会得到提前偿还,期限为 48 个月的汽车贷款的实际到期期限平均仅为 32 个月。一些汽车贷款在 3~4 个月后就会全部还清,原因很可能是客户获得了新的融资来源。在确定佣金水平时,贷款合同的实际平均到期期限是一个重要的参考信息。

追索安排

一些银行要求经销商共同承担贷款风险以及在客户违约时与收回的汽车相关的处置风险。针对高风险交易(经销商从高风险交易中获得的利润更大),银行可以要求经销商为部分贷款损失或全部贷款损失提供担保,至于经销商是否愿意提供这种担保,这取决于市场的竞争程度和市场条件。

贷款保险

如果客户的保险涵盖范围很小或者客户根本就没有购买汽车碰撞险,一旦因车祸导致客户的汽车严重受损,这种情况下客户极有可能选择贷款违约,让因车祸而残破不全的汽车被银行收回。考虑到这种情况已构成贷款违约最为常见的原因,银行应要求客户投保最低限度的汽车碰撞险。美国各州均对车主需投保的责任险险种有明确的规定,但对汽车碰撞险则没有具体的要求。银行应明确要求客户投保汽车碰撞险,并且保险条款中的扣除额度(免责额度)应尽可能地低[1]。如果车主未能购买充足的碰撞险,银行应谨慎考虑是否

---

[1] 几乎所有的保险涵盖的均是汽车的批发价。即使汽车在事故中完全损毁,借款人仍有责任偿还全部贷款本金。如果刚买不久的汽车因事故完全损毁,由于汽车贬值很快,借款人从保险公司获得的只是事故发生时点的旧车的批发价(即保险公司是按事故发生时点的旧车的批发价支付赔偿额),借款人所获得的赔偿额与需偿还的汽车贷款间的差额可能会比较大。考虑到这种情况,谨慎的贷款人可能会要求借款人投保差额保险(Gap insurance)。

给该车主提供贷款。

在客户购买汽车时要求客户投保一定的险种对银行来讲并不是什么难事，只是大部分汽车保险的有效期仅为6个月或1年。这就使银行面临一个问题，即在第一份保单到期后，如何敦促借款人续保。汽车贷款可能会持续长达4年的时间，在这段期间内，银行为敦促借款人续保需要投入多少时间和精力？银行的这种投入是否具有成本效益？事实上，简单的敦促和监督并不需要银行花费多少时间和精力，尽管一些银行为此建立了十分庞大的监控系统，严格追踪每一个客户，要求客户出具明确无误的保险证明。各家银行对这种追踪的成本效益意见不一，对此本书也无法给出确切的答案。如果银行仔细筛选了贷款客户，这些客户在第一份保单到期后一般会自动续保，银行没必要追踪客户的续保问题。针对高风险客户，银行也许有必要追踪这些客户的续保情况，但银行在追踪过程中一定要把握好成本效益的尺度。

制定了贷款条款和条件后，银行接下来要做的是评估和审查单个贷款申请。为此，银行必须很好地了解汽车的销售和融资过程。

贷款审批决策

汽车购买开始于潜在客户看中了某辆汽车，在试驾和讨价还价后，潜在客户与经销商就汽车售价达成一致，这时潜在客户可能需要支付一笔首付款（用现金支付或者用客户的旧车折抵首付款）。经销商在这个时候一般会问客户："余款你打算是用现金支付还是申请贷款？"

如果客户阐明自己希望获得融资帮助，销售人员就会将客户介绍给经销商的融资和保险专家。融资和保险专家将帮助客户完成贷款申请表的填写。在这一过程中，融资和保险专家会对客户的风险/回报特征作出评估，比如客户的信用风险水平是否可以接受？客户每月能偿还多少贷款？客户的工作是否足够稳定？客户是否拥有自己的住房？根据过去的贷款经验，融资和保险专家将向客户推荐几家贷款银行。在征得客户同意的基础上，融资和保险专家会将客户的贷款申请表发送给几家备选银行。贷款申请表可以通过互联网发送或通过内部网络发送；接受贷款申请表的备选银行与经销商间已建立有正式的合作关系。

备选银行在收到经销商发送来的客户贷款申请信息后，会对客户的各项条件作出评估，制定贷款决策，并向经销商反馈最终的决策结果。所有这一切在几分钟的时间内就可以完成。正如稍后会讲到的，信用评分模型在该贷款审核过程中起着非常关键的作用，银行不仅会根据贷款申请表中的各项信息实施信用评分，同时还会参考信用档案公司的数据给客户打分。

最后胜出的将是反馈速度最快、所提供的贷款条件最具竞争力的银行，比如贷款利率最低、贷款条件最灵活、与经销商的关系最为牢靠的银行。如果银行提供的贷款条件足够有竞争力，经销商会在几分钟的时间内给出回复；反馈速度较慢的银行可能根本就不在经销商的考虑之列，除非反馈速度较快的前几家银行均拒绝了该项贷款申请。在间接消费信贷业务领域比较出色的银行甚至能在周末、节假日或晚上处理这类贷款申请，以配合经销商在这些时间段的汽车销售业务。如果首选融资来源不能提供正常工作时间之外的贷款服务，次要融资来源就能通过提供这种额外的服务获得竞争优势。

有时经销商与银行会就贷款条件进行讨价还价，特别是在借款人的信用质量较差时，这种讨价还价更是在所难免。如果借款人拥有信用记录的时间很短或者借款人的信用记录很差劲，借款人在与银行就贷款条件进行的谈判中就会处于很不利的地位，这种情况下，由经销商出面代表借款人与银行谈判能取得更好的结果，并且这么做也符合经销商的利益，因为经销商从这种汽车销售中能获得更大的净回报。面对经销商的讨价还价攻势，银行应牢记一点，即银行开展间接消费信贷业务的根本目的是为了赚取利润，如果经销商的要求太过苛刻以致银行完全无利可图，银行可以拒绝经销商的这一要求。也就是说，银行应制定明确的贷款发放标准，不符合该标准的交易应坚决舍弃。

与间接消费信贷管理相关的一个关键指标是贷款的审批率，即经由经销商递交的贷款申请中有多大比例的贷款申请最终得到批准。审查贷款申请信息需要银行花费大量财力物力，更何况审查过程中可能还需要与经销商讨价还价或者与经销商反复沟通相关决策结果。如果经销商提交的贷款申请中只有一小部分贷款申请最终得到审批，银行的客户获得成本就会十分高昂。一般来讲，如果审批率低于25%，该客户来源就存在问题；如果审批率高于50%，该经销商就是一个十分不错的客户来源渠道。审批率的高低能提醒银行终止或继续扩张与特定经销商间的合作关系。

银行应严密控制贷款审批流程，每一项贷款申请都应按同样的、可以预见的方式进行审查。把好"贷款审批"这一关，银行就能很好地控制贷款损失率。在贷款审批流程中，信用评分模型可以发挥很大的作用，下文会具体讲述这一点。

信用评分

在间接汽车贷款业务中，无论是首选融资来源还是次要融资来源都必须拥有经过验证的汽车贷款信用评分模型。完善的信用评分模型使得银行能准确地评估贷款申请人的质量，并追踪各个经销商提交的贷款申请中质量低于平均水平、与平均水平相当以及质量高于平均水平的贷款申请所占的比重。银行可以使用类似示例8.3所示的报告，按经销商、区域以及产品等范畴来追踪贷款申请人的业绩表现。

示例8.3　间接消费信贷的业绩表现

	违约率（%）	违约余额占贷款额度的比例	贷款损失率（%）	该类交易占全部间接消费信贷交易的比例（%）
A+类交易	1.7	0.40	0.66	30
A类交易	2.0	0.50	1.00	50
B类交易	3.3	0.60	2.00	15
C类交易	5.0	0.75	3.75	4
D类交易	10.0	0.80	8.00	$\frac{1}{100}$

从示例8.3中可以看出，除了违约率与信用评分相关之外，违约余额占贷款额度的比例也随信用评分的高低而变化。一般而言，信用评分较低的客户的贷款核销额会高于信用评分较高的客户，这可能是因为前者的贷款额度价值比较高。

汽车贷款信用评分模型一般会考察贷款合同的共同特征，如贷款额度价值比、首付比例、贷款期限以及涉及的汽车品牌等，除此之外，信用评分模型还会根据贷款申请表中的信息以及信用档案公司的数据来分析贷款申请人的信用历史。对于首次使用信用评分模型的银行来讲，初级模型就已够用。一些更为精细的模型能按地理区域细分客户特征。刚刚进入间接消费信贷市场的银行可以使用一般信用评分模型。

为从经销商处获得优质客户，银行必须同时接受一些低质量客户。每一笔汽车买卖，尤其是针对低质量客户的汽车买卖，对经销商、经销商的销售人员、经销商的融资经理、汽车零部件交易以及面向同一客户的重复销售等个体与业务环节来讲都极为重要。与其他消费信贷业务一样，间接汽车贷款的发放标准并不是完全杜绝低质量客户，而是要获得足够多的优质客户，以使优质客户与低质量客户间的比例能达到可以接受的水平。在同意接受一定数目的低质量客户之前，银行必须明确经销商已给银行分配了足够多的优质客户。

为弥补低质量交易可能给银行带来的高风险，银行可以增大低质量交易的首付款要求，提高低质量交易的贷款利率，要求低质量交易提供第二担保人，或者要求签订经销商追索协议。在提出这些要求的同时，银行也必须密切关注竞争对手的行动。经销商有多家银行可供选择，如果银行的贷款利率过高、贷款条款过于严厉，经销商一定会将业务转至其他银行。在传统的直接消费信贷业务中，拒绝一笔贷款只意味着失去一位客户；在间接消费信贷业务中，拒绝一笔关键的贷款可能意味着银行会失去整个业务来源。

下文将探讨如何处理间接消费信贷业务中的违约贷款。

违约贷款处理

在贷款有效期内，总有一些客户会发生违约。在贷款逾期时间超过银行事先规定的水平后，银行就要准备收回客户的汽车。银行一般在贷款逾期60~90天后开始准备收回客户的汽车。当然，60~90天这一时间要求也并不绝对，如果法律上对贷款逾期时间有任何限制，银行也可以相应地调整该时间要求。银行必须就违约贷款的处理制定详细的计划，包括何时收回违约客户的汽车、由谁负责收回这些汽车以及如何维护和出售这些汽车。最为理想的情况是由客户自愿交出汽车，银行应鼓励客户这么做。例如，如果汽车是客户上下班的关键交通工具，那么没有什么比在午夜时分让客户交出汽车更糟的了。如果客户提前跟银行打好招呼，阐明自己正在进行替代安排，安排好后就会主动将汽车交给银行，这么做无疑能实现双赢。

妥善处理违约贷款是严格控制贷款损失率的一项重要举措。很多银行委托外部专门机构负责收回违约客户的汽车，需要注意的是，任何机构在代表银行收回客户的汽车时都需要遵循相关法律的要求。由银行内部员工负责收回客户的汽车一般不是一个好主意，尤其在治安不太好的地区，因为在客户强行抵制汽车被收回甚至对银行员工动粗时，银行员工显然缺乏应付这种情况的经验（美国电影《报信的人》即从一个角度展现了汽车收回过程中的阴暗面）。

汽车的维护和出售也非常重要。银行可以通过拍卖、经销商网络或者通过新的分销渠道如互联网销售这些汽车。汽车在保管过程中必须防止人为破坏、盗窃以及恶劣天气的影响；为使汽车能顺利转售出去，必须保持汽车的整洁性并注意维护汽车的良好性能。疏于管理的汽车收回流程无异于为欺诈大开方便之门（欺诈的主使人往往是银行内部员工），并且可能导致不必要的贷款损失。

在处理违约贷款的过程中银行要牢记一条基本规则：收回的汽车在银行手中持有的时间越长，汽车的贬值就越厉害，与汽车保管相关的成本就越高昂，相应地，银行的损失就越大。因此，收回的汽车应尽快出售。最小化贷款损失的技巧在于，应在第一时间内终止贷款损失，避免引致新的损失。

识别和防范经销商欺诈

作为经销商的首选融资来源或次要融资来源，银行必须明白无误地知道银行的钱被经销商用在了何处，以及这些钱具体是如何花掉的。如前所述，首选融资来源除了需要为经销商提供存货融资、营运资本融资与门面抵押贷款外，还需满足经销商的其他私人融资需要。无论是作为经销商的首选融资来源还是次要融资来源，银行都应明白，经销商可能在汽车的零售交易上欺诈银行。下面首先看一下在经销商的存货融资中银行所面临的风险。

众所周知，在汽车销售行业的周转链条上，第一步是由汽车制造商（如福特汽车公司、丰田汽车公司等）向经销商出售汽车。为向潜在客户展示各种汽车品牌及车型，经销商必须持有大量存货，显然，这些存货不可能很快售完，也就是说，经销商无法很快回收占用在这些存货上的资金。大部分经销商基本上都持有几百辆汽车存货，价值数百万美元。由于很少有经销商拥有足够的自有资金，因此这些经销商都必须靠银行提供存货融资。存货融资的规则是，每出售一辆汽车，与该汽车相关的存货融资就必须全部还清。如果经销商面临财务困难或不遵守商业伦理，并决定在汽车售出后不予偿还银行的贷款,与这样的经销商合作无疑会给银行造成很大的麻烦。Citicorp Acceptance 公司的前总裁奥比·肯尼(Obie Kinney)在间接消费信贷业务领域有将近 30 年的从业经验,奥比用以下故事形象地描述了面临财务困境或管理困境的经销商为了生存可能会不择手段、铤而走险:

星期五的下午,会计师来到老板——Metro Motors 公司的创始人兼总裁的办公室。"老板,"会计师问道,"上午卖出的商品所回收的款项是用于支付员工的工资还是用于偿还银行的贷款?回收的款项并不多,只能满足一项目的。"

对经销商来讲,答案不言自明。只要能维持门面的经营,经销商就尚存一线希望,希冀在周末能卖出更多的商品,在维持经营与及时偿还银行贷款两者中,经销商毫无疑问会选择前者。问题是,这种做法一旦开了头,要想打住会很难。结果往往是,经销商在银行贷款的偿付上会一拖再拖,甚至干脆不予偿还。

专业的汽车金融公司如通用汽车金融服务公司和福特汽车金融服务公司也曾面临这样的问题,两家公司的特许经销商在汽车销售给消费者后未能偿付汽车金融公司的存货贷款,额度高达数百万美元。例如,在 20 世纪 90 年代,纽约长岛的一家经销商拖欠通用汽车公司的存货贷款超过 6.5 亿美元,该存货贷款项目十分复杂,涉及海外融资,贷款对象是休闲车。经历了惨痛的教训,通用汽车金融服务公司专门撰写了一本专著,主题就是如何控制经销商融资。自诞生之日起,通用汽车金融服务公司从事汽车消费信贷业务已有将近 90 年的时间,该公司的成功与该公司极为重视经销商融资的监控不无关系。通用汽车金融服务公司的成功经验值得其他贷款人借鉴。

作为经销商的首选融资来源,在如何防范经销商欺诈方面并没有什么万能的方法。为最小化因经销商欺诈所可能导致的贷款损失,银行可以采取一系列管理措施。基本要求是无论经销商的业务规模如何,均以具体经销商为单位来管理和监控经销商贷款。经销商的客户组合的质量、记录在案的客户投诉的次数等信息均可以揭示出经销商的财务状况。除此之外,银行还可以在以下方面作出努力:

担保物的验证。银行应验证每一项担保物的存在性,比如,确保存货融资中的每项存货的确存在。银行可以不定期地对经销商的存货作系统检查,确保由银行提供贷款的汽车在现实中都真实存在。对银行拥有留置权的汽车应进行持续追踪,抽查时不能放过任何一个细节,包括里程表数字,因为新车的里程表数字应该非常小。

实地考察。与银行建立有合作关系的经销商在地理位置上可能十分分散，银行应定期指派相关人员实地考察经销商。这种非正式的频繁的实地考察对监控经销商的财务状况十分有效。比如，经销商的生活方式有无变化？经销商有没有赌博的爱好？类似这样的信息都是很重要的了解经销商财务状况的线索。

监控销售情况。经销商先前每天都有四五辆或数十辆汽车的销售记录，突然之间销售业绩连续为零，这是否表明经销商的业务出现严重衰退？或者经销商在销售记录上做假，目的是逃避贷款偿还责任，即使汽车实际上已售出？

一旦发现经销商的财务状况明显恶化，银行应迅速采取行动。这种情况下为保护银行的利益，及时、果敢地采取正式的措施是关键。一旦经销商出现财务状况恶化的迹象，并且经销商尚有存货贷款或其他贷款未还清，银行就应重点突出或着重监控与该经销商之间的关系，密切关注经销商财务状况的变化。为使银行能快速行动，银行应提前编制好一份行动表，完整列出将针对经销商采取的一系列行动，包括停止向经销商发放新贷款、检查最近的销售情况、追踪存货数目等，与此同时，银行还应准备好与这些行动相关的法律文书。由于大部分经销商违约都发生得十分突然，银行为保护自身的利益，快速行动是关键。提前编制行动表给银行的快速行动奠定了基础，该工具能在关键时刻帮助银行摆脱潜在的危机。

在与经销商达成存货融资协议时，银行还应关注经销商与制造商间是否已签订有存货回购协议。如果有存货回购安排，在经销商破产时，制造商就会购回所有尚未出售的存货。与银行相比，由制造商处理经销商未售出的存货显然要容易得多。注意，制造商只愿意接受尚未过时的汽车存货。

在汽车零售交易中，首选融资来源和次要融资来源都可能面临经销商的欺诈。下面是经销商惯用的一些欺诈伎俩：

- 伪造销售合同，"销售"的汽车并不存在，用此伎俩骗取银行的贷款融资，贷款资金直接进入经销商的腰包。
- 销售合同是真实的，但利用同一份销售合同骗取 2~3 次贷款融资。
- 捏造客户数据，目的是提高银行的贷款审批率。
- 交易条款如首付要求、汽车的价值等与实际情况不符。

如前所述，在防范经销商欺诈方面并没有什么万能的方法，但银行可以定期用电话抽查经销商的零售客户（抽查的样本应具有统计意义），以确定：（1）零售客户确实存在；（2）该零售客户的确购买了经销商的汽车；（3）零售客户实际获得的融资条款与合同中的陈述相符。如果发现经销商的某些做法与标准程序有偏离，对所有合同都应予以审计。对信誉较好的经销商，只需抽查10%~20%的交易合同，除非发现经销商有欺诈嫌疑，这种情况下应大幅提高抽查比例。对新近建立合作关系的经销商或极为可疑的经销商，每份合同都应加以审计。

管理信息系统

在间接消费信贷业务中，无论经销商规模的大小，银行都应分别管理和监控单个经销商。无论是作为经销商的首选融资来源还是次要融资来源，银行都应收集与经销商融资相关的信息，并将这些信息提交给管理层审查和分析。下面将给出管理信息系统中应予分析的信息元素。

首选融资来源和次要融资来源均需分析的信息元素：

- 与汽车零售相关的贷款申请的数目与类型，如新汽车贷款申请、二手汽车贷款申请以及汽车租赁贷款申请的数目。
- 贷款审批率，即已批准的贷款占收到的贷款申请的比例。该项信息非常重要。
- 信用评分。根据各月的销售记录，给出信用评分的分布。
- 客户投诉。包括客户投诉的数目和严重程度。
- 对汽车零售交易的审计结果。如客户是否的确存在？实际交易条款与合同的陈述是否一致？
- 贷款逾期情况，与违约客户相关的汽车收回情况，以及呆坏账核销情况。
- 违约发生概率与违约的严重程度。

仅首选融资来源需要分析的信息元素：

- 贷款限额以及经常超过贷款限额的经销商的信息。
- 存货审计。旨在明确汽车已经售出但经销商未及时偿付存货贷款的情况。
- 尚未售出的汽车的积压时间。

- 偿付记录。如逾期偿付及无效支票等情况。
- 财务实力。即进行财务报表分析。

银行应根据经销商在上述关键业绩指标上的表现，按潜在风险水平的高低给经销商评级。如果经销商的评级低于标准水平，银行应根据经销商的风险程度相应调整贷款条件。如果银行可以获得众多经销商的详细的标准化财务数据，那么应以这些数据为基础开发经销商信用评分模型。美国国内的汽车制造商可以通过其下属的汽车金融服务公司来开发经销商信用评分模型，因为汽车金融公司可以为经销商提供标准的财务报告系统，因此可以获得各个经销商的标准财务数据。然而，大部分经销商（尤其是业务规模较小的游艇或移动房屋经销商）的财务数据都未标准化，因此很难利用这些数据开发经销商信用评分模型。

经销商的财务报表往往并不可靠，这些财务报表一般未经审计，即使由当地的某个小型会计公司进行了审计，这些财务报表的可靠性仍得不到保证。结果，银行的财务分析不能单纯依靠经销商财务报表上的现金流数据或其他信息。如前所述，在这种情况下，银行必须依赖常识判断或非正式的信息，比如经销商的裁员规模、存货水平的变化（增大或缩减）、经销商业务规模的变化、经销商在当地的声誉或者经销商因节假日停业的天数等。与经销商的财务报表相比，这些非正式信息往往能给银行提供一些预警信号。

汽车租赁融资

汽车租赁市场是银行在从事间接消费信贷业务时的另一项选择。银行不仅需要决定是提供新汽车贷款还是二手汽车贷款，还需要就是否提供汽车租赁融资服务作出决策。租赁目前已占到全美汽车"销售"业务的25%～30%，因此银行在汽车租赁融资业务领域也大有可为。传统上，汽车租赁融资业务一般仅面向企业客户，尤其是小企业客户，但现在，汽车租赁融资业务也面向所有合格的个人客户。

汽车租赁业务的基本前提是租赁方并不拥有汽车的所有权，汽车的所有权在出租方即汽车租赁公司手中。汽车租赁公司可以由制造商所有如福特汽车租赁公司，或由经销商所有如经销商的汽车租赁公司，也可以是独立的汽车租赁公司。汽车租赁公司与租赁方间签订合同，同意在特定的时间期间内将汽车租给后者使用。出租方（或银行）与租赁方（客户）就以下条款达成一致，即汽车的初始售价、每月应偿还的贷款额度包括利息和摊还的本金、贷款的有效期、租赁期内的里程数限制、维修和保险要求，以及最为重要的，银行与客户还应就租赁期结束时汽车的买回价达成一致，汽车的买回价就是汽车的残值。汽车的残值对汽车租赁融资来讲十分关键，"残值"的定义如下所示：

汽车的初始售价并不会得到全部摊销。残值是指租赁期结束时汽车的估计价值；汽车的初始售价与残值之间的差额是租赁期内应予摊销的贷款本金。由于在购买汽车时全部初始售价需在贷款期限内摊销，因此租赁融资中的每月贷款偿付额将低于汽车购买融资中的每月偿付额。这是汽车租赁所能给客户带来的主要好处。残值越高，需要偿还的贷款额度就越低，每月的贷款偿付额也会相应减少。

残值的确定是汽车租赁融资业务的关键。一般来讲，客户（租赁方）有权在租赁期结束时以事先确定的残值买回汽车。如果在租赁期末汽车的实际价值比先前确定的残值要高，租赁方（客户）就会买回汽车并以更高的价格在市场上将该汽车转售。如果结果相反，即租赁期末汽车的实际价值低于先前确定的残值，租赁方就会直接终止租赁合同，不会考虑买回汽车。如果残值设定得太低，客户每月的偿付额就会增大，这不利于银行的竞争；如果残值设定得太高，客户每月的偿付额就会减少，并且在租赁期末汽车的实际价值将显著低于先前设定的残值水平，这会给出租方（银行）带来额外的损失。

大部分汽车租赁业务都以降低每月偿付额为原则，因此租赁公司面临极大的压力，即需要将残值水平设定得尽可能地高。报纸上经常可以看到这样的广告，如"租一辆丰田汽车，每月只需 269 美元"或者"租一辆福特 Taurus 汽车，每月只需 312 美元"。今天，甚至奔驰汽车也到处可以看到这样的广告，如"每月只需 500 美元或 600 美元，就可以租到一辆奔驰汽车"。细心的消费者将会发现，在大号字印刷的广告中，特地用小号字给出了首付款要求和隐藏的其他收费要求。这正是汽车租赁融资业务为吸引客户所使用的一种小伎俩。

在从事汽车租赁融资业务时，银行需要尽可能准确地预测汽车的未来价值。很多汽车租赁公司尤其是汽车制造商下属的汽车租赁公司，为提供足够低的每月偿付额要求以吸引客户，不惜冒险假设二手汽车的价值在未来 2~4 年内将会保持在较高的水平。积极应对竞争的租赁公司必须意识到，每售出一辆汽车，汽车制造商就能赚得好几千美元的利润，这么丰厚的利润是外部贷款人所无法企及的[①]。下表简单地展示了在不同的折旧水平下，每单位汽车的损失水平。

汽车初始售价 $ 21 000

不同的转售价下的近似损益水平：

  转售价占初始售价的40%，损失 $ 2 100

  转售价占初始售价的45%，损失 $ 1 050

  转售价占初始售价的50%，损失为 0

1999年，《纽约时报》曾报告说，1998年收回的租赁汽车，每辆汽车平均给出租人（银行）带来将近1 300美元的损失。很难相信汽车租赁融资业务在如此高的损失水平下还能实现盈亏平衡。教训就是，银行在二手汽车的价格预测和处置方面应更为保守。尽管也可以投保转售价保险，但该项保险十分昂贵，并且银行还需确保保险公司在转售价急剧下跌时仍有足够的偿付能力。

理论上，残值可以根据特定汽车的历史折旧率来设定。过去，很多汽车的折旧率都具有可预见性，比如三年后，卡迪拉克或福特汽车的价值为初始价值的50%，奔驰汽车的价值为初始价值的58%，尼桑或本田汽车的价值为初始价值的45%。汽车的折旧率也受出厂时安装的设备类型的影响，如发动机的功率、气囊、空调、真皮座椅、音响设备等，在设定残值水平时也应考虑到这些设备的影响。现实中也存在一些不可预见的折旧因素，比如汽油的价格水平以及汽油价格对油耗量较大的汽车如运动休闲车的影响、不可预期的质量问题如奥迪车存在的机械故障以及汽车时尚与公众认可的无常变化，这些因素对残值均有很大的影响。

在进军汽车租赁融资市场之前，银行最好已在新车贷款或二手车贷款业务领域积累了一定的经验。给车龄已达3~5年的二手车提供租赁融资服务，无论对银行的经验还是勇气来讲均是一个巨大的挑战。只有具备相关经验或者能够聘用到具有相关经验的人才的银行才能进入汽车租赁融资业务领域。

---

  ① 与其他公司一样，外部贷款人能获得相同的税收好处。外部贷款人可以将费用从税前收入中扣减，外部贷款人还可以对汽车进行折旧（一种可以扣减的非现金税收冲销）。

考虑到该业务领域的高风险性，其他银行最好敬而远之。

在准备进入汽车租赁融资市场之前，银行还需考虑一个额外的问题：在租赁期结束后，如何转售由租赁人返还的汽车？通常情况下，一般约有50%的汽车被返还，50%的汽车会被租赁人购买或继续租赁。但如果二手车的价格急剧下跌，最终被返还的汽车比例可能高达80%~90%甚至更高。如果面临后一种情况，银行能否顺利地处置完所有被返还的汽车？如果答案是否定的，银行就不应进入汽车租赁融资市场。

由于市场的竞争越来越激烈，为吸引到客户，很多银行在未对具体业务作全面了解的情况下，就贸然地延长贷款期限或一味迎合市场的要求。显然，这种行为的潜在危害十分巨大。无论银行在汽车租赁融资业务领域准备采取什么样的行动，都一定要三思而后行。

接下来将考察另一种间接消费信贷业务，即涉及商场或零售商的信用融资。尽管间接汽车贷款与零售商间接贷款这两种间接消费信贷业务间存在一些共同之处，但二者间的差异也十分明显。

涉及零售商的间接消费信贷

零售商传统上将信用销售作为一种重要的营销手段，这与汽车经销商、游艇经销商或其他经销商没有任何不同。与汽车经销商不同的是，零售商无法获得来自制造商下属的金融公司的贷款，因此在间接消费信贷方面，零售商必须回答的第一个问题是：是由零售商自身负责提供间接消费信贷，还是委托外部的专门机构负责间接消费信贷的处理？零售业界的巨头，如西尔斯公司（Sears）、彭尼公司（J. C. Penney）以及蒙哥马利-沃德公司（Montgomery Ward），自创立之初就组建了管理完善的信用卡业务部门。这一行动背后的基本假设是，专营卡持有人是零售商忠诚的客户。曾有人估计，持有专营卡的客户每年从零售商处购买的商品价值是非专营卡客户的3~5倍。然而，由于今天几乎所有的零售商都接受维萨卡、万事达卡、发现卡、美国运通卡等信用卡，因此专营卡客户与非专营卡客户间的购买额差异已急剧下降。毫不奇怪，零售商仍将信用卡客户视为极其重要的利润来源，因为持卡客户的消费额一般更高，并且在零售商有特别销售或促销活动时，可以直接联系到持卡客户。时至今日，很多零售商仍旧认为专营卡客户比大众信用卡客户的价值要高，这些零售商会不遗余力地保护和培育专营卡客户资源。

下表对间接汽车贷款和零售商专营卡业务间的主要差异作了简单的比较：

汽车经销商	零售商专营卡
• 分期偿还贷款	• 循环信贷
• 贷款额度占汽车售价的 70%~80%	• 全部销售额中约有 20%~30% 用专营卡支付；剩余的销售额用银行卡、旅行娱乐卡或现金支付
• 贷款额度较高（> $ 15 000）	• 贷款额度较小（每笔支付 $ 20~ $ 500，有时因为购买电子产品、家用电器或家具，支付额会更高）
• 银行在给客户提供汽车贷款时，经销商可从中获得佣金收入	• 由于银行给客户提供信用，零售商可能需要向银行支付一笔费用
• 银行往往会给经销商提供额外的融资，如存货融资、资本贷款等	• 银行一般不提供额外的融资
• 每笔交易单独议价；如果客户的风险较大，银行可能要求较高的首付款或第二担保人	• 信用申请和授权决策的制定基于精算原则或基于相关人员的主观判断；零售商可与银行协商总体信用标准
• 贷款的定价极具竞争性	• 循环信贷使用者需要支付较高的贷款利率

对零售商而言，自行提供间接消费信贷所存在的问题是，这项工作极耗时间，会占用零售商大量资金，并且对零售商的管理能力和控制能力有较高的要求，因为零售商需要监控大量平均余额较低的账户。了解上千、上万甚至上百万个客户的风险水平和盈利能力对零售商而言并不是件容易的事，这对规模较小或者中等规模的零售商来讲更是一件极其艰巨的任务，甚至零售界的巨头有时也很难做到精确地管理其客户组合。

在零售业务无利可图或者在信用紧缩时期，零售商可能会面临现金不足问题。现金瓶颈可能会迫使零售商将全部应收账款及应收账款的管理业务出售给一家专门的融资机构。幸运的是，在自行提供间接消费信贷无以为继时，零售商还有备选方案，因为一些第三方机构如通用电气金融服务公司、花旗集团和其他公司均提供专门针对零售商的客户组合的金融服务。事实上，通用电气金融服务公司已成为这一业务领域的巨头，该公司拥有将近 4 000 万名积极的专营卡客户；紧随其后的是花旗集团，拥有 1 500 万名专营卡客户；其次是 Household 公司（已被汇丰收购），该公司拥有超过 700 万名专营卡客户。

之所以可以通过第三方机构来提供专营卡业务,是因为这些机构能很好地满足零售商的需要,比如这些机构在提供有竞争力的信用销售条款的同时,还能实施有利可图的信用卡业务,并且能严密控制信用卡业务的风险状况,实行标准化的业务管理以使信用卡业务的未来业绩具有可预见性。将专营卡业务委托给外部专家,零售商就能集中精力做好其主营业务,即商品和服务的零售。过去,零售商在出售应收账款时还会很犹豫,害怕第三方机构仅对机构本身能从这种出售中所获得的利润感兴趣,而忽视了零售商的营销需要以及客户的服务需要。

理论上,零售商能承担专营卡业务的一定损失,前提条件是专营卡业务能提高零售商的商品销售量,从而能给零售商带来增量利润。外部融资机构(第三方机构)必须能真正理解每一笔销售对零售商的重要性,尽管外部融资机构本身也以赚取利润为根本目标。考虑到这一事实,零售商和外部融资机构应就以下问题达成共识:

新客户。一般而言,拒绝或接受某个专营卡申请者的决定权完全在外部融资机构手中,但考虑到商品销售对零售商的重要性,外部融资机构与零售商应就信用评分阈值水平达成一致,双方还应就统一的审批标准达成共识,该审批标准的设定以可接受的核销率为基础。零售商要警惕外部融资机构单方面改变信用审批政策,这种改变可能会对审批率造成影响,比如外部融资机构擅自使用新的信用评分系统或者在未征求零售商意见的情况下擅自改变信用评分阈值水平。总之,零售商和外部融资机构应就新客户的接受标准完全达成一致。

单次消费。单次消费的信用决策应自动制定,一般情况下没有什么好商量的。零售商与外部融资机构应就信用授权流程达成一致,包括是使用信用评分模型还是主观判断机制,以及在特殊情况下可以允许多大的信用透支额。将超过信用限额的所有消费一概否决,这种一刀切的处理方式实施起来比较简单,也有助于控制信用损失,但可能不利于零售商的销售业绩。信用限额与零售商的商品销售业绩之间应实现良好的平衡。信用授权战略应提前制定好,并用书面形式记录下来。

贷款的定价。明确循环信贷额度的基本利率和/或风险调整利率,以及贷款的宽限期、逾期费、超过信用额度费等定价指标。

贷款的回收与客户服务。零售商有必要了解外部融资机构的贷款回收战略,比如何时以及如何联系客户、何时核销呆坏账、如何利用行为评分模型等。由于零售商都十分珍视与客户之间建立起的长期关系，哪怕这些客户的贷款存在一定程度的逾期，很多零售商都只愿意使用温和的贷款回收战术。在贷款回收力度方面，零售商与外部融资机构间可能会存在分歧，因为外部融资机构一般倾向于更为激进的贷款回收手段。零售商与外部融资机构间必须就贷款回收战略与战术达成一致，并提前用书面形式记录相关的战略与战术决策。

零售商和外部融资机构应提前就专营卡业务中的相关细节问题达成共识，并用正式的文件记录这些共识。各个零售商所销售的商品及其客户基础均有独特之处，从这个意义上讲，专营卡业务是一种为具体零售商量身打造的信用产品。

专营卡业务的打包出售

在自行运作专营卡业务十分吃力时，零售商就会将应收账款出售给一家外部融资机构。这种出售远比交付支票要复杂，因为现在是将零售商的整个信用销售流程都转手给外部的第三方融资机构。无论是对零售商还是对外部融资机构而言，与这种出售相关的每一步都非常重要。一旦专营卡业务已全部转手给外部融资机构，零售商实际上就不太可能重新控制信用销售流程。在出售专营卡业务时，可供零售商选择的外部融资机构很有限。一旦业务出售后所实现的结果不令人满意，零售商要想再重新建立自行运作的专营卡业务就会十分困难，所涉及的成本十分高昂不说，整个过程还极耗时间。基于此，大部分业务出售合同都涵盖了4~5年的时间，合同中会明确规定所有可能出现的提前终止合同的情况。此外，零售商与外部融资机构还应就如何处置现有客户组合作出安排，这一点十分重要。

在打包出售专营卡业务时，逾期超过90天的应收账款可能仍由零售商保留，保留时间约为9个月到1年，以便零售商能继续收回这些账款或予以核销。外部融资机构需要花一些时间来了解零售商客户组合的细节，并且在将外部融资机构的专营卡业务流程应用于零售商的客户组合时可能需要一些磨合时间。在专营卡业务正式转手给外部融资机构后，财务责任（如核销成本和贷款回收成本）一般也会相应地转让给负责决策制定的一方，即负责控制贷款审批流程的一方。一些业务转手合同可能会规定所有应收款账户在零售商处至少应保留 90 天的时间，在这种情况下，外部融资机构（银行）应仔细研究应收账款的各项指标，并根据应收账款的质量进行定价。

外部融资机构应咨询律师，是否可以针对应收账款要求一定的留置权，以保障融资机构本身的利益。无论业务转手合同中的说法是外部融资机构以零售商的应收账款为担保给零售商提供贷款，还是外部融资机构直接从零售商手中购买应收账款，外部融资机构都可以要求享有一定的留置权。外部融资机构可以进行多种所有权测试，尽管如此，外部融资机构实际上仍不可能真正明确自己是否需要持有这些应收账款直至破产法庭作出裁决。

一点经验教训

无论最初的意图有多么美好，将零售商的整个信用销售流程予以剥离并转手给外部融资机构，这一过程本身仍充满了不确定性。从银行（外部融资机构）的角度而言，在接受零售商的专营卡业务时一定要注意以下几点：

- 将银行的专营卡业务流程与零售商的业务数据相整合不是一件容易的事，因此银行绝不能仓促行事，而是要留出足够的时间以允许二者充分磨合，比如需要确保银行的账单流程准确无误，需要全面了解应收账款的支付流，需要培训贷款回收人员以及建立信用授权流程等。只有在能绝对保证银行自身的专营卡业务流程能完全适应零售商的客户组合且毫无缺陷时，银行才可以完全舍弃零售商原有的业务流程，转而采用银行自身的业务流程。

- 不要在临近零售业务高峰期时实施流程转换。很多零售商在圣诞节期间的销售额占全年销售额的比例达到 30% 或以上，如果在这个时候（甚至在圣诞节前 90 天）实施流程转换（即舍弃零售商原有的信用销售流程，转而采用银行自身的业务流程），很可能会导致一场灾难。

- 谨慎实施任何变革。如果银行打算在信用销售流程中引入信用评分模型，或者改变零售商原有的信用限额，或者对信用授权程序作出修改，所有这些变革都应谨慎进行并且要征得零售商的同意。

- 一些客户已习惯于定期向其在零售商系统中所持有的账户还款。银行应制定好处理这种情况的完善计划，以便在零售商的应收账款系统予以剥离后，这些客户能向银行指定的账户中还款。

在与零售商合作的过程中，对银行来讲，最为尴尬的时刻莫过于，银行需要耐心地向愤怒的零售商解释流程转换出现问题的原因。一旦业务转手中出现任何纰漏，立即会对零售商的销售业绩和客户保留造成负面影响，最终会影响到零售商的利润。为使专营卡业务的转手能顺利进行，关键是要有充分的事前规划，与零售商间建立起开放、坦率的关系，以及深入了解客户保留对零售商的重要性，毕竟，客户是零售商的衣食父母。

花旗银行在这方面就做得很好。花旗银行曾计划接手一家大型零售商的应收账款业务，与该项应收账款融资业务相关的提案甚至会送交给银行的董事会审查批准。在花旗银行的历史上，尚未有哪宗消费信贷业务如此受重视，当然，花旗银行的应收账款融资业务也从未发生过本书所提到过的典型灾难。在开展应收账款融资业务时，银行一定要谨记"墨菲定律"，即事情如果有变坏的可能，不管这种可能性有多小，坏结果总会发生。对银行来讲，成功的业务运营是一个活到老学到老的过程。

第 9 章

住房抵押贷款

　　前面几章探讨了各种余额小、笔数多的消费信贷产品,如信用卡、循环贷款、专营卡、担保汽车贷款以及其他相关产品等。本章将给读者介绍各种住房抵押贷款产品的独特特征,包括第一抵押贷款、第二抵押贷款、限额型抵押贷款以及循环抵押贷款。与汽车贷款类似,住房抵押贷款也是一种十分古老的消费信贷产品,住房抵押贷款的推出有助于消费者改善生活质量。有了住房抵押贷款,原本需要几十年的储蓄才买得起的住宅,现在可以通过贷款购买,并且贷款的偿还时间长达几十年,这就减轻了消费者的还贷压力。对大部分消费者来讲,住宅既是价值最大的单项资产,也是额度最大的单笔负债。购买首笔房产是普通人一生中最难忘的经历之一,对普通消费者来讲,购买首笔房产一般需要使用抵押贷款。

　　由于第一抵押贷款的额度一般较大,贷款偿还时间较长,因此银行在发放第一抵押贷款时需要仔细审查借款人的资历条件和担保物的价值,据以决定贷款发放额度。对银行来讲,住房抵押贷款的风险一般较低,因为住宅的保值性能较好,并且消费者一般都会及时偿还住房抵押贷款。为避免因拖欠贷款而导致房屋被银行收回,消费者会努力工作、赚钱还贷,毕竟一栋合意的住宅是自己在这个世界上的栖身之地。尽管住房抵押贷款的安全性有保证,但住房抵押贷款的操作并不简单,特别是贷款的实际到期期限并不确定,由于提前还款问题的存在,一笔期限为30年的贷款可能在一到两年的时间内就会全部还清。此外,在贷款期限内,市场利率可能会经常波动,利率的变化对住房抵押贷款的提前还款率和盈利能力均有影响,而量化这种影响对银行来讲并不容易。对住房抵押贷款业务中所存在的这些问题,本章会一一展开探讨。

以美国为例，与单一家庭结构（Single-family Mortgage，供一到四户家庭居住的住宅）、度假住宅以及公寓（包括合作公寓和康斗公寓）相关的抵押贷款是银行最大的业务来源，全美发行在外的抵押贷款总额已超过5.0万亿美元。仅考虑贷款笔数，抵押贷款的业务量也许不及其他贷款品种（如信用卡贷款），但抵押贷款的发放额度比其他贷款品种要大得多。因此，在评估抵押贷款申请人的风险水平时，银行绝不能犯错，因为每一次失误的代价都很高昂。对客户来讲，及时偿还住房抵押贷款明显更为重要，因为在拖欠信用卡贷款时，客户顶多只是会失去信用卡便利；如果拖欠住房抵押贷款，客户就有可能失去自己赖以栖身的住所。后者对客户的影响明显更大。如果因客户违约而导致银行不得不收回客户的住房（本章稍后会探讨这个问题），这种结果是银行和客户都不愿意看到的，并且无论是对银行还是对客户来讲，收回房屋的成本都十分高昂。

多年来，银行对住房抵押贷款业务已形成了一种固定认识，即住房抵押贷款风险低、具有可预见性，有时甚至会让人感到单调乏味（毫无挑战性）。大部分美国人一度认为，购买住宅是所有人生来就有的权利，购买住宅只赚不赔，因为房屋连年升值。当然，房价只涨不跌显然是一个神话，历史上房价多次遭遇下行周期，尽管房价涨幅总体上大致与通胀同步。例如，1975年美国独栋住宅的中间价为25 000美元，1990年涨至84 000美元，到20世纪末独栋住宅的中间价已超过133 000美元（新建的独栋住宅的中间价为165 000美元）。

传统上，住房抵押贷款是银行可靠的利润来源（住房抵押贷款的额度大，风险低），尽管住房抵押贷款的利润率较低，因此与信用卡等产品相比，住房抵押贷款的资产回报率明显要低一些。如果制定有合适的信用审批流程并且不放过任何一个细节信息，住房抵押贷款业务仍能继续给银行带来丰厚的利润。然而，不可否认的是，与过去相比，住房抵押贷款业务的复杂度显著增强，旧有的3-6-3规则（即给储户支付3%的利率，向抵押贷款客户收取6%的利率，二者间3%的利差就是银行赚得的利润）已然失效。

示例9.1简单地展示了住房抵押贷款的业务流程。

如示例9.1所示，流程开始于有人需要借款购买住宅（如独栋住宅、公寓或度假住宅）或投资房地产。该潜在借款人会联系经纪商、自己的银行、互联网银行或其他实体，从这些实体处获得一张贷款申请表并完成申请表的填写。填写好的申请表会经过严格的审查，包括分析和验证贷款申请人的信息

第 9 章 住房抵押贷款

（信用评分是该流程的一个重要组成部分）、评估财产价值以及审查各项保险要求。贷款得到批准后，客户会参加一个转移会议（Closing），会上将完成所有必要的文书工作，银行开始发放贷款，客户将得到房屋的钥匙。整个贷款审批流程需要一到两个月或更长时间，所需时间的长短取决于贷款交易的复杂程度。如果银行制定有自动审批流程，客户很快就能得到银行的口头通知，告知客户贷款申请的审批结果。本章稍后会探讨贷款的自动审批流程。

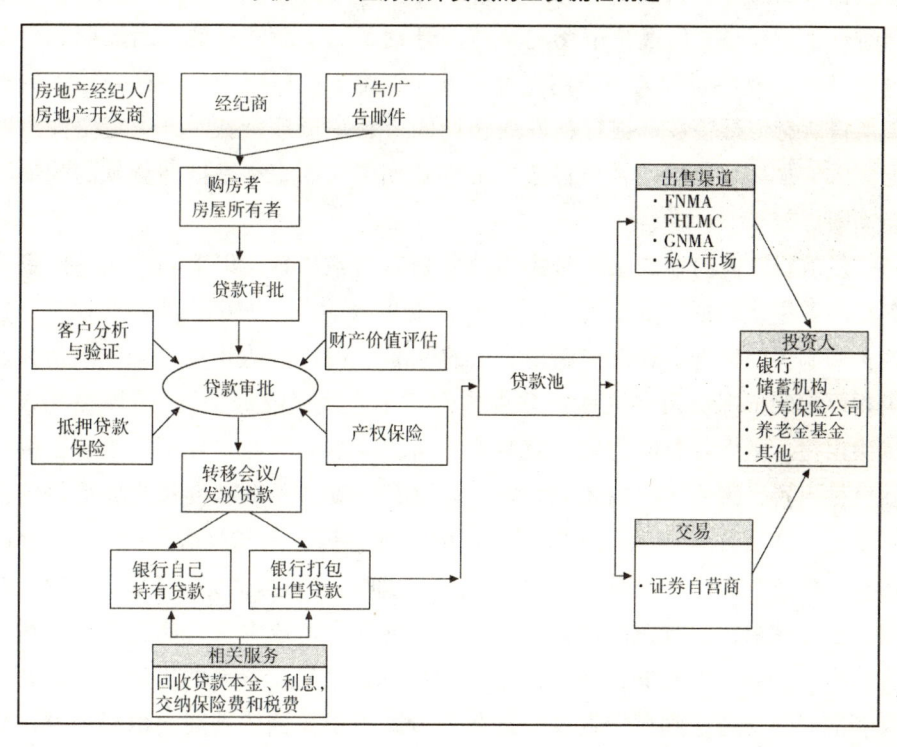

示例 9.1　住房抵押贷款的业务流程概述

完成了贷款交易后，银行可以自己持有这些贷款，或者将贷款打包并在二级市场中出售。通过将贷款打包出售，银行可以迅速收回资金，从而能够继续发放更多的贷款。

银行可以通过三种途径从住房抵押贷款中赚取利润，如下所示：
- 发放贷款并持有这些贷款。
- 发放贷款同时在二级市场中将这些贷款打包出售。
- 为其他银行发放的贷款提供相关服务。

上述每种途径均有自身的优缺点，如下所示：

发放贷款并持有这些贷款。如果银行发放了期限为 15 年或 30 年的固定利率抵押贷款并一直持有这些贷款，那么银行可能会面临融资问题，特别是在利率不断上升的环境中，银行的融资风险会更为突出。除非银行的融资期限与银行的贷款组合的期限相匹配，否则银行的遭遇将与 20 世纪 80 年代美国的很多存贷款机构的遭遇类似。当时，存贷款机构（还有很多其他的金融机构）以较低的短期利率借入资金，并以具有竞争力的长期利率将这些资金投放在长期抵押贷款上。长期抵押贷款利率约为 7%～8%，这一利率水平在当时被认为较高，但很快市场利率就攀升到了一个新的高度。当短期利率超过 20% 时，这些贷款人的长期抵押贷款业务都面临巨额损失。这一惨痛的教训值得所有银行警惕，银行在发放长期固定利率抵押贷款时，一定要注意匹配借款（如银行吸纳的客户存款）的融资期限与固定利率抵押贷款的预期到期期限。

发放贷款同时在二级市场中将这些贷款打包出售。以美国为例，市场中存在两类主要的抵押贷款买方：（1）政府发起的机构如房利美和房地美，这些机构购买的抵押贷款必须满足一定的标准；（2）私人市场，未能满足政府机构要求的抵押贷款（这些贷款也称作"不合规格的贷款"）可以在私人市场中出售。抵押贷款的出售与贷款客户无关，事实上客户并不知道自己的贷款已被出售，因为客户的还款账户一般保持不变，还款额度相比先前设定的水平也不会有任何出入。在收到客户的还款额后，由贷款服务公司（银行）将客户的还款额交付给贷款的当前持有人即贷款的购买方。在这一过程中，银行必须明白，银行花在贷款审批与贷款处理上的成本很可能会超过银行从客户身上所获得的利润，并且银行的利润真正来自于资产的出售。银行在计算利润时还应考虑到自贷款生效日起至贷款被出售这段期间内市场利率的任何变化，以及因市场利率的这种变化所导致的损益。

为其他银行发放的贷款提供相关服务。贷款服务即负责每月的账单开立和贷款回收流程，是一项十分专业化的业务。贷款服务要求高度的自动化水平、对文书工作的精确控制以及明确贷款的实际到期期限（实际到期期限往往显著短于贷款合同约定的到期期限）。在市场利率下调时，房屋所有者倾向于进行抵押贷款再融资，如果客户在另一家银行办理再融资业务，贷款服务公司（银行）的业务负担就会大为减轻。另一方面，在市场利率下调、客户纷纷进行再融资时，这给贷款服务公司（银行）提供了新的业务机会。

贷款的实际到期期限是影响住房抵押贷款业绩的一个关键变量，下面首先看一下哪些因素会影响到贷款的实际到期期限。

贷款的实际到期期限

尽管银行会提供不同到期期限的住房抵押贷款，如到期期限为 15 年或 30 年的抵押贷款，但这种合同约定的到期期限仅具有指导意义，缺乏实质含义。合同约定的到期期限为 15 年的贷款可能在 10 年或 12 年后就全部还清，更有甚者，合同约定的到期期限为 30 年的贷款在 2~3 年后就会全部还清。由于银行并不能确切地知道具体贷款的实际到期期限，银行所能做的就是根据过去的经验来估计抵押贷款的实际到期期限。在估计抵押贷款的实际到期期限时，银行主要关注两个因素，如下所示。

人口流动

美国人平均每 4~5 年就搬一次家。在美国，一个很典型的人生历程就是：中学毕业，离开父母上大学，大学毕业，工作，结婚，生子，离婚，换工作，退休，最后离开这个世界。一些人虽然经常搬家，但一般都在自己的出生地附近；另一些人则会天南海北甚至满世界跑，比如因工作关系需要经常更换住处。人们在搬家时往往需要买卖房屋，这时就会提前偿还原来的抵押贷款并申请新的抵押贷款。

利率波动

资金成本（即借款人为抵押贷款支付的利率或者银行为客户存款支付的利率）的变化对抵押贷款业务有根本性的影响。在繁荣周期，中央银行倾向于加息以抑制通货膨胀；在衰退周期，中央银行倾向于减息以刺激经济发展（然而，中央银行的货币政策往往滞后于经济周期，因此货币政策对经济的降温或升温作用并不明显，有时甚至会有反作用）。在高利率时期，人们更愿意接受可调利率抵押贷款，可调利率抵押贷款的初始利率一般低于固定利率抵押贷款。一旦市场利率最终下滑，原来接受可调利率抵押贷款的消费者往往会用固定利率的贷款进行再融资。在利率不断上升的环境中，人们倾向于继续持有手头的固定利率抵押贷款。与此相反，在利率不断下跌时，人们会利用再融资便利，即申请更便宜的贷款并提前偿还原来的高利率贷款。例如，在1992、1993、1998以及2001这四个年度，美国市场中出现了再融资热，由于利率持续下降，人们纷纷提前偿还原来的高利率贷款，并重新申请低利率贷款。示例9.2展示了利率波动对贷款提前偿还率（再融资率）的影响。

利率下降对消费者而言无疑是利好，因为通过再融资，消费者可以显著降低每月的贷款偿还额。当然，消费者为此需付出的代价是，必须忍受漫长的甚至相当麻烦的贷款申请流程和贷款审批程序。由于贷款审批极其繁琐，很多银行和贷款服务公司因此失去了最具盈利潜力的优质客户。

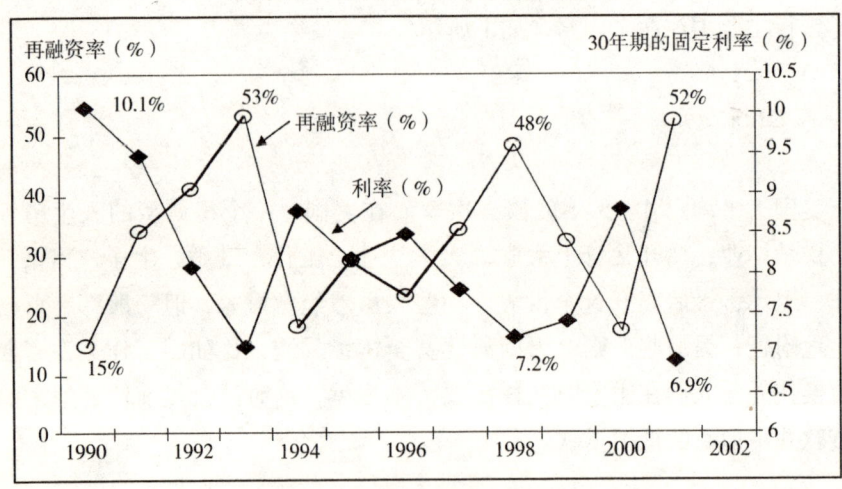

示例9.2　不同利率水平下的再融资率

贷款的提前偿还

征收提前还款罚金（即在客户提前偿还贷款时，银行会收取一笔罚金）无疑是降低再融资率的一种有效途径。以美国为例，近年来，提前还款罚金在传统的抵押贷款融资市场中已有逐渐消失的趋势，尽管这一趋势在次级贷款市场中并不存在。根据标准普尔公司所做的一项调查（调查结果发布在2001年8月的《华尔街日报》上），在2000年，美国次级贷款市场中约有80%的抵押贷款收取提前还款罚金。在利率下跌时，传统的住房抵押贷款市场的借款人可以通过再融资,每月节省好几百美元的抵押贷款偿付额;与此形成鲜明对比的是,次级贷款市场的借款人在提前偿还贷款时(比如希望在3~5年的时间内还清贷款),必须首先支付几千美元的提前还款罚金(提前还款罚金最高达到贷款总额的5%)。政府监管部门和立法机构已在着手调查,目的是明确是否需要对过高的提前还款罚金施加限制。

上述个人因素和宏观经济因素共同作用的结果就是,(如前所述)合同中约定的贷款期限只具有指导意义。下表给出了不同经济条件下贷款的实际到期期限:

合同中约定的到期期限	平均实际到期期限		
	正常条件	利率不断上升	利率不断下降
15 年	4.5	5.8	3.2
30 年	10.4	12.5	3.0

由于抵押贷款的规模一般较大且期限通常较长,因此经济周期(通货膨胀或通货紧缩)对抵押贷款市场就有潜在的重大影响:

- 通货膨胀会导致工资、房价均上涨,工资、房价的上涨对房屋所有者来说是好事(因为房子升值了),但通货膨胀会增大首次买房者的资金压力(如更高的首付款和月付额)。好消息是,通货膨胀能解决银行的几乎所有风险问题。即使客户贷款违约,通过出售客户的房产,银行基本上能收回全部贷款。
- 另一方面,在经济发展缓慢或面临通货紧缩时,房价会保持平稳甚至下降,但失业率会增大,工资的上涨幅度很小,借款人纷纷提前还款。经济衰退会导致贷款违约率升高,从违约客户手中收回的房产也很难转手。

银行应充分理解经济周期的不同阶段对住房抵押贷款业务的意义。

产品规划

抵押贷款产品的规划步骤与其他消费信贷产品的规划大体相似,比如确认目标市场和客户来源、制定产品条款和条件等。然而,抵押贷款业务中也涉及一些独特的规划步骤,比如抵押贷款人必须进行财产评估、聘用律师和产权公司以及准备在借款人违约时收回房产等。

抵押贷款产品的规划流程开始于目标市场定位。

目标市场定位

在目标市场定位中，银行必须制定两个重要决策，一是银行业务希望涵盖的地理区域，二是银行业务希望面向的客户群。很多银行都吃过盲目扩张的苦头，比如在对市场和风险都毫无了解的情况下盲目进军一个新的市场领域。在目标市场定位方面，银行要坚持的一个原则是，只能面向自己熟悉的市场和自己熟悉的客户。如前所述，一些银行因盲目跟风，在次级汽车贷款市场遭遇了巨大损失；尽管住房抵押贷款市场尚未发生过类似情况，但这并不意味着未来就没有发生这种情况的可能性，如果银行一味追求利润，毫不顾虑客户的信用质量和风险水平，发生贷款损失的可能性就相当高。以美国为例，在2000年末，将近3%的次级抵押贷款逾期超过90天，该逾期率相当于传统抵押贷款的10倍，可见风险水平相当高。

客户来源渠道

以美国为例，传统上，大部分抵押贷款业务都来自银行分支机构和现有客户的推荐。今天，互联网作为银行业务来源的重要性日益突出，其他一些间接渠道，如房地产经纪商、律师、会计师、房地产开发商以及抵押贷款经纪人等也是银行重要的业务来源途径。通过互联网和间接渠道获得的业务占到整个银行贷款业务的将近一半。抵押贷款在某些方面与间接汽车贷款类似。如前所述，从事间接汽车贷款业务的银行必须完全熟悉汽车经销商，类似地，发放抵押贷款的银行也必须完全熟悉经纪商（人）。正如银行需要了解汽车经销商的销售业绩一样，银行也必须持续追踪经纪商（人）的业绩状况。与间接汽车贷款业务的拓展类似，银行在开辟抵押贷款业务渠道时，也应关注渠道的信誉，并只与信誉良好的渠道合作。

在追求客户数量的同时，银行一定要严把客户质量关。一些经纪人出于自身利益的考虑，采用各种手段美化贷款申请人的信用数据，更有甚者，有些经纪人故意捏造虚假信息，目的是使客户的信用状况看起来更可取，更容易通过银行的审批。

产品条款和条件

住房抵押贷款业务领域的单一产品时代（即 30 年期固定利率的分期偿还贷款）已一去不复返了。今天，银行推出了各种住房抵押贷款产品以迎合消费者的不同需要，如第一抵押贷款、第二抵押贷款等产品。市场中存在 8~9 种主要的住房抵押贷款产品，银行基本上是根据以下三种特征进行产品丰富：

- 固定期限或可变期限。
- 固定利率或可变利率。
- 固定偿还计划或可变偿还计划。

根据以上三种特征，银行可以组合出以下产品：

- 可调利率抵押贷款（ARM）。这种可调利率抵押贷款的利率可以每月、每半年或每年调整一次，每月还款额根据利率的变化同步调整，贷款期限保持不变。

- 可调利率抵押贷款，这种可调利率抵押贷款的利率和贷款期限都可变，但每月的还款额保持固定。如果贷款利率增大，为避免负摊销，贷款期限一般会相应延长。

- 还款渐增式第一抵押贷款。这种抵押贷款的利率和贷款期限都保持不变，但每月还款额随时间定期增加。这种贷款产品专为首次购房或年轻的购房者设计。这些年轻的购房者是十分理想的目标客户群。统计表明，年龄在 25~29 岁的年轻人中，只有 36% 的人拥有自己的住房；年龄在 30~34 岁的消费者，住房拥有率达到 52%；年龄在 55~64 岁的消费者，住房拥有率则高达 80%。

以上只是列举了一部分住房抵押贷款产品。事实上，银行可以根据借款人的需要设计出任何特征的产品，比如贷款利率可以与基准利率相挂钩，也可以与短期国债利率相挂钩，贷款利率可以有上限，也可以没有上限，贷款可以在到期时一次性偿还本息，也可以分期偿还，等等。所有这些特征可以任意排列，每一种排列都是一个新的贷款产品，每种贷款产品都有自身独特的风险/回报特征。

银行在设计抵押贷款产品时，有必要考虑到以下风险/回报特征：

	风险	回报
1. 长期贷款	• 融资风险 • 重大人生事件风险 • 贷款的回收期较长（比如可能长达30年）	• 稳定的收入流 • 每月较低的还款额，这一特征有助于吸引客户 • 客户获取成本需在较长的期限内摊销
2. 固定利率贷款	• 融资风险	• 可提前确定贷款的偿还额，这一特征有助于吸引客户
3. 最小本金摊还或零本金摊还/仅偿付利息	• 每月收回的贷款本金较低或为零	• 每月还款额较低，这一特征有助于吸引客户
4. 可变利率贷款，参考利率波动较大	• 在高利率环境中可能会导致客户流失	• 较低的融资风险
5. 利率上限贷款	• 具有一定的融资风险	• 有助于吸引和保留客户

利率上限贷款在其有效期内的利率水平可以相比初始贷款利率上涨5～6个百分点，具体上涨幅度取决于银行面临的竞争压力以及银行维护客户关系的需要。一般而言，每年的利率上涨幅度不应超过1～3个百分点。所选择的参考利率可以每月调整一次，也可以每半年或每年调整一次，具体选择哪种调整频率取决于银行控制融资风险的能力或者银行暂时承担负利差的意愿。在经济中存在通货膨胀时，调整频率较慢的参考利率无疑对客户有利，调整频率较快的参考利率则对银行有利。

贷款审批流程

在美国，与抵押贷款审批相关的基本标准和指南由两家准政府机构制定，这两家准政府机构也是抵押贷款二级市场上的融资提供方，它们是联邦国民抵押贷款协会（Fannie Mae，俗称"房利美"）与联邦住房抵押贷款公司（Freddie Mac，俗称"房地美"）。两家机构会就抵押贷款的审批设定若干标准，如下所示：

- 最大贷款规模和贷款目的。
- 信用状况，包括信用评分。
- 债务负担与资产分析。

- 客户验证。
- 贷款额度价值比与财产评估。
- 抵押贷款保险与产权保险。

对希望将抵押贷款打包出售的银行来讲，如果抵押贷款质量不能满足这两家机构的要求（即不合规格的贷款），银行也可以在私人市场中出售抵押贷款。当然，银行在发放抵押贷款时可以完全按本行的标准来行事。不管怎样，二级市场（将抵押贷款打包出售的市场）对抵押贷款的标准审批流程有很大的影响。下面将逐一探讨这些审批标准。

贷款规模与贷款目的

2002 年，在由房利美和房地美控制的二级市场中，两家机构规定第一抵押贷款的最大规模不得超过 300 700 美元。最大贷款规模会随时间逐步增加，该指标每年都会重新审核。事实上，美国不同地方的住宅中间价存在很大差异，比如夏威夷的住宅中间价高达 375 000 美元，得梅因的住宅中间价仅为 56 000 美元。考虑到住宅价格的地域差异，消费者对住房抵押贷款的需求也具有广泛的多样性，不同地区的最大贷款额度可能相差悬殊。比如，在堪萨斯城，一笔额度为 15 万美元的贷款就算得上是额度极高的贷款，而在圣地亚哥，一笔额度为 35 万美元的贷款只能买到一栋仅有两个卧室的带车库的长形平房。

随着住房价格的一路攀升，股市的持续上涨，以及美国经济的新一轮繁荣周期的到来（至少持续至 2000 年，随后因次贷危机引发了一场深刻的经济灾难），财力足够并能申请大额房贷（Jumbo loans，即贷款额度超过房利美和房地美的法定收购限额的普通房贷）以购买更为昂贵的住宅的消费者数目有了显著增加。只要消费者拥有足够的财力，并且待购买住宅的价格也比较合理，就有银行愿意为消费者提供大额贷款。对银行来讲，提供大额贷款的风险是显而易见的，当然回报也十分丰厚。大额贷款的处理成本并不比小额贷款高，但每笔大额贷款所带来的利润则比小额贷款高得多。任何愿意提供大额贷款的银行都应有足够的耐心仔细审查贷款申请人的各项信息，审查过程必须涵盖前文曾提到过的所有审批项目，审查中不能放过任何一个细节，必要时还应参考经验丰富的人士的主观判断。目前，尚未有哪种统计方法能有效地评估额度高达 200 万美元、300 万美元甚至更高额度的贷款，比如在互联网时代一夜暴富的一位年仅29岁的网络商为购买第一幢别墅所申请的贷款。对这种额度极高的贷款，银行在审批时不再能依靠传统的统计方法，而是必须参考专家的经验和主观判断。

消费者第一抵押贷款一般仅限于自住性质的第一套和第二套住宅（度假住宅）以及价值较低的投资性住宅（供一到四户家庭居住的住宅）。很多投资性住宅也兼具自住性质，比如一套供一到四户家庭居住的住宅，房主本人自住其中的一单元，出租其余的两单元或三单元。较大的投资性住房抵押贷款（投资人持有大量住宅）是一个不同于消费者住房抵押贷款的专门市场，该市场并不在消费信贷业务的范畴内。

贷款申请

曾有一位咨询师这样问他的学员："在填写住房抵押贷款申请表与在未麻醉的情况下让牙医进行牙根管填充手术，两者中各位更愿意亲身实践哪一项？"

几乎所有的学员都选择后者，即在不打麻药的情况下进行牙根管填充手术。填写住房抵押贷款申请表真的有这么可怕吗？有经验的读者可能知道，住房抵押贷款申请表的填写极耗时间、极其繁琐、极为让人恼火。一位美国消费者这样描述自己申请抵押贷款再融资的过程：妻子和我光签名就签了39遍，一共有39份文件需要签名，全部文件总共有51页纸，有3磅重！幸运的是，这一状况正在得到改变。仅在几年前，银行每获得一笔贷款就会损失1 100美元的客户获得成本，因为贷款审查成本平均为2 600美元，其中有1 500美元能用客户收费抵补。2 600美元的成本包含花在贷款申请上的时间和金钱，比如接受潜在客户提交的贷款申请表，在银行拒绝了潜在客户的贷款申请后向潜在客户发送拒信并退回相关申请材料等。大部分银行会提前向贷款申请人收取一笔贷款申请处理费，或者按贷款额度的一定百分比（如1%~2%）收费。有时银行为吸引新客户，作为促销方案的一部分，会免收贷款申请处理费。今天，银行可以使用高度自动化的贷款审批流程，贷款审批速度显著加快，贷款处理成本也得到最小化。与此同时，银行的风险管理效率丝毫未受影响。对大型银行来讲，使用自动化的贷款审批流程，传统的第一抵押贷款的处理成本平均仅为600~700美元，第二抵押贷款的处理成本更低。

贷款审批流程开始于潜在客户完成贷款申请表的填写，贷款申请表可以在银行的分支机构处填写，也可以在线提交或者通过经纪人提交。如果银行拥有训练有素的贷款审批员（或经纪人，比如在通过经纪人提交贷款申请时），贷款审批员通过询问潜在客户一些问题，就可以大致确定该潜在客户是否满足银行的最低要求。如果是在线申请，贷款审批员也可以通过了解潜在客户的类似信息，以确定该潜在客户是否满足银行的信用要求。在审查贷款申请信息时，银行应了解以下问题的答案：

- 潜在客户申请的贷款产品是银行愿意提供的贷款产品吗？
- 担保物的价值是否足够高，从而能充分保证银行的抵押贷款的安全性？
- 潜在客户的历史信用状况如何？
- 潜在客户能否满足每月的还款要求？

如果潜在客户申请的贷款产品是银行愿意提供的产品，并且潜在客户的信用条件满足银行的要求，贷款审批流程就可以进入下一步。

训练有素的贷款审批员能迅速识别出明显不能满足银行要求的贷款申请人，同时能对那些真正优质的潜在客户提供特别服务，加快优质潜在客户的贷款审批流程。尽管大部分潜在客户的信用质量都属于中间水平，需要银行花费较多的时间进行甄别，但在贷款审批的初期阶段实施这种鉴别分类（Triage），无疑有助于银行节省宝贵的时间和资金，并能给优质客户"大开绿灯"，从而使银行更容易留住这些高盈利的客户资源。

自动审批流程

在收到潜在客户的贷款申请表后，银行可以使用传统的手工方法进行贷款审批，这种方法需要耗费大量人工。出于降低贷款审批成本的考虑，同时也为了改善贷款审批流程的统计可靠性，大多数银行现在已转而采用自动审批流程。住房抵押贷款二级市场的准政府机构如房利美和房地美是贷款自动审批流程的积极推动者。例如，房利美的 Desktop Underwriter Guide 能根据具体贷款申请人的风险特征和贷款条款，迅速评估抵押贷款的风险水平；房地美的 Loan Prospector 也具有类似的功能。自动审批模型能综合评估各种风险要素，包括财产的类型、贷款规模和贷款目的、贷款额度价值比、债务负担比率（住房开支所占比率或者总费用所占比率）、可得的资产、潜在客户的信用历史、职业状况等，从而能给贷款审批流程提供各种风险指标；为加快贷款审批速度，自动审批模型还能就信息的数量和信息的深度提出具体要求。根据房地美的说法，使用自动审批流程，银行的贷款处理时间能减少 20~30 天；自动审批流程还能提高贷款的审批率，某些贷款申请人在传统信用指标下不具备什么优势，但这些贷款申请人实际上也是潜在的优质客户，自动审批流程能给这些贷款申请人提供信用机会，同时也能提高银行的盈利能力。

根据输入的数据信息，自动审批模型能给银行提供全面的决策指导，包括何时使用专门的文档记录系统，何时进行专业的财产评估，何时要求申请人投保抵押贷款保险，以及何时提高贷款额度价值比。如果银行严格遵循房利美和房地美的贷款审批程序并且已得到房利美和房地美的认可，使用这两家准政府机构的自动审批模型，银行能在几分钟的时间内得到贷款审批结果，这些结果只是初步审查结果，如暂时批准或初步拒绝某项贷款申请。自动审批模型十分依赖信用评分系统。考虑到超过 75% 的抵押贷款申请都实施了信用评分，可以预见，在抵押贷款业务领域能取得成功的银行将是那些致力于贷款审批流程的自动化、不遗余力地提高贷款审批速度的银行。

下面逐一描述抵押贷款审批流程中的各个步骤。

财产的描述与估价

抵押贷款审批流程开始于贷款审批员从潜在客户的贷款申请表中获取足够的信息，包括潜在客户准备购买或准备再融资的财产的价格、潜在客户申请的贷款额度、贷款首付的资金来源，以及对财产的描述。对贷款审批员来讲十分重要的是，需要尽早明确潜在客户准备购买的财产是全新的独栋住宅、二手独栋住宅、度假住宅、合作公寓、康斗公寓、投资性财产，还是其他财产类型。任何一家银行都不可能提供全部贷款产品，如果申请人所需要的贷款产品已超出了银行的供给范围，银行可以将申请人推荐给别处。

如果贷款审批员经验丰富，他将大致知道本地最近出售过什么类型的住宅，并据以判断贷款申请人所提供的信息的真实性，必要时可以要求申请人提供进一步的交易证据。财产评估流程的重要性不啻于确定潜在客户的贷款偿还能力，因为在客户违约时，该项财产给银行提供了第二道防线，尽管收回客户的财产是双方都不愿意看到的一种结局。完整地描述了潜在客户的财产并估计了该财产的价值之后，接下来就需确定银行愿意给该客户提供的贷款额度。

第 9 章　住房抵押贷款

贷款额度价值比

　　银行必须确定自己愿意提供的贷款额度能否达到客户的要求。针对主要的贷款品种，如为自住性质的住宅、度假住宅以及投资性质的住宅提供的抵押贷款，业内已存在一套贷款额度价值比标准，银行必须决定是严格遵循这些标准还是允许适当的例外。如前所述，房利美和房地美规定单笔住房抵押贷款的最大发放额度不得超过 300 700 美元，不合规格的住房抵押贷款的额度可以高得多，具体如何选择取决于银行的决策。如果是自住性质的住宅，第一抵押贷款的标准贷款额度价值比一般为 80%。换句话说，银行所提供的贷款额度相当于房屋价值的 80%，计算过程如下所示：

第一抵押贷款

房屋价值①	$ 100 000
贷款额度价值比	80%
最大贷款额度	$ 80 000

　　很多银行已将第一抵押贷款的贷款额度价值比提高到 90%～95%，从理论上讲，这么高的贷款额度价值比只能适用于财务实力稳健、各项指标完全合格的贷款申请人，或者在贷款申请人购买了私人抵押贷款保险（Private mortgage insurance，PMI）后，银行也可以提高贷款额度价值比。不管怎样，在刚开始时采用 80% 的贷款额度价值比是一个比较好的起点。尽管在为自住性质的住宅提供第一抵押贷款时，一般使用 80% 的贷款额度价值比，但在贷款规模较大并且贷款目的发生改变时，贷款额度价值比往往会下降，具体如示例 9.3 所示。

　　有些消费者可能筹集 20% 的首付款都有难度，对这类消费者也有一些备选方案：

　　（1）借款人可以购买私人抵押贷款保险（PMI）。有私人抵押贷款保险的借款人可以获得较高的贷款额度价值比，从而能弥补首付款的不足。

　　（2）一些银行提供"80/15/5"或"80/10/10"产品，这两种产品分别只要求 5% 和 10% 的首付款，剩余的 15% 和 10% 的首付款要求用银行提供的额外贷款来弥补，该额外贷款的利率较高，或适用第二抵押贷款利率。这种安排能使借款人和银行实现双赢：

---

① 房屋价值以售价或评估价为准，取二者中的较低值。

- 对借款人来讲，与购买私人抵押贷款保险的成本相比，对一小部分贷款适用较高的利率更为划算。
- 对银行来讲，与贷款风险相匹配的较高利率能给银行带来更多的回报。

在所有抵押贷款类型中，与自住性质的住宅相关的抵押贷款或再融资的风险最低，因此该贷款类型能获得较高的贷款额度价值比。事实证明，自住性质的第二套住宅或度假住宅的抵押贷款风险也较低。投资性住宅的抵押贷款的风险一般较高。在房市繁荣时投机性购买地理分布上较为集中的大量度假住宅，与这种投机交易相关的抵押贷款的风险会更大。对银行来讲，为有效控制风险，应限制单个个人贷款购买的投资性住宅的数量，并降低这种贷款的贷款额度价值比，比如降至60%~80%或更低水平；尤其是对比较昂贵的投资性住宅，更应严格控制贷款额度价值比。

示例9.3　贷款额度价值比样本

贷款类型	合规格的贷款 ≤ $300 700	不合规格的贷款 < $300 000	$300 000 ~ $400 000	> $400 000
自住性质的第一套住宅	95%（有PMI） 80%（无PMI） 80/15/5*	95%（有PMI） 80%（无PMI） 80/15/5*	90%（有PMI） 80%（无PMI） 80/15/5*	80%（无PMI） 80/15/5*
度假住宅/第二套住宅	95%（有PMI） 80%（无PMI） 80/15/5*	80%	70%	60%
投资性住宅	90%（有PMI） 80%（无PMI） 80/10/10*	80%	70%	60%
第二抵押贷款	对自住性质的住宅，第一抵押贷款和第二抵押贷款加起来的贷款额度价值比最高为95%（一些银行高达125%）；对度假住宅/第二套住宅，第一抵押贷款和第二抵押贷款加起来的贷款额度价值比最高为90%。随着贷款额度的增大，第一抵押贷款和第二抵押贷款加起来的贷款额度价值比会逐渐下降。这里一般适用FICO**信用评分。			

* 三个数字分别代表第一抵押贷款所占比例/第二抵押贷款所占比例/首付款比例。

** 即FICO公司，全称为Fair, Isaac & Company, Inc.。

在炙手可热的房地产市场中（这种市场存在明显的泡沫，比如20世纪90

年代末的硅谷），银行更要注意限制贷款额度，这种市场的房价很可能会迅速回落。房价上涨过快，比如每月上涨2%～3%，并不是一件好事，出现这种情况时银行一定要警惕，这可能是房市即将出问题的前兆。对于发生区域性衰退的市场（比如20世纪90年代美国的一些农产品市场），一般情况下也应暂时降低针对这些市场的贷款额度价值比，除非财产评估结果表明提供较高的贷款额度比较合理。对于条件很差或偏远地区的住房来讲，由于这些住宅很难流通转让，因此贷款额度价值比也较低。

明确了贷款额度和贷款额度价值比之后（至少理论上明确了这两个指标，实际验证过程稍后再进行），下一步就是确定贷款申请人的信用价值。

借款人的信用价值

贷款申请人的信用评分是自动审批流程的一个组成部分，银行在制定信用决策时，信用评分是一个十分重要的参考指标。银行应对每一个贷款申请人实施信用评分。抵押贷款二级市场于几年前明确了信用评分的这种预测功能，美国的相关机构鼓励银行使用FICO模型或其他经过验证的信用评分模型来分析贷款申请人的信用状况。如果成本允许（注意，抵押贷款的额度通常较大，因此在与抵押贷款相关的信用评分上多花费一些资金对银行而言完全值得），银行应要求获得一份综合信用评分报告，该报告以三家信用档案公司的信息为基础（如前所述，分别是Equifax Beacon模型、TransUnion Empirica模型以及Experian的Experian/Fair, Isaac模型）。如果借款人没有任何信用记录或信用评分信息，对借款人的贷款申请应采用非常规办法进行处理，即这种情况下不能使用自动审批流程，而是应采用主观判断机制。

借款人的收入与债务负担比率

贷款审批流程中另一个需要考察的关键变量是贷款申请人的收入信息，比如贷款申请人的收入多少、收入来源（如果是联合申请，则考察家庭的总收入），以及贷款申请人所持有的资产，包括流动资产和不动产。银行必须了解贷款申请人的还款计划，包括首付款的资金来源。如果贷款申请人的收入信息有明显的矛盾之处，比如管道工的年收入有25万美元或者收银员的收入高达9万美元，对这些与实际情况明显不符的资产/收入信息应重新核查。考察收入信息时所遵循的原则是，借款人的收入水平应足够满足贷款首付要求；以及在借款人失业或面临财务困境时，借款人有维持基本生活需要的资金来源。如果借款人的收入水平满足以上要求，银行就能在一定程度上控制贷款违约率。

明确了借款人的收入水平后，银行还应进行债务负担分析，即考察借款人每月的还贷负担占每月收入的比例。前文曾提到过与计算债务负担比率相关的问题，以及获取完整而准确的数据的难度。尽管很难从统计意义上验证债务负担分析的预测功能，但考虑到住房抵押贷款较大的额度，对每笔住房抵押贷款交易都应实施债务负担分析，特别是在二级市场上打包出售贷款时，债务负担分析更是一个必要条件。

在度量债务负担比率时有两种方法可供选择，如下所示：

每月的住房开支占每月收入的比率。每月的住房开支包括每月需偿还的抵押贷款本金和利息、房屋保险金、财产税、抵押贷款保险费以及业主协会的会费等。每月的住房开支占每月稳定收入的比率一般为：合规格的贷款28%~33%；不合规格的贷款30%~35%。

每月的债务负担占每月收入的比率。每月的债务负担是指每月的住房开支加上每月需偿还的循环贷款、分期贷款以及其他贷款偿还要求。每月的债务负担占每月稳定收入的比率一般为：合规格的贷款36%~42%；不合规格的贷款不得超过45%。

上面给出的是比较具有代表性的债务负担比率。在设定具体的债务负担比率要求时，银行应考虑到各个地区的特殊情况。例如，在大城市，住房开支在年轻人的支出中所占比例较大。对于在大城市工作、发展前景十分看好并且是首次申请住房抵押贷款的年轻人而言，高达50%的债务负担比率对银行来讲也可以接受。另一方面，如果申请人位于人口密度较小的农村地区，银行对债务负担比率的要求就会严格得多。上面给出的债务负担比率标准可以作为银行的参考并且适用于大部分贷款申请人，当然，在某些特殊情况下严格遵循这些比率要求可能会导致银行错失极具盈利潜力的业务机会。

首笔贷款的债务负担比率相对容易计算，因为银行可以比较准确地获得每月的本金偿还、利息偿还、税收及保险费等方面的信息，每月的收入信息也很容易确定。如果借款人申请的是第二笔贷款，银行需要计算借款人每月的债务负担占每月稳定收入的比率。借款人每月的债务负担对银行来讲并不是一个确切的数字，银行需要估计该项信息，这种估计并不容易，原因在于：

• 关于借款人未偿债务的信息可能并不准确，因为信用档案公司掌握的信息并不全面或者信息有误。

- 客户随时都可以获得新的循环贷款，这可能导致客户每月的贷款偿还额显著增加。

上述任何一项原因都可能导致债务负担比率的计算与实际情况有较大出入。

在需要全面分析申请人的信用状况时，比如申请人的信用评分较低或者有证据表明申请人有大额待偿债务时，这时应准确地计算申请人的债务负担比率。考虑到债务负担分析所存在的问题，一些银行转而分析申请人的可用资产，包括股票和债券、个人退休账户、401（k）等，这些资产都可以明确地验证。尽管资产可能会"消失"（申请人的收入也可能随时发生改变），但适度的存款至少表明申请人在个人理财方面具有一定程度的自律性，这些存款可以帮助申请人度过不可预期的财务困境。

初步决策

使用房利美的 Desktop Underwriter 系统、房地美的 Loan Prospector 系统或者银行自身的贷款处理系统对贷款申请信息进行了全面分析后，系统会给出一些建议，银行可以参照这些建议进一步验证相关信息或者直接实施相关信用决策。系统的建议可能是：

- 批准潜在客户的贷款申请。潜在客户的信用条件和财务状况满足银行的相关要求。
- 进一步验证相关信息。不能明确地判断潜在客户满足相关要求，在制定拒绝或接受决策前，银行有必要获取进一步的信息。
- 直接拒绝潜在客户的贷款申请。如果获得了新的信息，银行还可以再次考虑该项贷款申请。

银行可以根据系统的建议或接受或拒绝该项贷款申请，或者努力获取新的信息以进一步验证申请人的信用质量。此外，即使贷款不能满足二级市场的相关标准（如房利美和房地美所提出的标准），银行可能仍会接受该项贷款申请（参见前文对"大额房贷"的定义）。

信息的进一步验证

如果银行决定批准客户的贷款申请，自动审批流程将会引导银行一步步验证申请人的相关信息，并对申请人的财产作出评估。

验证申请人的收入和资产信息

如果审批流程认定申请人的风险水平较高，银行可能需要进一步验证申请人的收入和资产信息。有些收入信息很容易验证，例如，来自全职工作的收入就可以通过工资单验证（在美国是通过雇主的所得税扣缴表格即所谓的W-2表格来验证申请人的收入信息）。另一方面，与自我雇佣人士、第二职业、加班、奖金、佣金或手续费等相关的收入较难评估。其他收入，比如利息收入、股利收入、外部投资收入、信托基金收入、离婚后的赡养费收入、房屋租赁收入等，也很难进行证明或验证。显然，针对自我雇佣人士的收入验证过程理应更为严格。有经验的贷款审批员至少应审查自我雇佣人士先前一两年的营业税上缴情况。由于小企业的纳税申报表中包含很多微妙的内容，贷款审批员应能从繁杂的数据中捕捉到与经营收入的稳定性和可靠性相关的信息。

以美国为例，由权威机构（如房利美）制定的抵押贷款二级市场操作手册详细地规定了如何验证不同的收入信息（当然，手册对贷款审批流程的所有方面都有详细的规定）。完善的自动审批流程能帮助贷款审批员决定哪些收入信息或资产信息需要进一步验证，哪些信息可以无需验证直接接受。使用自动审批流程无疑能极大地改善银行的审批效率，然而在需要对某些客户作特殊处理时，操作手册是极有价值的参考资料。

财产评估

如前所述，获取准确的、有据可查的财产估价信息是谨慎的贷款审批流程的一个重要组成部分。财产评估的目的是为了根据手头拥有的信息，确定住宅或公寓的价值。财产评估中需要考虑可比住宅最近的售价、税收记录以及住宅的重置成本（即以当前的建筑成本建造一栋同样的住宅所需的花费）。对于联排房屋或公寓而言，财产评估比较简单，因为这类住宅的转手率比较高。对于设计比较独特的高档住宅或偏远地区的住宅而言,财产评估要复杂得多,因为这类住宅的转手率十分低。由于财产评估中使用的都是过去的信息,因此在房屋的市价大幅上涨或急剧下跌时,根据过去的信息得出的房屋估价就会不太可靠,银行在进行财产评估时必须意识到这一点。在财产评估业务领域,一些评估师或评估公司的评估结果会更为可靠,银行应持续监控评估师的评估业绩,从中挑选出评估结果最为可靠的评估师,也就是说,银行应持续评估财产评估师的业绩表现。财产评估工作一般交由外部的专业评估师来完成,银行负责确保评估流程的准确性和可靠性。选择合适的评估师是财产评估工作顺利进行的关键。

评估师的任务是给银行提供完整、准确的财产描述,并根据财产的特性给出财产的估值,当然,估值的得出必须有准确、充分的数据支持。取决于贷款的规模、贷款额度价值比、申请人的信用评分以及财产的潜在风险水平,财产评估工作的实施深度也有所不同,按深度由浅至深的顺序,财产评估工作的履行方式有以下几种:(1)仅根据手头掌握的书面信息进行自动评估或电子评估,书面信息可以是类似房屋的价格信息、财产税与评估记录信息以及先前的实地考察所获得的信息;(2)仅从外部简单考察一下房屋的实际状况;(3)进行全面的现场考察。

在全面的现场考察中,评估师将亲自检查房屋的房龄、房屋面积(包括土地面积和建筑面积)、建筑的类型、房屋所在地、建筑的条件以及社区居民的素质等要素。评估师还会了解每一个房间的大小和条件。评估师也会确认房屋所具有的独特特征,包括房屋的附属设备如车库、露台、游泳池、热浴盆等可能给房屋带来增值或可能导致房屋贬值的设备。

评估成本随评估工作的实施深度而有所不同,最简单的电子评估的评估费仅为35美元,全面的现场考察的评估费可能高达数百美元。选择与风险水平相适应的财产评估方法对银行来讲非常重要,完善的自动评估流程有助于银行降低财产评估成本,加快财产评估速度。

财产税记录

在美国,房产评估在很大程度上依赖于州或郡的财产税记录,根据财产税数据,评估师就可以很准确地给出财产的真实价值。一般情况下,当地的税务局每年都会给房主开立一张账单,要求房主支付一部分地方政府费用,包括学校、警局、消防局及道路维护方面的费用。这种税收的支付以房主的房产价值为参数，支付额占房产价值的一定比例。在一些地区，为税收目的而评估的房产价值十分公正、合理。比如，在明尼苏达州和佛罗里达州，房产的价值会根据当前的售价定期更新，当地税务局开立的财产税账单上的数目也会不断修正。在这种情况下，财产评估就能以财产税数据作为主要的参考信息。

在其他一些地区，如纽约长岛的拿梭郡，财产估值（以及财产税）很少更新①。在加利福尼亚州，财产税记录与财产估值只在财产被出售时才进行更新。在这种体制下，新房主必须支付更高的财产税。下面举例说明。假设某栋房产在1998年购置，价格为250 000美元；与该栋房产相毗邻并且在其他方面都完全相同的另一栋房产于1950年购置，购买价为25 000美元。如果两栋房产都得到很好的维护，在2001年转售时，两栋房产的价格将一样。但事实上，在1950年购置的那栋房产上缴的财产税只相当于1998年购置的房产上缴的财产税数目的十分之一。因此，转手越频繁，财产税的更新就越快。在参考财产税信息时，一定要先调查一下该信息是否已过时。

抵押贷款保险、产权保险与火灾保险

在贷款申请得到批准之前，房主必须证明自己已为被抵押的财产投保了房屋保险和责任保险，包括标准火灾险、意外险和责任险，并以银行作为房产的留置权持有人。产权保险是另一项保险要求。产权保险是为了保证产权交易的有效性，确保房产的买方不致因为先前进行的与该房产相关的交易而卷入任何产权纠纷中。在洪涝灾害频发地区，银行可能会要求房主投保洪灾险，处于地震带上的房屋可能还需投保特别险。

在房屋升值潜力较大且房价持续上涨的地区，即使贷款申请人只能支付10%的首付款，银行可能也会同意给该贷款申请人发放贷款，前提条件是贷款申请人必须投保私人抵押贷款保险（PMI）。通过收取一定的费用，一些私人机构愿意为银行在因客户违约而收回房屋或出售房屋中所遭受的损失提供保险，保险涵盖范围为银行损失额的10%~30%。与其他保险安排类似，银行必须了解保险人的价值和可靠性。比如，保险人的财务实力是否足够雄厚，

---

① 2001年，拿梭郡发起了一个为期三年的财产税修正项目，该郡自1938年起一直没有更新财产税数据。

从而在市场急剧恶化且损失十分惊人时，仍能提供保险偿付。私人抵押贷款保险的保费很低（一般为1%甚至更低），但所面临的风险敞口却很大，因此在银行最需要保险偿付的时候，比如在市场严重衰退或急剧下跌时，保险人的偿付能力可能会出现问题。需要注意的是，随着贷款逐渐得到偿还，私人抵押贷款保险这项要求也可以逐步免除。在美国，如果房主已偿还了足够的贷款，这种情况下继续要求房主交纳私人抵押贷款保险费就是违法行为。

最后的法律流程

完成了贷款审批流程后，在最终发放贷款前，银行还需履行一些法律和审计手续。在所有文书工作均已完成且律师已审查了文件的法律细节后，银行才能正式发放贷款。例如，必须确保所有与房屋买卖相关的税收已完全结清，优先留置权也确信无疑。一些非常琐碎的项目如自来水账单也必须仔细检查，以防止先前的房主未结清自来水账单而给新房主留下大笔未付账单。

在转移会议（Closing）上，房屋买方面临若干项成本，对这些成本项目必须提前向买方解释清楚。提前解释成本项目不仅是一个常规操作程序，也是一项法律要求。除了前文已提到过的保险费之外，房屋买方可能还需交纳抵押贷款登记费、房屋评估费、法律费以及房屋转让费或转让税（在美国，一些郡政府或地方政府对出于环境保护的目的而购买湿地或公共用地的行为也征收转让费，费率一般为1%）。这些名目繁多的收费项目足以吓坏首次购置房产的消费者，银行有责任在消费者出席转移会议前向消费者耐心解释这些收费项目的合理性。除非房屋价格比较低，否则这些杂七杂八的收费加起来可能高达数千美元。老话说得好，"出席转移会议时带上支票本"，这句话再真实不过！

房屋净值贷款/第二抵押贷款

在美国，第二抵押贷款是增长最为迅速的消费信贷业务领域之一。第二抵押贷款面向已申请有第一抵押贷款的房屋所有者。在客户违约时，必须首先满足第一抵押贷款债权人的全部还款要求，之后才能偿还第二抵押贷款债权人。随着贷款逐渐得到偿还，借款人拥有的房屋净值越来越多，加上除第一抵押贷款和第二抵押贷款①之外的贷款利息所享有的税收优惠逐渐被取消，以及条件十分吸引人的新的抵押贷款产品的不断涌现，第二抵押贷款已成为人们在满足自身的融资需要时的一种十分常见的选择。银行通过邮件、电话营销或电视广告的形式不断招揽客户购买第二抵押贷款产品，尤其是利息支付额较高的信用卡客户更是银行竞相争夺的业务对象。

借款人申请第二抵押贷款的原因有很多。第二抵押贷款使得借款人可以偿付信用卡债务和其他短期债务，为住宅装修提供融资，购买度假住宅，以及支付任何额度的费用。市场中存在两种基本的第二抵押贷款产品，两种产品均可以采用固定利率或可变利率。这两种产品是：

- 期限和余额均固定的分期偿还贷款。
- 循环贷款，一般提供支票便利。这种贷款通常称作"HELOC"或"房屋净值信贷额度"。

这两种贷款可以定期摊还本金，也可以在特定时间内不摊还本金（一般在前五年不摊还本金，仅支付利息），然后开始定期摊还本金。很少有第二抵押贷款的期限会超过20年，尽管市场中的确存在这种例外。

从银行的角度来看，尽管第二抵押贷款明显不如第一抵押贷款的安全性高，但第二抵押贷款也能提供一定程度的保障，因此第二抵押贷款的核销率也在银行可以接受的范围内。事实上，在发放第二抵押贷款时，银行即拥有借款人房屋的留置权，这可以激励借款人及时还债。与此同时，银行也意识到，在很多情况下收回违约借款人的房屋并不划算，除非第一抵押贷款的债权人已采取了这一行动。一些银行将第二抵押贷款视为无担保贷款，尽管银行实际上拥有借款人房屋的留置权。前面的章节曾探讨过个人破产的增加对消费信贷业务的影响，以及通过申请个人破产可以勾销的无担保债务的数目；这里需要告诉读者的是，很难通过申请个人破产达到勾销担保债务的目的。

银行对第二抵押贷款收取的年利率一般会比第一抵押贷款高2%~4%，这反映了第二抵押贷款较高的风险，以及与第一抵押贷款相比，第二抵押贷款较小的贷款规模和相对较高的经营成本。第二抵押贷款的损失率比第一抵押贷款高（第二抵押贷款的损失率为30~40个基点，第一抵押贷款的损失率为20~30个基点），但不管怎样，第二抵押贷款损失率的绝对水平并不高，这反映了以下事实，即第二抵押贷款拥有借款人房屋的留置权，因此是用借

---

① 目前，美国规定利息支付可抵税的第二抵押贷款的额度不得超过10万美元。

款人的房屋提供担保。

银行一直在努力设计新的、更具风险的第二抵押贷款产品,在这种趋势下,次级第二抵押贷款应运而生。一些借款人拥有的房屋净值很少,银行甚至愿意向这样的借款人提供高贷款额度价值比,比如高达125%的贷款额度价值比。曾有借款人利用银行提供的这种便利肆意申请第二抵押贷款,并将申请来的贷款投资于股市,这种借款人对银行来讲无异于一颗定时炸弹。借款人将从银行那里借来的上百万的资金用于股市的短线投机,这种情形想想都让人不寒而栗。如果股市能够永远上涨,银行的资金也许不会面临什么风险,但股市变化无常,股市的暴跌已司空见惯,因此对这类借款人银行一定要万分小心。

第二抵押贷款的审批流程

原则上讲,对第二抵押贷款应遵循与第一抵押贷款相同的审批流程,但从成本/效益的角度出发,银行也有必要控制花在第二抵押贷款审批上的时间和金钱。与第一抵押贷款相比,第二抵押贷款的平均规模要小得多(第二抵押贷款的规模一般介于25 000~40 000美元之间),因此银行一定要严格控制第二抵押贷款的客户获得成本。与第一抵押贷款类似,第二抵押贷款的借款人也不愿意支付较高的保险费、抵押贷款登记费、房屋评估费、法律费以及房屋转让费或转让税。比较理想的安排是,第二抵押贷款的审批流程应介于信用卡业务和第一抵押贷款之间;信用卡业务的特点是额度小、笔数多,信用审批高度依赖于信用评分,很少进行债务负担分析和相关验证;与信用卡业务相反,第一抵押贷款的审批除了需要参考信用评分外,还需进行详细的财产评估和缜密的主观判断。

也就是说,银行在审批第二抵押贷款时要注意以下几点,即贷款申请表应短小精悍,信用评分应准确无误,债务负担分析和贷款额度价值比分析力求简单,财产评估宜简短有效。对额度较小的第二抵押贷款来讲,财产评估环节采用电子评估或仅从外部简单考察一下房屋的实际状况即可。在第一抵押贷款的生效时间并不长时(比如第一抵押贷款于三年或四年前开始生效),与第二抵押贷款相关的财产评估没必要做得太过精细,因为第一抵押贷款债权人先前进行的财产评估无疑更为有用。如果银行有充分的理由认为借款人住宅所在地的房价即将下跌,那么银行无疑应进行更为彻底的财产评估。

对银行的几点提醒

- 由于很多第二抵押贷款都是用于债务合并目的，一些银行为此尽一切努力确保借款人的确还清了先前的贷款，甚至在转移会议上当场撕碎借款人的所有信用卡。但是，银行事实上无法控制借款人日后在其他银行处申请新的信用额度。从某种意义上讲，债务合并贷款就是借款人的一次新的信用狂欢。对借款人而言，一旦生活中出现某种变故或发生财务危机，比如不幸失业，借款人很有可能会违约，在第二抵押贷款的情形中，借款人违约的代价将是失去自己赖以栖身的住所。

- 假设银行面临以下选择，前提条件是贷款额度价值比（第一抵押贷款和第二抵押贷款加起来的贷款额度价值比）不得超过80%，在以下两种方案中，银行应选择哪一个方案？

	方案1	方案2
房屋的评估价值	$ 100 000	$ 100 000
减去：未偿还的第一抵押贷款	(60 000)	(40 000)
房主所拥有的房屋净值	$ 40 000	$ 60 000
允许的第二抵押贷款的最大值	20 000	40 000
第一抵押贷款和第二抵押贷款加起来的贷款额度价值比	80%	80%

大部分银行都认为方案1更为保守，因为方案1中的第二抵押贷款的额度较小。事实上，方案2的风险更小，因为方案2中未偿还的第一抵押贷款仅为40 000美元，因此方案2中的第二抵押贷款更容易得到偿还。

- 发放第二抵押贷款的银行必须了解第一抵押贷款以及其他优先留置权的条款和条件。例如，如果客户拥有可变利率的第一抵押贷款，那么银行在发放第二抵押贷款时就必须更为保守一些。如果第一抵押贷款和第二抵押贷款均为可变利率的贷款，一旦利率环境发生改变（即利率持续上升），借款人的还债负担就会十分沉重，这会增大借款人违约的可能性。此外，可变利率的第一抵押贷款在生效后不久可能会采用最小本金摊还或负本金摊还安排，这会侵蚀用以支持第二抵押贷款的房屋净值。考虑到这一原因，一些银行拒绝给拥有可变利率的第一抵押贷款的客户提供第二抵押贷款。在何时能够提供可变利率的第一抵押贷款和可变利率的第二抵押贷款方面，银行应制定明确的政策。

- 切不可对高风险住房抵押贷款业务或次级住房抵押贷款业务制定掠夺性的高价。掠夺性定价的例子包括，向客户收取极高的贷款利率，加收隐藏费用，设定严厉的提前还款罚金等，这种掠夺性条款一般只能暂时蒙蔽不太成熟的借款人。在住房抵押贷款中，妄图使用掠夺性高价来弥补次级贷款的高风险对银行来讲将会得不偿失。来自媒体、监管机构和公众的负面评价很快会将贪婪的银行推向万劫不复之地。
- 20 世纪 90 年代初，少数银行抱着侥幸的心理，在简化贷款申请流程的同时，开始提供高贷款额度价值比和高债务负担的贷款，这些银行甚至直接从经纪商处接受贷款申请，有时还会与信誉较差的经纪商达成合作关系。与此同时，这些银行也极大地简化了与贷款申请相关的文书工作。以花旗银行为例，这么做的后果是，1995 年，该银行发放的国内住房抵押贷款的核销率高达 1.31%，几乎是同期全国平均水平的 10 倍。这一教训告诉我们，在住房抵押贷款的审批方面，银行没有捷径可走。

无论银行多么谨慎地审查住房抵押贷款，总有一些客户会发生贷款逾期和贷款违约的情况，在这种情况下，银行必须实施有效的贷款回收流程，并且在客户违约时还需收回客户的房屋。下面将具体讲解银行的贷款回收流程以及在客户违约时的应对措施。

贷款回收流程

住房抵押贷款的回收与其他消费信贷业务的回收流程截然不同。在住房抵押贷款的情形下，贷款回收工作旨在识别有意愿及时偿还贷款但因一时疏忽或暂时面临财务困难而造成贷款暂时逾期的大多数逾期客户，以及少数完全丧失偿还能力或根本不愿意偿还贷款的逾期客户。考虑到住房抵押贷款的规模一般较大，收回违约客户的房屋对银行和客户双方而言成本都十分高昂，以及住房对客户家庭的重要性，这种识别具有重大的意义。

对大多数客户来讲，在贷款逾期时稍作提醒或对逾期贷款征收一笔罚金，就足以促使这些客户及时偿还贷款。如果贷款逾期时间较长，银行可以通知客户，银行准备收回客户的住房，对客户来讲，"收回住房"无疑是银行的最后通牒，这也是银行收回逾期贷款的最后一招"杀手锏"。银行在贷款回收中所面临的主要麻烦是，如何识别开始陷入财务困境的客户，以及如何促成这些客户还款。针对这些客户，银行应制定专门的贷款回收程序并在贷款回收上投入一定的资金。

一旦客户陷入财务困境并且很可能因贷款违约而失去自己的住房时，银行应花一些时间了解客户的问题究竟出在哪。银行应同客户一起，分析每种可能的解决方案，尽最大努力避免客户的住房被银行收回。尽管前面章节所探讨的贷款回收程序中的很多也适用于住房抵押贷款的回收，但为最小化贷款回收成本，银行最好使用专门的住房抵押贷款回收机构。银行应尽量避免给客户打催款电话。行为评分模型在住房抵押贷款的回收中基本派不上什么用场。为最大限度地节省与贷款回收相关的资金投入，银行应舍弃一切不必要的贷款回收模型和行动。所有逾期贷款都值得银行关注，银行应努力使自己在客户的贷款偿还优先级中的排名比较靠前。

违约贷款处理

在所有贷款回收努力均告失败的情况下，银行将不得不收回违约客户的房屋。银行应制定明确的房屋收回流程。各国对与贷款违约相关的房屋收回流程均制定有严格的监管措施。不难想象，处于强势地位的银行将处于弱势地位的违约客户及其家人逐出其赖以栖身的房屋时会对这一家人造成什么样的影响，事实上，尽管客户违约在先，但客户的这种悲惨遭遇仍会引起社会的普遍同情，如果银行不顾社会对违约客户所抱有的这种同情心理，一意孤行地实施房屋收回行动，这对银行的声誉无疑会带来负面影响。关于收回房屋对客户所可能造成的影响，电影《罗杰与我》（Roger and Me）中有深刻的揭示。影片反映了20世纪80年代中期，美国汽车业大幅裁员之际，位于密歇根州弗林特镇的很多居民因拖欠银行的贷款而不得不交出自己的房屋的悲惨情景。

收回违约客户的房屋对银行来讲成本极其高昂，因此只要有合理的替代方案可供选择，银行就应避免收回客户的房屋。幸运的是，大部分违约客户并不是被迫出售自己的房产，客户一般是自愿出售房产以偿还拖欠银行的债务。如果客户只是暂时面临财务困难，银行应给客户提供适当的宽限期，在宽限期内降低每月的本金偿还要求或者仅要求客户支付贷款利息。事实上，已有证据表明，在经济衰退期银行愿意与客户共度难关，这一点突出表现在经济衰退期抵押贷款的核销率较低，但贷款逾期率十分高。当然，在房市发展势头十分强劲时，比如住宅价格一路上涨时，借款人一般愿意保有自己的房产（也可以在价格高位上出售房产获利）。

如果客户的贷款拖欠行为十分恶劣，并且找不到合理的替代方案，这种情况下可能不得不收回客户的房屋。各国在收回违约客户的房屋时所适用的法律流程有所不同，收回房屋产权的具体时点也存在很大差异。为确保房屋收回过程能得到顺利实施，银行应就房屋收回过程中的每一步制定明确的行动方案，顺利获得房屋的产权并在市场中处置这些产权。

在房屋处置过程中，银行应努力维护房屋的使用价值，确保房屋能以高价转售。为此，银行可能需要专门请人维修房屋。试想，如果房前的草坪杂草丛生，窗户支离破碎，整个外墙斑离剥落，潜在买主在看到这样一副光景后肯定会立马泄气，购买的欲望立即烟消云散。银行应估计将收回的房屋持有一段时间所可能遭致的成本。房屋的出售可能需要花费几个月的时间，也可能只需几个星期的时间。与房屋处置相关的成本有：房屋的持有成本如税费、维修费、水电气费等，以及最后支付给经纪人的佣金。与房屋收回相关的一次性成本包括法律费和手续费。示例9.4展示了与房屋收回相关的成本要素。

前面在间接消费信贷业务中曾提到过一条基本原则，即应在第一时间内终止贷款损失，该原则同样适用于住房抵押贷款。收回的房屋在银行手中持有的时间越长，银行的损失可能就越大。银行可以进行简单的盈亏平衡分析，以了解房屋的持有成本与房屋售价间的权衡关系。

收回的房屋中有一些不太好转手，为使这些房屋对潜在买主更具吸引力，一些银行给房屋的买主提供融资优惠，比如较低的贷款利率或利率补贴等。这种战术有助于银行快速处置收回的房屋，尽管如此，银行仍应详细追踪该战术的使用情况，比如了解这种贷款的发放频率。提供融资优惠所带来的成本会持续多年，尽管银行的账面上会立即记录一笔一次性的资本损失。在提供融资优惠时，银行必须确保不违背相关会计规则的要求。提供融资优惠固然能使收回的房屋很快售出，短期内能改善相关部门的业绩表现，以致隐藏了这种做法长期内给银行导致的损失。

示例 9.4　与房屋收回相关的成本要素

成本要素＼房屋收回后各月末的总成本	一次性成本	每月的成本支出	4 个月后	8 个月后	12 个月后
第一抵押贷款					
第二抵押贷款					
房屋维修费					
房屋安全性					
水电气费					
税费					
保险费					
房屋评估费					
法律费和手续费					
销售佣金					
总成本					

	当前	4 个月后	8 个月后	12 个月后
贷款余额＋房屋持有成本				
房屋售价				

住房抵押贷款是很多银行的一个重要利润来源。至此，本书对住房抵押贷款的讨论告一段落。

第10章

产品盈利能力分析

企业经营的根本目的是为了获利。对所有企业（包括银行）来讲，深入了解利润从何而来就显得至关重要。通过细分利润来源，银行能更好地控制各个经营流程，并能进一步改善这些流程以提高银行的盈利能力。换句话说，盈利能力分析能给银行提供更为完善的信息，从而有助于银行制定更为健全的业务决策。在盈利能力分析中，银行应探寻以下问题的答案：

- 产品的利润水平与产品的固有风险是否相一致？
- 哪些产品的盈利能力较强，因此在市场规模上应进一步扩张？哪些产品的盈利能力较差或者根本就不能盈利，因此应缩减这些产品的市场规模或者完全淘汰掉这些产品？
- 存贷款利差的大小是否合适？
- 哪些产品的费用过高？为实现目标利润水平，应努力削减哪些成本？
- 哪些情况下应响应竞争对手的竞相压价行为？哪些情况下则可以不予理睬？
- 如果产品不能盈利或利润很薄，是否应给产品提价，哪怕这么做会导致产品的销量下降？

上述问题都很难回答，但又是银行不得不面对的问题。盈利能力分析不能停留在理论层面上，事实上盈利能力分析是消费信贷业务的核心所在。当然，并不是所有产品在任何时候都要盈利。有时为促成整体目标的实现，个别产品可能不得不作出牺牲。例如，新信用卡业务在最初的两年或更长时间内可能都无法盈利，因为在这段时间内信用卡的余额较低，而信用卡客户的获得成本又较高，因此银行必须花一段时间才能吸收与信用卡业务相关的初始成本。毫无疑问的是，随着时间的延长，信用卡账户的盈利能力将越来越强。尽管单个产品在某些时候可以不盈利,但所有产品作为一个整体必须能给银行带来丰厚的利润。只有了解利润的详细构成情况,银行才能制定合理的业务决策,不断提高银行的生存竞争能力。

本章将探讨与消费信贷业务相关的盈利能力分析方法。本章对细节的讨论可能无法满足大部分会计人员的要求,例如,本章并不会详细地讲解资产回报率(ROA)、权益回报率(ROE)、股东价值增值(SVA)、盈余贡献、风险调整资本回报率或其他常用的盈利能力度量指标。事实上,本章会跳过盈利能力分析中的一些细节问题,包括何时/如何分配固定费用,如何计算现金流的现值,以及其他一些细枝末节的技术问题。对这些问题,读者可从其他专著中找到详细的探讨。

本章的主旨在于勾画与消费信贷业务领域的盈利能力分析相关的基本概念,并给读者提供有用的盈利能力分析工具。本章还会简单地介绍一下贷款的资金来源。贷款的资金来源是一个十分专业的话题,但贷款的资金来源对消费信贷业务的盈利能力来讲无疑特别重要。本章仅探讨完善地管理贷款资金来源所需秉持的若干原则,对该问题更为全面的讲述可以参考其他专著。

下面首先探讨与盈利能力分析相关的基本概念。对银行来讲,盈利能力分析要贯穿产品的整个生命周期。

消费信贷业务的盈利能力分析

在分析消费信贷业务的盈利能力时,关键是确定各种消费信贷产品在其生命周期内的收入流和费用流(根据产品的收入流和费用流,银行就可以明确产品的盈利水平)。下面首先看一下"产品"的定义(参见第1章)以及"产品生命周期"的含义。

产品的盈利能力

分析消费信贷产品的盈利能力,目的是为了明确每一种贷款产品的盈利水平。这里对贷款产品的划分,是将具有相同的标准条款和条件的产品归为一类,也就是说,同类产品具有几乎相同的收入水平、风险水平以及经营成本。本书中的"产品"或"子产品"指的就是这种贷款类别,包括第一抵押贷款、第二抵押贷款、普通卡①、金卡、学生信用卡、新汽车贷款、二手汽车贷款等产品。追踪单笔贷款的盈利能力没有任何意义,相反,银行应将类似的贷款账户归入"产品"或"子产品"范畴内,分析这些产品或子产品的盈利能力。尽管大部分产品都有标准价格,但如果银行采用风险调整定价机制,不同贷款的收入和损失率(以及贷款的盈利能力)就会有所不同。追踪贷款盈利能力的最好方法是按预计盈利能力的高低将这些贷款划分为不同的组合,比如将某种贷款产品划分为以下三个小类:风险较高的贷款,所占比例为30%;风险居中的贷款,所占比例为60%;以及风险较低的贷款,所占比例为10%。银行应追踪各个小类的实际业绩并与预计业绩相比较。

产品生命周期

银行应确定每种产品的正常生命周期。不同产品的平均实际生命周期有很大差异。下面探讨两种主要贷款产品的生命周期,这两种产品是分期偿还贷款和循环贷款。

分期偿还贷款

在计算分期偿还贷款的生命周期时,首先需要确定借款人所选定的固定贷款期限。以汽车贷款为例,标准的贷款期限为3~4年;汽车租赁融资的期限一般较短,为2~3年。另一方面,第一抵押贷款的期限一般较长,为15~30年。但是,正如前面在第8章和第9章(这两章探讨的是担保贷款产品)中所提到过的那样,提前还款对分期偿还贷款的生命周期具有重大影响。汽车贷款的提前还款率达到20%~30%,并且提前还款一般发生在贷款生效后的前几个月内,比如在借款人发现可以从其他银行处获得利率更低的贷款时,以及在汽车严重受损时。在借款人搬家或利率下降时,借款人也会对抵押贷款进行再融资。在这些因素的影响下,一笔合同约定期限为15年的贷款其正常生命周期将为4.5年;在市场利率不断下降时,该贷款的正常生命周期可能会减至3.2年;在市场利率不断上升时,该贷款的正常生命周期可能会延长至5.8年。因此,在分析分期偿还贷款的盈利能力时,银行必须考虑到提前还款对贷款盈利能力的影响,这时要特别关注贷款审批成本与贷款处理成本。

---

① 本章稍后会讲到两种不同的普通卡用户,即使用普通卡提供的循环信贷便利的用户与仅将普通卡当借记卡使用的用户。

循环贷款

在分析循环贷款的盈利能力时,银行应建立合适的分析模型,模型的输入变量为银行对每种产品在接下来的若干年内的收入和成本的最佳估计。信用卡产品的预测期一般为4~5年,超出这一期限,银行将很难预测客户的信用卡使用频率、信用卡的余额情况以及银行资金的成本等要素。显然,将分析期限定为4~5年并不完美,然而这么做是一个很好的开始。将产品生命周期定为一两年明显过短,将会得出具有误导性的信息;将产品生命周期定为10年又明显过长,分析中的很多假设将与实际情况有较大出入。首先看一下将预测期设定为一年时的分析结果,如示例10.1所示。

可以看出,示例10.1中的信息对会计记录、年报、纳税申报表以及高级管理报告等十分有用。但是,类似示例10.1这样的盈利能力分析报告并不能提供足够的细节,报告阅读人无法从报告中获知业务的业绩表现。示例10.1仅给出了业务的汇总信息,以下细节完全忽略:

示例10.1 简单的盈利能力分析模型

单位:百万美元	产品A	产品B	产品C	合计
收益				
收入	5.0	9.0	10.0	24.0
手续费	---	1.0	---	1.0
资金成本	(2.3)	(5.0)	(4.7)	(12.0)
净收益	2.7	5.0	5.3	13.0
费用				
客户获取成本	0.5	0.1	2.0	2.6
分销成本	0.6	0.3	0.2	1.1
客户维持成本	0.8	0.4	0.4	1.6
贷款回收成本	1.3	0.2	1.2	2.7
呆坏账核销成本	1.0	0.0	1.0	2.0
费用总计	4.2	1.0	4.8	10.0
净利润贡献	(1.5)	4.0	0.5	3.0

- 在客户能给银行带来利润之前,花在客户身上的市场营销费用和客户获取成本。

- 一些贷款申请人最终被拒绝，但银行在这些贷款申请人身上也需花费客户获取成本，包括与信用调查相关的成本。
- 不同产品的收入确认方法可能有所不同。
- 随着时间的流逝，分期偿还贷款所带来的利息收入会逐渐减少，而信用卡产品的利息收入则会逐渐增多。
- 贷款回收成本和核销成本在产品生命周期的不同阶段具有不同的模式：
  ◇ 新发放的循环贷款，其贷款回收成本和核销成本会随时间逐渐增多。
  ◇ 分期偿还贷款的回收成本和核销成本发生在贷款早期，一般发生在贷款发放后的第一年内。
- 相比贷款核销时间，坏账收复的发生时间要晚几个月或晚若干年。

会计惯例能在一定程度上缓解上述因素造成的影响。例如，会计惯例可能会在一个较长的时间内而不是一次性冲销客户获取成本，但是，单纯修正会计方法并不能完全杜绝误导性信息。总之，在分析产品的盈利能力时需要考察很多变量，尤其是快速增长或迅速衰退的消费信贷业务更是如此。因此，产品盈利能力分析需要考察产品（有时还需要考察子产品）在整个生命周期内的表现。

一旦确定了循环贷款或分期偿还贷款的合适生命周期，银行接下来就应预测典型的贷款产品在其生命周期内的表现。这要求银行在产品的估计生命周期内，尽可能仔细地预测典型账户的月度业绩表现（或季度业绩表现）①，比如正常的收入水平、成本大小以及最终的利润贡献，所涉及的指标可能包括平均余额、利息收入、手续费收入、银行的资金成本、客户获取成本、贷款处理成本以及贷款回收成本等。这种预测可以作为所有同类账户的代表，从而能大致得出某一产品或子产品的预期业绩。示例10.2给出了信用卡产品的利润预测模型。

示例10.2展示了信用卡产品（循环贷款）的余额随时间逐渐增加的过程。如示例10.2所示，该信用卡产品在最开始的第一年内并不能盈利，直至客户真正开始使用该产品并且信用余额达到一定的规模，该产品才能给银行带来利润。从示例10.2中可以看出，在产品推出后的第三年或第四年，产品的利润已比较可观，银行当然希望这种盈利趋势能永远保持下去。示例10.2给出的只是一种样本产品，实际情形与示例10.2所展示的可能有很大出入，

---

① 月度预测的结果往往最为准确，但有时季度预测就已足够。

比如，客户可能是受余额代偿方案吸引而申请银行的信用卡，对这类客户，银行一般会使用较低的导入利率。在余额代偿机制下，开始时的信用余额较高，大部分费用在开始时也处于较高的水平，由于较低的导入利率，产品在开始时的利润很低甚至无法获得任何利润。此外，通过余额代偿机制获得的客户一般具有较高的损耗率，只有少数客户会表现出较高的忠诚度，这会进一步降低银行的盈利潜力。

示例 10.2　信用卡产品的利润预测模型

单位：百万美元	第1年	第2年	第3年	第4年	第5年	5年平均
平均余额	1 200	1 500	1 800	1 950	2 100	1 710
收益						
毛收入	119	282	338	367	395	
资金成本	(66)	(83)	(99)	(107)	(116)	
净收入	53	199	239	260	279	206
费用						
营销费用	60	25	15	15	15	
客户维持费用	35	40	45	45	44	
贷款回收成本	10	25	30	34	34	
呆坏账核销成本	15	61	80	103	100	
费用总计	120	151	178	196	210	171
净利润贡献	(67)	48	61	64	69	35

如前所述，示例 10.2 只是对某个典型账户在其生命周期内的盈利能力的预测，这里是对信用卡账户的预测。对分期偿还贷款使用类似的预测模型将会得出完全不同的收入和成本模式，比如，分期偿还贷款的利润在开始时一般比较高，因为开始时的信用余额较高；随着贷款临近到期，未偿付的本金逐渐减少，贷款的利润也越来越少甚至完全消失。

完成了利润预测后，盈利能力分析的下一步是继续细化利润预测模型，这时会纳入一个额外的考虑因素，即在产品生命周期的每一阶段，银行所拥有的客户数目。示例 10.3 展示了这种细化的利润预测模型。示例 10.3 中的分析以年为单位，分析的是某个正处于高速增长期的信用卡业务（本例中，银行每年新增 20 万名信用卡客户），分析中给出了每年的利润贡献数据。

从示例 10.3 中可以看出，整个信用卡业务在第 1 年的损失为 1 340 万美元，第2年的损失为480万美元，第3年略有盈利，第4年和第5年的盈利增长显著。客户持卡时间越来越长，来自老客户的利润足够弥补新客户所导致的损失，信用卡业务的盈利能力也逐年增强。

示例10.3揭示出了与信用卡业务的盈利能力相关的诸多要点，如下所示：

- 新的信用卡业务不可能立即实现盈利。银行在前期需进行相关投入，利润的获得在一段时间之后才能成为事实。
- 客户不可能全都忠诚于银行，一些客户会流失，一些客户会违约，与违约客户相关的信用卡贷款必须予以核销。
- 银行的业务扩张速度越快，为实现盈利所需花的时间就越多，至少从现金流的意义上讲是如此（尽管会计规则可以改变现金流的模式，比如可以逐步分摊新客户的获取成本，而不是一次性地分摊该成本）。为简化分析，前文仅给出了现金流意义上的利润结果。

示例 10.3　进一步细化的盈利能力分析模型

单位：百万美元	第1年	第2年	第3年	第4年	第5年	5年平均
平均余额	1 200	1 500	1 800	1 950	2 100	1 038
信用卡用户：						
新增用户（单位：千）	200.0	200.0	200.0	200.0	200.0	
信用卡卡龄为1年的用户		180.0	180.0	180.0	180.0	
信用卡卡龄为2年的用户			160.0	160.0	160.0	
信用卡卡龄为3年的用户				150.0	150.0	
信用卡卡龄为4年的用户					140.0	
信用卡用户总计	200.0	380.0	540.0	690.0	830.0	
利润（损失）/每用户/每年	(67)	48	61	64	69	35/每张信用卡
按用户类型划分的利润（损失）：						
新增用户（单位：百万美元）	(13.4)	(13.4)	(13.4)	(13.4)	(13.4)	
信用卡卡龄为1年的用户		8.6	8.6	8.6	8.6	
信用卡卡龄为2年的用户			9.7	9.7	9.7	
信用卡卡龄为3年的用户				9.6	9.6	
信用卡卡龄为4年的用户					9.7	
年利润贡献额	(13.4)	(4.8)	4.9	14.5	24.2	5.1

示例10.3中所给出的模型适用于标准的信用卡业务，该模型揭示了理解生命周期盈利能力的重要性。生命周期盈利能力分析使得银行能了解消费信

贷业务的发展动态，高级管理层能事先预测消费信贷业务的未来业绩。例如，了解到信用卡业务至少在头两年内不能盈利，甚至可能发生亏损，银行就可以做好心理准备，不致因出现亏损而慌了手脚。

在进军新市场或推出新产品时，使用盈利能力分析模型能帮助银行预测未来的业务态势，这使银行能做到心中有数，任何业务环境都能从容应对。以信用卡业务为例，尽管可以容忍前几年的亏损，但长期业务目标仍是银行最终努力的方向。管理者必须了解业务规模的持续扩张或持续缩减对银行盈利能力的影响，并且最为重要的是，管理者必须明确消费信贷产品在其生命周期内能否获利。

为使生命周期盈利能力分析真正有效，银行必须针对每种产品和子产品实施详细的盈利能力分析。例如，新汽车贷款、二手汽车贷款、车龄超过五年的二手汽车贷款等消费信贷产品均有不同的盈利模式。此外，循环贷款客户本质上可以划分成两种不同的类型，即实际使用循环信贷便利的客户与压根就不使用该便利的客户。前面章节中曾简单提到过信用卡客户的这种划分，这里有必要再次回顾一下这两种客户间的区分。

非循环贷款型客户（借记卡型客户）会每月偿还全部余额；循环贷款型客户每月仅偿付最低还款要求或仅偿还总余额的一定比例（偿还额中包括应付利息）。一些客户习惯于每月安排一定数目的还款任务，这些客户的信用余额会随每月开销的多少而波动。

本章中探讨的盈利能力分析假设信用卡业务中既包含循环贷款型客户也包含借记卡型客户。相应地，信用卡的平均余额也进行了适当的下调，以反映客户组合中包含借记卡型客户这一事实。

可以分别针对借记卡型客户和循环贷款型客户适用不同的盈利能力分析模型。借记卡型客户可能无法给银行带来任何盈利，而高信用余额、还款不是那么积极的循环贷款型客户却具有极高的盈利潜力。借记卡型客户所能提供给银行的惟一收入来源是刷卡消费时的商家返点，偶尔也能提供年费收入。在美国，一些银行曾算过这样一笔账，如果信用卡不提供任何年费收入且持卡人是借记卡型客户，只有每月刷卡消费额能达到500美元以上（每年6 000美元以上），来自商家返点的收入才足够弥补与该信用卡相关的成本。如果银行拥有大量借记卡型客户，这类客户刷卡消费频率低且不用交任何年费，该银行信用卡业务的回报率必定会相当低。对信用卡业务的这种特点，银行管理层一定要了然于胸。

其他考虑

在进行产品盈利能力分析时，银行还应考虑到其他一些因素，以使分析更为准确和有用。下面是银行应予考虑的额外因素：

- 年回报应进行贴现以得到回报的现值（根据货币的时间价值理论，同样额度的现金在今天的价值要高于在明天的价值）。
- 仔细验证盈利能力分析模型以确保模型的准确性。比如可以加总全部预测结果（用单笔贷款的预测结果乘以贷款笔数），并将预测结果与年终的实际结果相比较。例如，如果银行估计每笔贷款的处理成本为18美元，用18美元乘以贷款笔数得到全部贷款的总处理成本（估计值），并将该估计值与贷款审批部门的实际成本进行比较。
- 盈利能力分析模型可以进一步精简，比如仅展示利润贡献值，间接费用的计算单独进行。事实上，银行可能无法做到将间接费用准确地分摊至产品或子产品。
- 在模型得到验证后，如果银行的产品供给、客户行为以及经济基本面没有发生重大变化，生命周期盈利能力分析模型（如本章前面所展示的模型）只需每年更新一次或者间隔更长的时间更新一次。

最终的盈利能力分析结果，如每种产品在每月、每季度、每年抑或产品的整个生命周期内的净利润（损失）情况，使得银行管理层能明确某种产品是否值得继续维持，还是需对产品作出一定的修正，抑或应扩张或取消该产品的供给。除了这些决策之外，银行还可以利用盈利能力分析结果制定合理的定价决策，进行成本削减分析和其他业务分析。在当今这个竞争极为激烈的世界中，忽视盈利能力分析将给银行带来致命的灾难。

按产品分配收入和成本

盈利能力分析的下一步是按产品分配收入和成本，分配过程中应遵循公认会计原则的要求。成本分配可以沿着信用循环中的主要步骤进行，如客户获取、客户保留（包括客户服务）、贷款回收以及呆坏账核销等步骤。

与上述步骤相关的成本是变动成本，因为这些成本在单个客户（账户）的基础上发生。对变动成本应进行仔细分析，这种分析旨在寻求以下问题的答案：

- 单笔金卡申请的处理成本是否高于单笔普卡申请的处理成本？这种差异在单位处理成本中是否得到了反映？
- 汽车贷款和住房抵押贷款的审批率各为多少？银行为审批那些不合格的贷款申请人（最终会拒绝这些贷款申请人）需要额外花费多少资金？
- 某种产品的贷款逾期率是否比另一种产品要高？在分配贷款回收成本时是否考虑到了这个事实？
- 某种产品的客服电话是否比另一种产品要多？不同产品的客服电话处理时的难易度如何？

成本分析能给银行提供具体的信息，比如客户获取成本、每月的客户保留成本等信息。在计算单位变动成本时，银行应仔细审查相关业务流程，详细核对花在每项职能上的时间和费用，并用总变动成本除以获得批准的客户数目或者除以活跃账户的数目。必要时，可以根据单位变动成本信息修正相关业务流程。

除变动成本外，银行还应考察固定成本。固定成本是指不随账户数目的多少而变化的成本，包括管理费用、写字楼费用、办公家具的成本、总公司管理层的薪水、计算机设备与经营设备费用以及其他待分配的间接费用（如会计核算费用）。此外，总裁的私人飞机费用也是固定成本。

固定成本的分摊可按通常的会计方法进行，在没有具体规则可供参考的情况下，可以按常识来分摊固定成本。标准分摊法包括按人头、按资产规模、按收入贡献以及按变动成本的大小来分摊固定成本，或者综合采用以上方法。一些成本如政治献金、游说成本可能不值得分摊。另一种分摊法是仅仅计算各个产品的利润贡献，即加总仅与具体产品相关的直接收入和直接费用，全部固定成本由业务总体吸收；如果能明确界定直接成本与间接成本，这种方法能很好地解决某些费用无法分摊的问题。

收入和成本的分配与产品盈利能力分析紧密相关。为了解产品的盈利能力，首先需要明确与产品相关的收入和成本数据。不同产品的利润应进行加总，以得出业务总体在给定时段内的盈利能力。对银行来讲，从整体层面上确保业务数据的合理性和真实性无疑更为重要，至于成本分摊的细节则不用过多关注。

产品盈利能力分析的汇总信息

示例10.4展示了关键消费信贷产品的生命周期盈利能力分析样本。不同银行的盈利能力数据可能有很大差异,示例10.4给出了这种分析的一个参考样本,这种分析模型具有普遍的适用性,能很好地反映不同产品的风险/回报特征。

示例10.4 关键消费信贷产品的生命周期盈利能力分析

	银行卡 普卡	银行卡 金卡	无担保信贷额度	专营卡	汽车贷款	住房抵押贷款 第一抵押贷款	住房抵押贷款 第二抵押贷款	次级贷款
利息收入	14.8	13.9	11.0	21.0	7.5	9.0	7.0	23.4
手续费收入和其他收入	4.1	3.8	2.5	2.5	0.5	(0.5)	(0.5)	4.8
总收入	18.9	17.7	13.5	23.5	8.0	8.5	6.5	28.2
减去:资金成本	5.6	5.5	5.7	6.5	5.2	6.0	5.0	7.5
净收入	13.3	12.2	7.8	17.0	2.8	2.5	1.5	20.7
经营费用	4.0	3.8	2.3	5.5	1.5	0.3	0.1	6.0
呆坏账核销成本	6.5	5.2	4.5	9.5	0.6	0.5	0.2	10.5
总费用	10.5	9.0	6.8	15.0	2.1	0.8	0.3	16.5
税前利润	2.8	3.2	1.0	2.0	0.7	1.7	1.2	4.2
税后资产回报率(%)	2.1	2.4	0.8	1.5	0.5	1.3	0.9	3.2

从示例10.4中可以看出,风险较高的次级贷款的资产回报率也较高,风险较低的住房抵押贷款的资产回报率较低,其他产品的风险/回报特征介于这二者之间。风险只是盈利能力分析中的一个考察变量。事实上,盈利能力分析除了考察产品的风险水平之外,还会考察产品的利息收入、资金成本、手续费收入以及经营费用等指标。

考虑到不同银行的盈利能力数据、产品组合及目标市场等均存在较大的差异,银行在实施生命周期盈利能力分析时,可以对示例10.4作出适当的调整,以反映银行业务的实际情况。利用生命周期盈利能力分析模型,银行可以更好地理解并控制消费信贷业务。

贷款的资金来源

银行破产的原因不外乎两点，一是呆坏账太多，二是筹资利率（如提供给储户的存款利率）太高，以致存贷款利差为负（目前中国的存贷款利率并未完全市场化，因此第二种情况在中国不太可能出现）。为控制银行的筹资风险，合适的管理安排是关键。尽管"筹资"对银行来讲是一个十分重要的管理领域，但本书对银行的筹资问题着墨很少，这是因为消费信贷业务经理一般无需负责资金的筹集，消费信贷业务经理只是从银行的资金池中接受由银行分配的资金，消费信贷业务经理的业绩考核关键看其对经营成本的控制能力、获得优质客户的能力以及控制贷款损失的能力。

银行贷款的资金来源主要包括客户的存款、储蓄账户、存单、从其他银行的借款、资产证券化与账户的出售收入（参见下文的讨论）、发行债务工具（包括优先级债务与次级债务）以及银行的自有资本。

一般而言，长期资金的成本比短期资金要高，这是因为长期资金的出资人面临的风险更大，包括无法收回资金的风险与通货膨胀风险。个人客户与小企业客户的活期存款往往是银行最为便宜的资金来源，因为活期存款的利率很低。然而，活期存款的到期期限也最短，因为客户随时可以提款，这意味着活期存款不宜作为 30 年期抵押贷款的资金来源。其他债务工具如存单、债券等以及客户储蓄账户都有固定的到期期限，其到期期限从隔夜到 6 个月、10 年、20 年或 30 年不等，这些工具的利率会事先界定好。

贷款产品的到期期限各不相同，银行需要明确所筹资金的期限与贷款的期限不匹配时（或匹配时）的风险水平。如果所有的贷款都能用短期资金作为融资来源，银行无疑能节省一大笔筹资成本。然而，这种借短贷长的做法存在两种主要风险：（1）短期资金的成本可能会急剧攀升，比如为抑制通货膨胀央行决定提高基准利率水平；（2）存款人和短期投资人会突然提走资金，比如在银行来不及通过资产变现收回资金时，存款人和短期投资人的突然提款无疑会给银行造成很大的被动。银行挤兑事件在很多国家都有过先例。为避免这种问题的出现，银行通常将借款期限与贷款期限近似匹配。比如，信用卡贷款可以用短期或中期资金作为融资来源，汽车贷款用中期资金融资，住房抵押贷款用中期资金或长期资金提供融资。银行在借短贷长这种实务操作方式中所面临的风险称为"缺口风险"。另一方面，通过资产证券化将贷款打包出售，银行可以转移这种风险。

资产证券化

近年来，拥有大型消费信贷组合的银行开始将一部分贷款账户打包出售（即资产的证券化），证券化给银行提供了一种新的筹资途径，或者更准确地讲，证券化使银行不再依赖于传统的筹资方式。银行受到监管机构的严格监管，为满足监管机构的资本充足率要求，银行一直在努力提高自己的资本/资产比率。提高资本充足率的一种途径就是通过出售和证券化将资产从银行的账面上消除。花旗银行、西尔斯公司、单线发卡公司以及其他主要信用卡发行人都在积极地使用资产证券化这种筹资方式。

今天，市场对"证券化"这一概念并不陌生。以美国为例，早在多年以前，银行就开始通过政府发起的机构如房利美和房地美，打包出售第一抵押贷款（参见第9章"住房抵押贷款"）。诸如信用卡贷款、汽车贷款、房屋净值贷款甚至移动房屋贷款等资产都可以打包出售，银行也能以这些资产作抵押获得资金。这一趋势发展到最后就创造出了一种完全不同的、市场规模达数十亿美元的证券化工具，这种工具就是资产的证券化。

在打包出售信用卡组合或其他消费信贷组合时，首先要做的就是创造一种信托结构。银行（出售方）将固定额度的应收账款进行信托化，全部应收账款额度中约有70%以证券的形式面向投资者发行。这种证券随后在公开市场上以记名证券的形式予以发售。随着应收账款的偿付以及新的应收账款的形成，整个信托结构中的应收账款额度会不断变化，但这种变化仅反映在出售方的证券份额上，投资者所持有的证券份额保持不变。

以信用卡资产为标的发行的证券的到期期限一般约为四年。前两年，出售方一般仅向信托机构支付信用卡贷款的利息，后两年会同时支付贷款本金与利息。这种证券的定价（票面利率）一般高于相同到期期限的国债一定利差，高出幅度约为50~100个基点，这一利差仍有不断扩大的趋势。对大多数银行来讲，证券化的成本与存单的成本相当。

证券化可以给银行提供很多好处，如下所示：

- 以消费信贷组合为标的发行证券所实现的效应与打包出售应收账款类似，但证券化使得银行仍能完全掌握对消费信贷组合的控制权。由信托机构持有债务能增大银行的资本充足率，银行由此可以承担更多的贷款业务或者资本/贷款比率可以恢复到比较合理的水平。

- 银行通过提供相关服务，可以从证券化中获得净收益。此外，证券化还能提高银行的权益回报率，因为大部分资产已从银行的账面上清除。
- 证券化给银行的应收账款融资提供了一种备选途径。银行由此可以获得固定期限的资金，并且筹资成本极具竞争力。

总之，证券化给银行提供了新的筹资途径，给市场投资者提供了一种低风险、高回报率的投资产品，给投资银行提供了新的业务来源（投资银行从证券的销售中能获得大笔手续费收入），因此，证券化能带来多赢结果。

小 结

这里按复杂程度由低到高的顺序对银行的盈利能力分析作一个总结。下面共给出了四种不同的分析层次，银行可以对照这四种分析层次，明确自己目前所处的水平并就未来想要达到什么水平确立一个目标。

层次1

仅有全部消费信贷产品的收入、成本和利润的汇总信息。会比较预算与实际结果，但仅能识别出造成预算与实际结果不符的主要原因。为与竞争对手保持相同水平或超过竞争对手，在未作仔细分析的情况下，银行就随便改变价格水平。风险管理目标是最小化损失（过于保守）。很少分析收入和成本信息。

层次2

其他方面与层次1相同，除了这里会对主要产品作常规盈利能力分析外。收入有标准化的确认机制；针对已识别出的造成预算与实际结果不符的主要原因，银行还会进行成本分析。对变动成本、半变动成本以及固定成本均有明确的界定。融资决策的制定未全面考虑期限的匹配问题。

层次3

会对主要产品实施生命周期盈利能力分析。产品决策与定价决策的制定以严密地分析为基础。盈利能力得到最大化，银行愿意提供高风险、高回报产品；无利可图的产品得到淘汰。愿意对潜在的高收益产品制定长期投资方案，即使这些产品短期内无法获利。成本分析极为细致，所有成本均能得到良好的控制。融资决策准确地反映了产品的期限与未偿余额。只有在全面了解未预期到的利率波动所可能造成的影响后，银行才愿意承担缺口风险。

层次4

其他方面与层次3相同，除了这里会对每种产品或子产品实施更为细化的盈利能力分析，比如按产品推出时间，按产品的使用年限（如车龄达5年的二手汽车），按客户来源，按循环贷款型客户与借记卡型客户等指标进行盈利能力分析。在使用信用评分模型时，银行会给出不同评分范围的客户盈利能力，并且信用阈值水平的设定旨在最大化利润，而不是最小化风险。为明确市场营销活动的有效性，同时也为了控制贷款回收成本和其他成本，银行会建立广泛的测试组和控制组样本。

对银行来讲，要想在激烈的竞争中获胜并成功开展消费信贷业务，提高盈利能力分析的层次和专业水平至关重要。

第 11 章

管理信息系统

本章探讨与管理信息系统相关的主要概念，管理信息系统能帮助银行了解业务的动态与发展趋势。银行传递信息的基本方法是通过标准化的报告，如每日、每周、每月甚至年度报告，这些报告能向银行管理者反映银行业务的方方面面，以使管理者随时了解银行业务的发展状况。在编制标准化的报告时，银行必须很好地平衡数据的完整性与报告编制成本之间的关系。数据太多无疑会浪费管理人员的宝贵时间，对重要数据和次要数据一视同仁也不利于管理人员抓住重点；数据太少提供的信息会很有限，不利于管理人员全面了解业务的发展态势。当前，银行管理信息系统的发展趋势似乎是提供的数据太过琐碎，同时对数据的分析又很不够。计算机的应用可能部分上造成了这种"信息爆炸"的局面。人们过分强调人类大脑在理解、认知、判断上的局限性，过分依赖计算机系统辅助决策制定。结果，决策者需要读取的信息太多，过犹不及，这反而阻碍了决策的制定。此外，对信息的这种倚赖导致银行的业绩考核倾向于单纯奖励可以量化的结果，对那些无法量化的指标则不予考虑，这明显不利于银行业务的健康发展。

本章将讲述管理信息系统的一些指导原则。总体上讲，完善的管理信息系统应遵循以下 7 个原则：

- 编制趋势报告；管理层需要了解业务的进展情况。
- 比较实际结果与预测结果，即差异报告。
- 汇总重要数据；支持性的细节数据留给技术人员来完成。
- 分解数据，比如为了了解不同时点的业务业绩的差异。例如，采用不同方式获得的客户的业绩可能会有所不同，不同地区的业绩可能也存在差异等等，对银行来讲，通过数据分解来了解这种业绩差异无疑十分重要。

- 一幅图抵得上一千句话；关键结果应用图形展示。
- 善于讲故事；用精确的语言阐释相关数据，使报告看起来更有趣，杜绝枯燥、乏味的报告语言。
- 永远不要用数字撒谎；绝不能因为某些信息会让人感到难堪就故意忽略这些信息。

下面逐一探讨这 7 个原则。

趋势报告

很多管理信息报告只给出了某天、某周或某月结束时的瞬间信息，这些报告未能展示业绩的发展趋势，因此哪怕报告的编制再为完善，由于缺乏趋势信息，这样的报告无论如何也称不上是出色的高质量报告。有时，瞬间的静态报告是了解银行消费信贷业务状况的惟一信息来源，并且这种静态报告中可能的确包含一些比较有用的信息，比如当前的审批率数据，但不管怎样，不能揭示业务发展趋势的报告永远也谈不上是完善的报告。比如，审批率是在逐渐提高还是在不断下降？业务是在日渐扩张还是在逐渐萎缩？贷款逾期率是在上升还是在下降？

示例 11.1 展示了美国两大州的信用卡遗失或偷盗的情况。

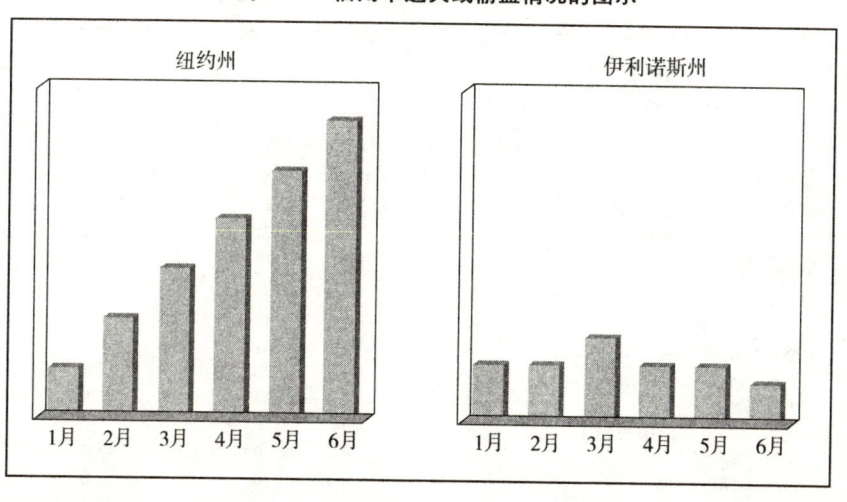

示例 11.1 信用卡遗失或偷盗情况的图示

示例11.1中给出的图形明显有误。从图中可以看出，纽约州的信用卡欺诈问题比较严重，并呈不断恶化之势；而伊利诺斯州的信用卡欺诈现象看起来并不严重，并且基本保持稳定。即使经验不太丰富的银行从业人员在看到这两幅图后也会立刻起疑，并且一定会仔细考察纽约州的数据。比如，纽约州的信用卡邮寄程序是否存在问题？其他信用卡发行人在纽约州是否经历了类似的情况，还是仅本行有这种遭遇？该趋势报告只是提出了问题，报告并没有解决问题，然而，只有通过报告提出问题，银行才能知道具体要寻求哪些问题的答案。

差异报告

银行可以根据事先制定好的标准来度量实际业绩与预测业绩间的差异。示例11.2展示了汽车贷款审批的预测结果与实际结果间的差异。

示例11.2展示了各月的预测数据与实际数据，包括申请贷款的潜在客户数目、获得批准的潜在客户比例、进行信用评分的潜在客户比例、信用评分结果以及信用超驰情况。其中有两个数据特别重要，即上行超驰率与下行超驰率的预测值与实际值。如果实际超驰率明显高于预测值，银行的信用评分系统或者银行的信用审批员的能力和培训就存在问题。从示例11.2中可以看出，上行超驰率在6月和7月均高于预测值，但到8月又回复到正常水平。

示例11.2　差异报告

报告日期：8月30日
报告产品：汽车贷款

	预测值	8月	7月	6月	年初至今
申请贷款的潜在客户数目	1 850	1 491	1 602	2 424	15 068
获得批准的潜在客户数目	1 400	1 085	1 141	1 658	10 849
审批率（％）	76	73	71	68	72
信用评分率（％）	100	98	98	94	97
信用评分					
A类客户所占比例（％）	34	41	36	31	39
B类客户所占比例（％）	58	55	61	58	51
C类客户所占比例（％）	4	1	3	9	5
平均得分	124	127	124	119	129
D类客户的下行信用超驰（％）	4	3	0	2	5
信用评分错误（％）	3	0	0	6	2
上行信用超驰（％）	9	8	10	12	6

第11章 管理信息系统

除了示例 11.2 中提到的相关标准之外，本书还探讨了很多其他的经营目标或经营标准，比如汽车贷款中的审批率、逾期贷款的净流率、关键客服标准，如在电话响多少声后必须有人接听等等。银行应制定标准并在实际经营活动中严格遵循这些标准。对整体业绩的最终度量，如盈利能力、资产回报率、权益回报率等指标通常由银行的高级管理层或由权威股票分析专家制定。如果银行的业绩与这些预测值间有较大的出入，银行的股价可能会迅速上涨或下跌。

汇总重要数据

对管理层来讲，时间管理至为重要。高级管理层应将定期审阅的报告数量降至 10~15 份，高级管理层只需审查最为重要的报告，如揭示市场营销、销售和风险状况的关键指标，以及本书中提及的一些经营业绩指标。例如，如果信用卡业务的平均核销余额很高，这表明信用卡业务存在比较严重的问题。示例 11.3 展示了逾期贷款在不同阶段的平均余额，银行管理者可从示例 11.3 中了解到很多有用的信息。

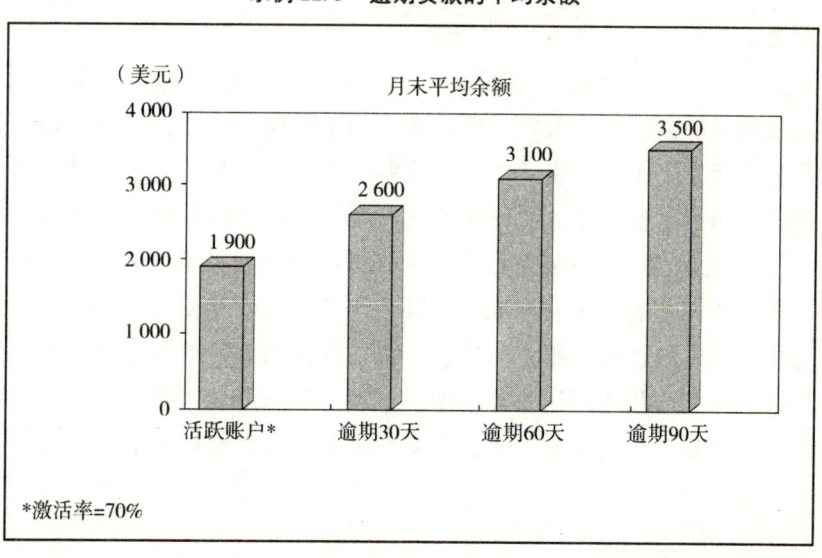

示例 11.3　逾期贷款的平均余额

账户类型	月末平均余额（美元）
活跃账户*	1 900
逾期30天	2 600
逾期60天	3 100
逾期90天	3 500

*激活率=70%

示例11.3只是提供了一个简单的报告样本，实践中，银行可以编制更为详细的报告。管理者应了解最新的促销活动的结果以及各种贷款回收战略的业绩等信息。然而，要求管理者详细审查极为琐碎的信息，比如了解不同信用评分的客户的二手汽车贷款的表现（如信用评分为210分的客户的表现，信用评分为220分的客户的表现等），无异于是对人类忍耐力极限的挑战。了解这些琐碎信息对银行的管理决策无甚帮助，这么做完全是在浪费管理者的宝贵时间。

数据分解

数据分解的过程就好比是剥洋葱，一层层地分解，真相最终会浮出水面。通过数据分解，银行可以了解到导致问题的真正原因，从而能针对问题提出高效的解决方案；银行也能从数据分解结果中发现业务机会。

如果银行每月都以同样的方式获得相同数目的客户，那么银行就没有必要进行数据分解。然而，现实中很少有银行能以同样的方式每月获得相同数目的客户。对于快速增长的业务来讲，及时的反馈至关重要。例如，如果逾期贷款持续增加，银行就应明确这是整个业务的普遍特点，还是某一批促销活动所获得的客户的独有特点。示例11.4展示了从四批促销活动中所获得的客户的贷款核销率数据，从中可以看出，分解数据以了解导致问题的真正原因有多么重要。

从示例11.4中自然而然地引申出一个问题：为何所有促销活动所获得的客户的核销率都会逐渐增大？是因为客户的平均信用得分较低？还是因为某种共同的生活方式作怪？或者是因为这些客户都来自某一地理区域？抑或核销率随时间增大是整个业务的一个共同特征，与具体的促销活动无关？示例11.4只是提出问题。通过分解数据，银行可以明确到底是目标市场、筛选流程还是客户所在的地理区域抑或其他环节出了问题。重要的是，数据分解给银行提供了解决问题所需的充足信息，银行现在拥有足够的证据以提出恰当的问题并能找到这些问题的正确答案。最终，问题的答案将指引银行采取合适的行动。事实上，很多业务的失败都是因为银行没有能力回答显而易见的问题。

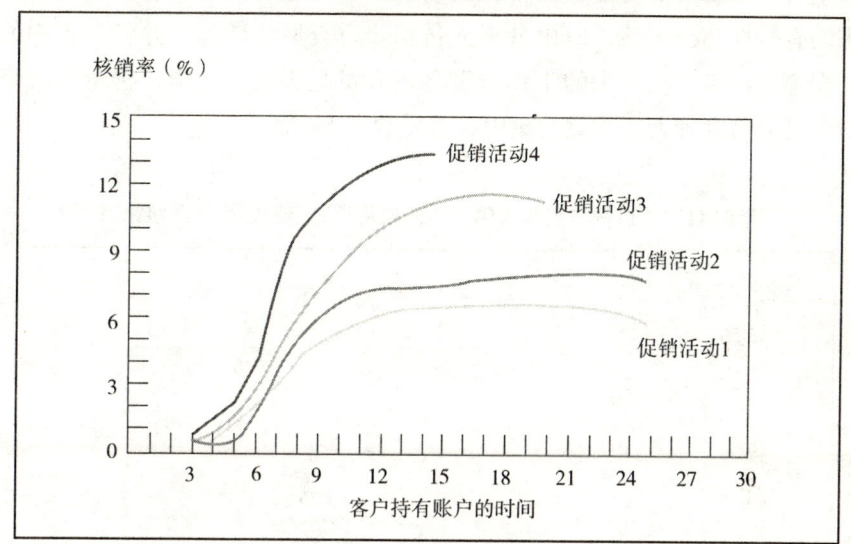

示例11.4　从不同促销活动中所获得的客户的毛核销率数据

[图：核销率（%）随客户持有账户的时间变化曲线，包含促销活动1、促销活动2、促销活动3、促销活动4四条曲线]

数据的图形展示

在向高级管理层或中层管理者提交数据报告时，绝不能仅以数据的原始形式提交这些报告，而是应将报告数据绘制成直观的图形，这样数据的发展趋势就一目了然。俗话说，"一幅图抵得上一千句话"，这句话用在消费信贷业务的分析上再合适不过，图形能直观地展示业务的发展趋势并能一针见血地揭示出业务发展中所面临的问题。比如，为了解信用评分系统的运行效率，银行可以绘制如示例11.5所示的柱形图。只需看一眼柱形图所给出的结果，银行就能知道信用评分系统的确在发挥作用。

也许只有数学家才能从统计意义上证明信用评分系统的区别力，但通过绘制简单的图形，银行能直观地发现信用评分较低的客户的呆坏账核销率明显高于信用评分较高的客户。

讲故事的技巧

很多统计报告都极其乏味；最典型的就是统计学专著，读完整本书一定会让人头脑发麻。最为枯燥的工作莫过于日复一日地审阅长达35~45页纸的业务报告，从成千上万个数据中找出需要采取管理行动的项目。为提高报告审阅的有效性和趣味性，应由分析人员初步审查原始数据，并将报告中的重要数据筛选出来，接下来的工作全看分析人员是否会讲故事，善于讲故事的分析人员能将管理者的注意力集中在重要数据上。

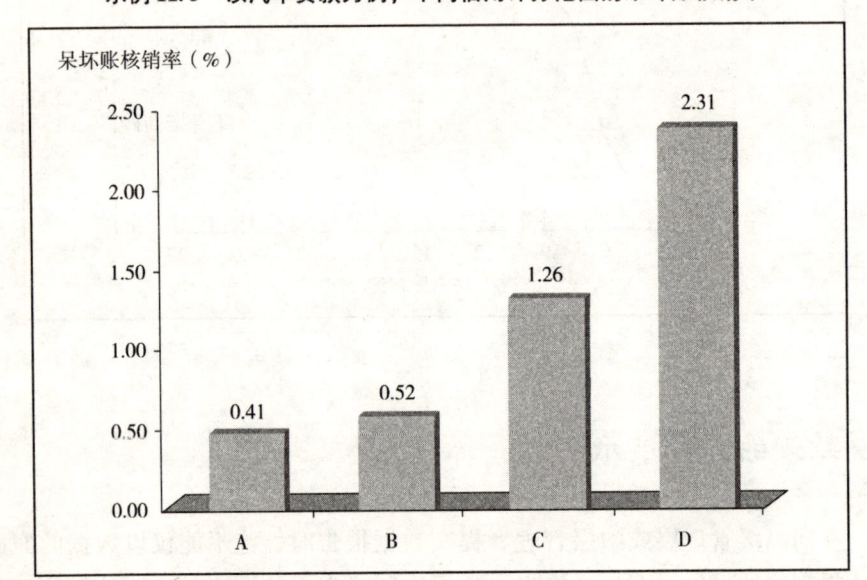

示例11.5　以汽车贷款为例，不同信用评分范围的呆坏账核销率

呆坏账核销率（%）

评分范围	呆坏账核销率
A	0.41
B	0.52
C	1.26
D	2.31

比如，故事可以这样讲：

- 南部地区房屋净值贷款的审批率降至43%。审批率低于53%时，房屋净值贷款就不能盈利；审批率达到60%以上，房屋净值贷款才能实现目标利润水平。该地区正在审查房屋经纪人名单，准备剔除掉那些表现不佳的房屋经纪人；该地区设定的审批率目标为，5月份审批率要达到50%，8月份达到60%。针对新的审批率目标，该地区制定了周详的计划，并准备每月度量审批率目标的实现情况。

- 7月份针对信用评分高于260的金卡客户进行的促销效果不错。平均消费规模涨幅达23%（控制组的涨幅为3%），平均信用余额增长18%（控制组的平均信用余额下降4%）。1月份还会进行一次类似的促销活动，将有32 000名客户接受信用审查。

第 11 章 管理信息系统

沉默的人

戴维·哈勃斯塔姆的著作《复仇时刻》（David Halberstam, The Reckoning）出色地描述了 1950~1970 年期间，日本汽车工业的崛起与美国汽车工业的衰落，书中以两家具有代表性的汽车公司为线索展开描述，这两家公司分别是日本的日产汽车公司与美国的福特汽车公司。书中有一章的章名为"沉默的人"（The Quiet Man），该章描述了迄今为止人类历史上最为优秀的报告家之一，他就是时任福特公司财务执行副总裁的艾德华·蓝迪（Ed Lundy）。《复仇时刻》一书描述了蓝迪对福特汽车公司的深远影响。

在每月一次的与亨利·福特二世（"魔鬼老大"）、福特公司的高级管理层以及董事会的会晤中，艾德华·蓝迪会总结福特汽车公司在世界各地的业绩，该总结性报告详简得当，措辞严谨。比如，报告中会提及位于巴西的福特汽车制造厂的业绩表现（"实际成本连续三个月超过预算，超出幅度高于 12%"）；报告中表扬了福特部（Ford Division）的销售成绩（"但销售激励奖金超出预算 13%"）；报告最后对公司新成立的亚太运营部大为赞赏，亚太运营部的实际业绩超过预算 1 120 万美元，超出幅度高达 12%。

没有任何东西能逃过蓝迪的月度总结报告的法眼，该报告用 30 页左右的篇幅总结了福特公司的业务运营情况，报告的撰写极为细致，叙述十分客观。当然，这得力于蓝迪手下的十几位分析人员，这些分析人员会详细研究福特公司的业务运营情况，并会努力做到：（1）明确哪些地方是报告的重点，即"故事"的叙述对象；（2）按蓝迪的要求，用轻快、明晰的语言"讲故事"。报告中会穿插准确、直观的图形演示（比如用幻灯片演示的数量图），并辅以字斟句酌的说明文字。蓝迪对报告撰写的要求会传达至每一个分析人员，并且专门就报告撰写制定了一份书面指南，该指南有 50 页厚。对分析人员来讲，任何错误都无异于一场灾难，犯错误的分析人员可能面临被解雇的风险，甚至会被调到福特公司在外蒙古的汽车制造厂。表现出色的分析人员会得到提拔，可能在财务部门内部提拔，也可能提拔到财务部门之外的其他岗位。

由蓝迪主持编制的月度总结报告极其严密，蓝迪强调报告的准确性与可读性（方便沟通），该报告是蓝迪与他手下的团队最为有用的工具之一，该报告能帮助高级管理层了解正处于深刻变革之中的汽车行业的复杂动态关系。

上面提到的这两个"故事"（房屋净值贷款的审批率与信用卡促销活动）

都很值得一讲。"故事"中明确阐述了业务发展的重要趋势，并用强有力的数据作为支持，同时描述了针对这些数据所采取的行动。第一个"故事"传达了坏消息。显然，对房屋净值贷款而言，审批率较低是一件很糟糕的事情，因为审查贷款申请成本不菲。在经历了重重审查之后，最终决定拒绝贷款申请人，这意味着银行花在贷款审查上的成本没有取得任何效益。然而，如果报告系统足够有效、客观且已进行标准化，上述所谓的"坏消息"就不成其为坏消息，因为在不好的趋势刚刚萌芽时，管理者就能发现这一趋势并予以纠正。出色的管理者极其看重信息的客观性以及所采取的应对措施。在上面两个故事中，第二个故事中所传达的好消息无疑会使管理者感到开心。

报告编制者的目标（该目标由报告审阅者确立）是从繁杂的数据中筛选出有价值的信息（无论是好消息还是坏消息），并如实向管理者反映该信息。尽管这里称之为"讲故事"，但故事的叙述必须绝对客观，不能掺杂任何个人的主观感情色彩。这种讲故事的技巧与商业新闻记者所应具备的素质是一样的，商业新闻记者需具备这样一种本领，即能从看似简单的数据后面挖掘出极具看点的新闻素材。与商业新闻记者不同的是，内部报告编制者都隶属于同一团队，比如往往隶属于财务部门或风险管理部门。从本质上讲，所有内部报告编制者的利益都是一致的，尽管有时难免会有矛盾，但这是人的本性使然（只要有人的地方就有矛盾）。报告编制所应秉持的原则是，客观而生动（杜绝呆板）地叙述事实，不要掺入任何主观意见，不应妄加指责，关注信息的真实性与可靠性；如果能做到这几点，报告编制职能在消费信贷业务的运营中就能发挥至关重要的作用。

永远不要用数字撒谎

俗话说：数字不会说谎，但说谎者会玩弄数字（Figures don't lie, but liars figure）。这里使用"说谎"这个词有点夸张，因为在一个重视声誉的组织里，很少有人会故意撒谎。有时迫于管理层的压力，报告编制者可能会故意忽略一些不太光彩的数据。这种故意隐瞒坏消息的行为在消费信贷业务领域不乏先例，比如，一家大型信用卡发行人曾因这种隐瞒行为而遭受重创，该发行人的业务组合有高达 7 000 万美元的呆坏账核销额，为修饰业绩数据，该发行人隐瞒了这笔呆坏账核销信息，后因事情败露而不得不公开宣布这一事实，发行人的盈余严重受损，股价急剧下跌。事后的调查表明，一线管理人

第 11 章　管理信息系统

员迫于上司的压力，为满足不切实际的呆坏账核销目标（呆坏账核销目标要求太高，全然不顾客户的信用质量），不得不出此下策。除了这种形式的"谎言"之外，消费信贷业务领域还存在其他形式的撒谎伎俩，如下所示：

- 高估从违约客户手中收回的财产的价值；最小化潜在的损失额。
- 预测的核销率数据不切实际地低，对逾期贷款回收业绩的估计过于乐观。
- 未能分解客户组合以识别出有问题的客户，也就是说，银行在用优质客户掩盖劣质客户。

报告编制者绝不能采用以上伎俩，真相总有一天会大白于天下，事情一旦败露，相关人员包括管理者的职位很可能将不保。这种伎俩还会给银行导致重大损失，受美化后的数据所蒙蔽，银行失去了识别问题并解决问题的最佳时机。

前面提到的数据不实问题都是相关人员的故意为之，还有一类问题完全是因为相关人员的无知造成的。比如在计算快速增长的业务的贷款逾期率和呆坏账核销率时，当前数据与滞后数据间就存在很大的差异。第 6 章"贷款回收战略"中曾讨论过，新账户需要经过一段时间后才会发生贷款逾期现象，经过更长的时间后才会实施呆坏账核销。如果计算逾期率和核销率时使用当前应收账款作为分母，所计算出来的结果必定会发生扭曲。如果业务正在经历快速增长，使用当前数据计算的逾期率和核销率可能会随时间逐渐下降，这与真实情况显然不符。在这种情况下，如果业务报告中未能进行数据分解，比如按贷款生效的时间单独考察不同批次的业务，根据业务报告制定的决策可能会是灾难性的。如果业务报告中未能考虑到这些因素，这种报告很容易蒙蔽对业务不太熟悉的相关人员。示例 11.6 展示了当前核销率与滞后核销率间的区分。

示例 11.6 给出了某种无担保贷款在两年期间内的当前核销率与滞后核销率。如果仅看当前核销率数据，该贷款业务的表现基本上无懈可击，从示例 11.6 中可以看出，到 1999 年底，该贷款业务的当前核销率仅为 2%（示例 11.6 中较低的虚线）。全部客户的滞后核销率在 1999 年底也不高，如示例 11.6 所示，该滞后核销率略高于 3%（示例 11.6 中较高的虚线）。

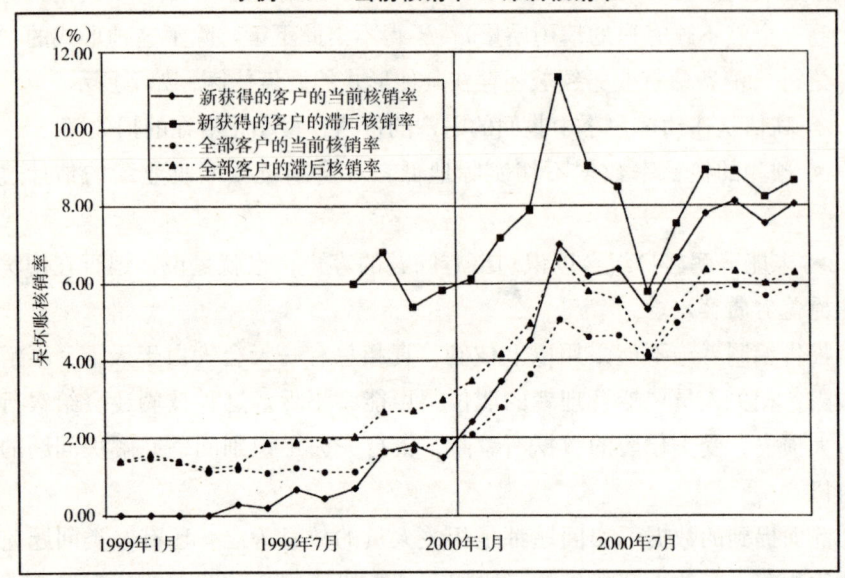

示例 11.6　当前核销率 vs 滞后核销率

[图：折线图，纵轴为呆坏账核销率（%），横轴为1999年1月至2000年7月；四条曲线分别表示：新获得的客户的当前核销率、新获得的客户的滞后核销率、全部客户的当前核销率、全部客户的滞后核销率]

下面进行数据分解，考察新获得的客户的呆坏账核销率。该贷款业务正在经历快速扩张，仅1999年的新增贷款余额就高达2.5亿美元，1999年底的贷款余额相当于年初的贷款余额的两倍。从示例11.6中可以看出，新获得的客户的当前核销率并不高，到1999年底，该核销率尚不到2%（示例11.6中较低的实线），这是因为业务的快速增长掩盖了业务中所存在的问题。只有在进行数据分解的同时考察新获得的客户的滞后核销率，真相才会浮出水面。如示例11.6所示，新获得的客户的滞后核销率在1999年底高达6%（示例11.6中较高的实线）。这才是该贷款业务的真实情况，绝对的真实，真实得甚至让人触目惊心。如果报告编制者能向管理层提供真实的核销率数据（即新获得的客户的滞后核销率），管理团队就会立即采取行动，以明确问题所在。比如，业务预测中是否考虑到了这种情况？是贷款回收程序、运营流程，还是目标市场的界定出了问题？如果核销率高达8%或更高水平，该贷款业务还能盈利吗？关键在于，完善的管理信息系统是一种强有力的管理工具；糟糕的管理信息系统只会给银行带来灾难。

小 结

  管理者应就管理报告的详简程度制定明确的规则。不同的管理者对管理报告的要求也有所不同，一些管理者愿意亲自了解每一个细小的数据；另一些管理者更多地靠直觉行事，他们拥有一批极为精干的数据分析员，由这些分析员筛选数据并向管理者提交关键数据的总结报告。每年应对所有的管理报告作一次全面的检查，并决定哪些报告的内容应进一步细化，哪些报告应取消，哪些报告应继续保留。这么做能有效控制报告的自我扩张倾向；如果放任不管，管理报告会像兔子一样自我繁衍。每年一次的高级管理层审查能突出关键报告的重要性，并能使这些报告发挥更大的作用。

第12章

组织与管理结构

  消费信贷业务的组织与管理有多种途径可供选择。目前，市场中已经存在的组织与管理模式有：高度集权的管理结构；分权管理结构；采用利润责任制；不采用利润责任制；以及组织结构与管理架构一团混乱的模式。无论采用以上哪种模式，都有银行在这种模式下取得成功的案例，也有银行在相同的模式下一败涂地。

  市场中曾广为流传的一个笑话是，人力资源部门和咨询师只做两件事，即先将组织从集权制改为分权制，五年后再将该组织从分权制改为集权制。无论是从集权制改为分权制，还是从分权制改为集权制，完成这种变革对任何银行来讲都不容易，它要求银行进行大量研究、彻夜开会讨论、长时间的规划以及投入巨额经费，最后宣布这种改革是诊治所有沉疴难疾的惟一良方。一些银行的组织与管理工作一直比较混乱，令人惊奇的是，这些银行在这种混乱状态下竟能实现不错的业绩。当然，在组织与管理方面过于混乱肯定不利于银行业绩目标的实现。

  总体上讲，在组织与管理方面做得比较出色的银行具有以下特征：

- 具有明确的授权，责任界定明晰。
- 拥有明确、现实且可以实现的目标。
- 奖励与实际工作成果紧密挂钩。

  本章将探讨消费信贷业务的一些组织方法。

管理结构

在构建管理完善的组织架构时,银行有两种基本模式可供选择,即职能管理结构与产品管理结构。

职能管理结构一般采用集权式,银行会建立多个高效、专门化的职能部门,如市场营销部门、财务部门、贷款回收部门等,这些职能部门负责为银行的很多产品提供专门化的服务。另一方面,产品管理结构一般采用分权制,各种产品均拥有自己的职能专家。这两种管理结构都有各自的优缺点,在这两种基本模式的基础上,一些银行又发展出了很多变种,比如按地理区域安排管理架构。无论采用职能管理结构还是产品管理结构,银行都需明确界定消费信贷业务的负责人。很难想象,缺乏这样一位负责人的消费信贷业务会如何实施。消费信贷产品(既有资产也有负债)与传统的商业银行产品及新近出现的投资银行产品有很大的不同,因此银行应为消费信贷产品单独设置一个管理单位,负责消费信贷业务的高级管理人员应向银行的最高管理层级汇报工作(银行的最高管理层级即为首席运营官或首席执行官等角色)[1]。此外,小企业贷款的发放越来越以统计数据为基础,因此小企业贷款业务很容易整合进消费信贷业务单元中。

下面具体看一下两种管理结构各自的优缺点。

产品管理结构

在产品管理结构下,银行会指定产品经理,同时会安排若干名员工作为产品经理的下属。为使产品经理能有效地实施相关产品决策,银行会给产品经理提供一定的授权,产品经理对其属下的员工也拥有一定的支配权和使用权。理想情况下,与产品盈利能力相关的所有决策,产品经理都应有绝对的发言权。这意味着产品盈利能力由产品经理负责或由产品经理所在的管理单位负责。产品经理属下的员工包括运营人员、销售人员、市场营销人员、系

---

[1] 也有例外,比如在银行的规模很小时,就没有必要为消费信贷产品设置独立且完整的管理单位。

统/技术人员、风险管理人员、财务人员、审计人员、人力资源人员，有时还会包含管理信息系统人员，所有这些员工都直接向产品经理汇报工作。如果消费信贷业务的规模较大或业务本身比较复杂，银行可能会设置多个产品经理，也就是会为消费信贷业务设置一个额外的管理层级。示例12.1展示了典型的产品管理结构。

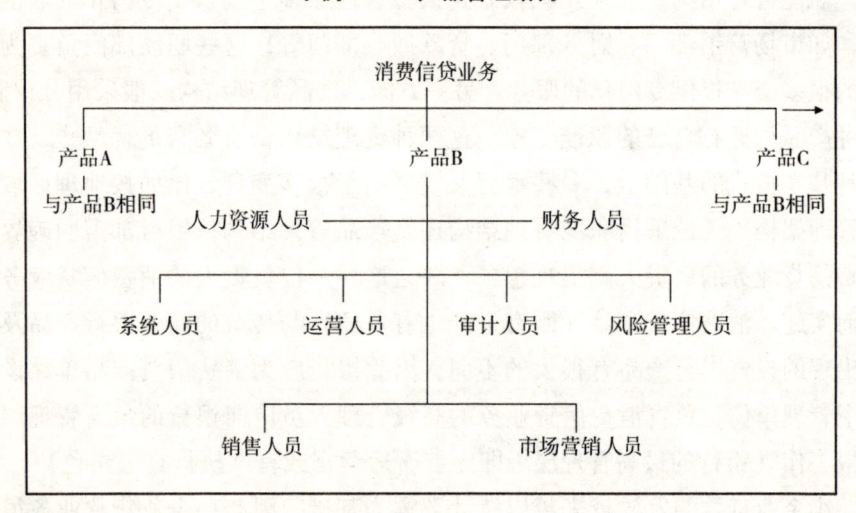

示例12.1　产品管理结构

```
                        消费信贷业务
        ┌───────────────────┼───────────────────┐
      产品A                产品B                产品C
    与产品B相同    ┌─────────┼─────────┐     与产品B相同
              人力资源人员         财务人员
           ┌──────┬──────┼──────┬──────┐
         系统人员  运营人员  审计人员  风险管理人员
              ┌─────────┴─────────┐
            销售人员            市场营销人员
```

类似示例12.1这样的管理结构比较适合于对条款和条件的界定十分明确的产品，如信用卡、间接汽车贷款、房屋净值贷款、住房抵押贷款等产品。此外，应设置独立的子产品经理，针对细分产品也应单独设置负责人，比如信用卡业务领域的金卡和普卡就应有各自的负责人。对互联网银行业务应设置独立的管理单元，因为互联网银行业务的运作与传统银行业务显著不同，尽管实践中很多银行并没有设置独立的互联网银行业务单元。

在业务规模十分庞大时，可以对示例12.1所示的产品管理结构作出一定的调整，比如按地理区域安排产品管理结构。在这种情况下，银行会在每个地区任命一名区域经理，每名区域经理负责一个地区的消费信贷业务管理工作，区域经理直接向总行的消费信贷业务经理汇报工作。有时，消费信贷业务需要银行进行实地考察，这种情况就特别适合于按地理区域安排产品管理结构，比如在间接汽车贷款业务中，由于银行必须与大量的汽车经销商打交道，因此在各个地方设置一名区域经理就非常有用。另一方面，信用卡业务不需要实地考察，因为与信用卡相关的交易数据很容易在全国范围内甚至在世界范围内实现实时传导。不管银行采用的是标准产品管理结构的哪种变形，在设计产品管理结构时始终应把握一条原则，即应指定专人负责具体的消费信贷产品。

产品管理结构也具有潜在的缺陷。比如，产品经理是否全权负责与具体产品相关的所有事务？产品经理对产品的融资成本、市场营销决策、风险管理决策以及运营决策是否拥有绝对的控制权？或者，与产品的融资、市场营销、风险管理及运营相关的一部分职能由产品经理之外的其他人负责？再如，产品经理对所分摊的间接费用是否拥有任何控制权？某些间接费用根本不在产品经理的控制范围内，比如公司总部的费用、与董事会主席在度假胜地的办公室相关的费用等项目。不管怎样，间接费用的分摊应秉持公平、公正的原则，所分摊的间接费用比例至少应与产品的盈利潜力保持一致。例如，要求负责第一抵押贷款的产品经理承担2%~3%的间接费用就不太合理。

如果能克服产品管理结构的上述缺陷，这种结构模式将能给银行带来很大的好处，如下所示：

- 职权界定明晰。一旦业务运营出现问题，银行能很快找到责任人，由此能避免出问题时的相互推诿和互相指责。另一方面，在业务运营十分成功时，该奖励谁都一目了然，由此能避免业务负责人竞相邀功、互不谦让的局面。
- 决策的制定由受决策影响最大的人负责。即决策的制定更接近基层组织，由此能提高决策的效率和相关性。
- 各个产品经理所负责的业务领域很有限，因此能保证这些产品经理对所负责的业务有透彻的了解。官僚风气在产品管理结构中能得到最小化。
- 产品管理结构有助于鼓励和提倡企业家精神，这种管理结构能有效地催生极富创意的业务运营模式的出现。

与职能管理结构相比，产品管理结构的一个主要缺陷是经营费用和人员费用都比较高。

利润由谁负责？

在刚刚推出消费信贷业务时，花旗银行所采用的业绩考核方法是，消费信贷业务所需的资金由银行的资金中心统一调拨，因此消费信贷业务的资金成本由资金中心设定。这意味着消费信贷业务经理无法直接控制消费信贷产品的资金成本。这些经理甚至认为，资金成本的高低与自己无关，他们忘了，资金成本是影响消费信贷产品盈利能力的最为重要的因素之一（如果不是惟一重要的因素）。

其他收入和费用项目都在消费信贷业务经理的控制范围内，比如定价、手续费、客户获取成本、贷款回收成本、客服成本、呆坏账核销成本等收入和费用项目，以及几乎所有的间接成本项目，如写字楼费用、设备成本等。惟一的例外就是资金成本，消费信贷业务经理认为资金成本是别人的事情，因此对该成本要素漠不关心。

1980年的业务规划看起来相当不错，资金成本定为8%。然而，当年的利率走势出乎所有人的意料之外，隔夜融资的利率高达21%，监管者规定银行向客户收取的最高利率不得超过12%，12%的利率上限显然只能弥补一部分资金成本，更不用提银行高昂的经营成本和呆坏账核销成本。固定利率产品也经历了类似的困境。

结果很可怕。消费信贷业务经理得知自己需全权负责相关产品的盈利情况，包括资金成本。这一遭遇对消费信贷业务经理的教训十分惨痛。自此以后，缺口管理（即尽量匹配借款和贷款的到期期限）就成为花旗银行消费信贷管理流程的一部分。

职能管理结构

示例12.2展示了典型的职能管理结构。

职能管理结构的优点十分明显。职能管理结构有助于节省成本。职能管理结构的缺点比较模糊，很难界定。基本上可以认为产品管理结构的优点就是职能管理结构的缺点，如下所示：

- 在职能管理结构下，银行很难准确地分配成本，因此很难准确地界定产品的盈利能力。

- 在职能管理结构下，利润由一个较高的组织层级负责，因此很难平衡风险与回报特征。运营职能仅对削减成本感兴趣，因为只有成本得到成功削减，运营职能才有资格获得业绩奖励。问题在于，如果运营职能只单纯追求成本削减目标，那么客服目标如何实现？由谁负责实现客服目标？由谁负责平衡这两种目标之间的内在矛盾？对市场营销职能的考核是否单纯依据所获得的新客户的数目,却无视新客户的质量?对风险管理职能的考核是依据该职能对利润的贡献,还是仅以最小化损失为考核目标?

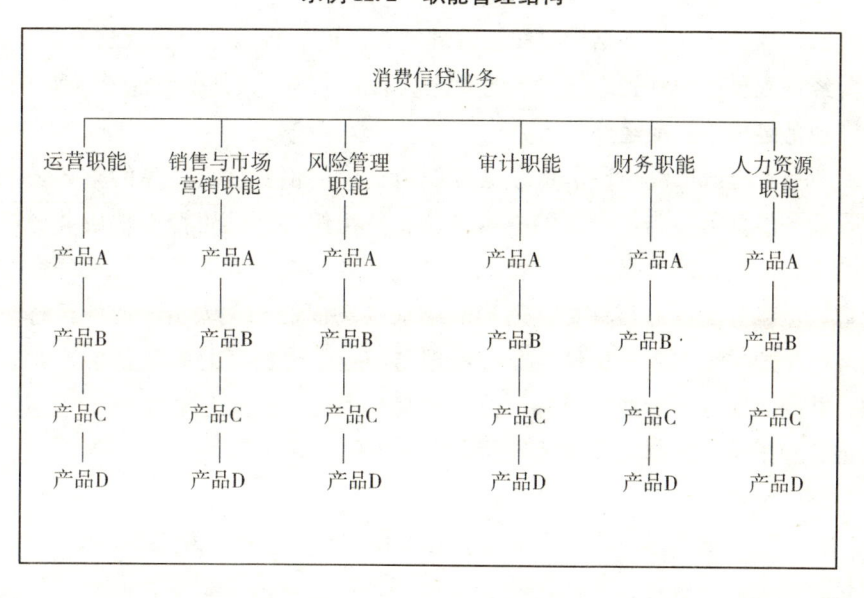

示例12.2　职能管理结构

消费信贷业务					
运营职能	销售与市场营销职能	风险管理职能	审计职能	财务职能	人力资源职能
产品A	产品A	产品A	产品A	产品A	产品A
产品B	产品B	产品B	产品B	产品B	产品B
产品C	产品C	产品C	产品C	产品C	产品C
产品D	产品D	产品D	产品D	产品D	产品D

由于职能管理结构很难解决上述问题,因此产品管理结构是一种更好的选择。尽管在产品管理结构下很难最小化成本,并且产品管理结构的设计在某种程度上存在重复问题,但产品管理结构使得银行能更为有效地实施目标管理,业绩考核与业绩奖励也能实现透明化、公开化和公正化,银行的业绩管理能做到奖惩分明,因此产品管理结构有助于提升银行业绩。这使得产品管理结构对银行更具吸引力。

有时,银行会综合采用产品管理结构与职能管理结构。例如,产品经理可能有权"购买"银行内部的某个职能处理小组的运营支持服务,或者在内部的运营支持服务太过昂贵或效率太低时,产品经理也可以从外部市场购买相关支持服务。

在决定应采用哪种管理结构时,消费信贷业务经理主要关注以下三个要素:管理结构与银行业务特点间的拟合度、管理结构与消费信贷业务经理自身偏好之间的关系,以及管理结构与企业文化之间的兼容性。在组织中建立起企业家精神谈何容易,现实中看到的组织往往官僚习气严重,致使整个组织缺乏活力,死气沉沉。

职权划分

本节探讨产品管理结构与职能管理结构下的职权划分问题。从本质上讲，主要经理人员在两种管理结构下的职能基本上一样，只是工作范围有所不同。

业务经理或产品经理

业务经理或产品经理负责在其控制范围内的消费信贷产品的整体盈利能力。业务经理需要制定合适的战术方法，并组织必要的资源以解决业务中出现的重大问题，同时努力抓住稍纵即逝的业务机会。业务经理有权任命主要管理人员，分配业务目标，并适当奖励成绩突出的相关人员。业务经理负责批准产品的关键条款和条件；业务经理与高级管理层（总裁及董事）密切协作，共同制定业务的战略目标。业务经理负责确立管理信息系统中应包含的关键管理报告，并制定管理报告的定期审查程序。

营运经理

营运经理负责银行内部事务的日常管理工作，包括客户获取、客户服务、支付处理等内部事务；除此之外，营运经理往往还需负责贷款回收工作以及代理人管理工作，尽管这两项工作有时由风险经理负责。营运经理有权任命部门管理人员，并同部门管理人员一起共同制定部门的经营目标和客服目标。营运经理负责大型系统工程的管理工作，必要时还需负责系统的安装和升级工作。营运经理通过合适的管理信息系统来监控银行营运活动的效率和效益，并负责提供与产品决策相关的营运信息。

销售与市场营销经理

销售与市场营销经理（有时对销售与市场营销工作只设定一个管理职位，即销售与市场营销经理；有时会设立两个管理职位，即销售经理与市场营销经理）负责管理银行的分销系统（银行的分销系统通常指的是分支机构，但事实上分销系统包含各种形式的产品分销渠道）。此外，销售与市场营销经理还需负责进行竞争形势分析，并就如何提高银行消费信贷产品的竞争力提出富有洞见的建议，建议内容包括合适的产品条款和条件、分销渠道的选择（直接分销或间接分销）以及产品的定价。销售与市场营销经理还可以同业务经理合作，共同制定业务发展的战略目标。销售与市场营销经理负责界定目标市场，包括目标市场的地理区域分布以及目标市场的人口统计特征；销售与市场营销经理还需负责监控广告和促销活动的规划及执行情况。

财务经理

财务经理负责与各个职能经理合作，共同编制年度预算、汇总预算结果并向高级管理层提交预算报告。财务经理负责确认成本削减领域与成本控制领域。财务经理定期（即每日、每周或每月）报告业务运营的实际结果，并将实际结果同预算结果相比较。财务经理负责开发盈利能力分析模型，报告实际业绩，并将实际业绩与目标业绩作比较，财务经理还需参与产品定价决策的制定。财务经理负责监控会计部门的工作，并协助外部审计师提交各种内外部财务报告。财务经理还需监督或运作银行的资金中心，即负责给各种消费信贷产品提供资金并确立资金成本。

风险经理

风险经理负责制定信用政策。作为管理团队中的重要一员，风险经理帮助银行评估主要产品决策的风险和回报特征，并帮助银行平衡市场营销、财务和运营方面的各项建议。风险经理是连接内部资源与外部供应商的桥梁，负责引入并验证各种信用评分系统，包括贷款申请信用评分系统、授权系统以及贷款回收系统等。风险经理还会分析银行的财务结果，尤其关注主要的风险和回报指标，如收入、贷款回收结果以及呆坏账核销率等指标。此外，风险经理也十分关注主要风险控制指标的有效性。风险经理会与管理信息系统经理（MIS 经理）密切合作，共同开发完善的管理报告系统（或者在没有管理信息系统经理的情况下，由风险经理独自开发管理报告系统）。

管理信息系统经理（MIS 经理）

在各个职能经理的协助下，MIS 经理能准确界定高级管理层所需要的关键信息，并每日、每周或每月向高级管理层汇报这些信息。出色的 MIS 经理会努力改善信息的可读性，比如他们会总结出趋势信息，或者突出业绩的变化等信息。MIS 经理也会给各个职能领域提供必要的资源如计算机资源、软件开发人员等，以协助这些职能领域编制完善的业务报告。

人力资源经理

人力资源经理协助业务经理和职能经理处理组织的人力资源工作。人力资源经理需为主要工作岗位撰写职责描述，协助直线经理招聘优质员工填补空缺岗位（可以从银行内部招聘，也可以从外部招聘）。人力资源经理负责了解市场上的工资福利水平，以确保银行的薪酬结构足够有竞争力。人力资源经理负责提供内部咨询服务，以确保银行的人事提拔工作和人事招聘工作能做到公平、公正。人力资源经理负责监督内部的人员沟通效率，并就员工的士气问题向高级管理层提出建议。除此之外，人力资源经理还应能及时识别出银行员工的培训需要，并能有效组织这些培训活动（可以由内部培训师提供培训，也可以聘用外部培训师）。

审计师

审计师负责审查银行的财务、信贷、市场营销和经营结果，以确保相关业务活动符合银行的政策和程序要求。审计师会定期编制正式的审计报告，并向管理层反映审计结果。审计报告中会给出所有主要职能领域的审计结果，并突出任何有悖银行政策的例外情况。审计报告中也会给出针对这些例外情况的修正措施。审计师会时刻关注对审计工作有影响的任何技术进步和程序改良，并就银行政策和程序的实用性提出意见。

营造信用文化

银行怎样才能营造出一种氛围，以使风险管理工作深深植根于企业文化之中，并使风险和回报这两项指标在任何时候都能得到合理权衡？银行是否应指定专人负责风险管理工作，比如由信贷经理或风险经理负责这项工作？还是应动员全体银行员工参与风险管理工作？

理想情况下，银行根本没必要单独设置专门的风险管理职能，因为银行的所有经理人员都有控制风险的责任。市场营销经理将关注于如何用最小的成本获得信用质量最高的客户；营运经理会持续对系统作出调整，以更为准确地控制客户的风险水平；财务经理会预测盈利能力水平，并帮助各业务单元严格控制成本以实现利润目标。在开明的业务经理的领导下，所有人都能密切合作。在这种组织文化下，风险经理的角色完全是多余的。

然而，现实世界永远没有这么完美。银行的实际运作流程往往是这样的：高级管理层下达某个指令，要求重点发展某项业务，市场营销经理在收到指令后，会以客户获取为惟一目标，根本不考虑客户获取成本的高低；营运经理主要关注于改善系统设计，以尽可能地削减成本，至于业务扩张后所可能面临的管理问题，营运经理根本不关心。市场营销经理和营运经理都没有注意到风险管理问题，这对银行来讲可能是一个灾难。一旦灾难来临，比如坏账损失居高不下时，经理人员的应对举措往往是削减经营成本，这无异于火上浇油，业绩状况会进一步恶化。业务扩张的同时往往伴随着人员投入和系统投入的不足，这导致银行没有足够的人手和系统资源来处理日益严峻的账单支付和贷款回收问题。对短期销售业绩和利润的追求使银行忽略了对业务扩张势头施以合理的控制。

在这种情况下，银行意识到有必要任命一位高级风险管理专员，比如在执行官层次任命一位高级风险管理人员，并且在每个主要的业务层面或产品经理层面分别任命一位风险管理人员。大型信用卡发行人，如美国运通、美国银行、摩根大通银行、花旗银行、Discover、富国银行以及联邦银行（US Bank）等，均已在整个组织中建立起了强有力的风险管理文化。为成功建立起风险管理文化，银行需要培训各个职能领域（稍后会专门探讨风险管理培训），使这些职能领域能密切合作，共同实施风险管理工作。显然，风险管理文化是信用文化的一个内在组成部分。

风险经理的职责

风险经理面临哪些独特的问题？风险经理具有何种性格特征？风险经理似乎逐渐成为组织中的"诺博士"（Dr. No），人们对风险经理的普遍印象是：这个人对任何会带来额外风险的活动都会说"No"。尽管有时的确需要说"No"，但风险管理工作远比简单地拒绝要复杂得多。

决策制定者

尽管不同的银行对风险经理的职责的界定有所不同，但大部分银行都会要求风险经理承担一定的决策制定职能。最为明显的例子就是，风险经理需要分析银行可以接受的风险水平与希望获得的回报水平，并适当地权衡风险与回报之间的关系。在风险经理批准对现有的消费信贷产品方案作出修改或批准采用新的产品方案时，风险经理的权力无疑得到了最大的体现。

风险经理的目标绝不仅仅在于最小化损失，事实上，最大化利润也是风险管理的一项重要目标。为此，在修改消费信贷产品方案或实施业务扩张计划时，风险经理从一开始就应参与进来。风险经理可以从风险/回报分析的角度，帮助银行识别新市场及新市场的发展潜力。这么做可以极大地丰富风险经理的职能角色，比如，人们不再把风险经理视为新业务方案的障碍（人们似乎已形成了这么一个印象：要使新业务方案获得批准，需要费很大劲说服风险经理，除非风险经理点头，否则实施新业务方案就不太可能。对风险经理的这种传统认识已逐渐得到改观）；风险经理也不再是仅在目标市场定位有误时才需要向其求助的那个人；当然，风险经理绝不仅仅是只用于筛选高风险客户的那个人。

一线职位与支持性职位

有些银行让一线职位上的相关人员（如负责处理客户获取流程的相关人员、贷款回收员、客服代表等）向风险经理汇报工作。近年来，大部分设有信贷经理职位的银行已将风险经理这一职位界定为支持性职位。

引入新技术

风险经理在银行中还能起到催化剂的作用，比如推动银行采用新的分析技术。事实上，甚至可以认为风险经理是银行的知识库，从风险经理那里可以了解到消费信贷业务领域最新出现的分析工具，比如破产评分模型、神经网络模型以及行为评分模型等信用评分工具。统计控制技术对消费信贷管理的重要性再怎么强调也不为过，在使用新的统计控制技术前，一般由风险经理负责测试该技术的有效性和可靠性，并由风险经理负责该技术在整个银行中的推广与实施工作。

在推广新技术时，风险经理可以采用在线访问、专业研讨会以及书面沟通的方式。新技术的采用能使银行在信用分析上保持一贯的高标准。

提供管理信息

这项职责非常重要。风险经理需向高级管理层提交关键的统计报告，以使高级管理层能有效地评估风险。通过与相关财务人员密切合作，风险经理能考察产品的风险/回报关系，从而使风险管理工作超越单纯的"最小化呆坏账核销率"这种以损失为导向的业务目标，并在风险管理中引入更多的以利润为导向的考核指标。消费信贷业务本质上重在追踪细节，如何更有效地追踪细节，这一责任落在了风险经理的头上。风险经理需设计（有时是与管理信息系统经理合作设计）有用的管理信息系统报告，该报告应能给高级管理层提供一个全面了解和分析消费信贷业务状况的机会，并允许高级管理层根据报告中的信息采取相应的行动。这种管理信息报告的目的旨在使高级管理层随时掌握消费信贷业务发展的动态，及时发现业务发展中的不良势头并遏制这种不良势头继续恶化；此外，管理信息报告还能揭示出难得的业务发展机会，准确把握这种机会对银行而言十分重要。管理信息报告的设计非常重要，风险经理务必确保该报告能成为高级管理层的有用管理工具，而不是充当高级管理层逃避决策制定的借口。风险经理应牢记一点：所有管理完善的组织都具有一个共同特点，即它们深信依靠常识来管理比单纯依靠数据来管理要可靠得多。

设立评估标准

风险经理还需设立评估标准，并根据这些标准追踪业务的业绩。在消费信贷业务领域，很多关键决策的制定都有标准可循，比如贷款审批中的信用评分阈值标准，特殊情况下的系统超驰标准，以及贷款回收员的工作量标准等。考虑到这些标准对信用风险控制的重要性，风险经理有必要参与到标准的确立过程中来，并且应作为标准确立过程中的重要一员，比如从风险/回报的角度评估相关标准合适与否。

风险经理的工作性质导致风险经理的处境比较难堪。风险经理的职责决定了风险经理往往是传达负面消息的人士，这使得风险经理经常遭到组织中的其他人员批评。即使风险经理的本意是促进业务增长和提升业务盈利能力，从这一意图出发所制定的风险管理决策也很难保证获得相关人员的一致认可。

因此，为保证风险管理工作的顺利进行，高级管理层必须对风险经理的工作提供持续支持。当然，高级管理层并没必要时刻守候在风险经理的身边。业务经理为提高利润水平，可能决定承担额外的风险，尽管风险经理对这种冒险行为已提出了反对意见。在这种情况下，风险经理应提前预测该冒险行为的可能结果，如果预测结果表明该冒险行为极其不可取，风险经理应努力说服高级管理层阻止业务经理这么做。

风险经理的工作非常特殊，出于维护银行利益的需要，风险经理往往不得不与自己的同事甚至老板唱反调，这使得风险经理在银行中处于极其不利的地位，为保护风险经理的工作积极性，银行有必要给风险经理提供明确的支持。有些大型银行允许风险经理直接或间接向职能领导或矩阵（Matrix）领导汇报工作，比如由若干执行官组成的信贷小组或独立的信用政策委员会。这两种实体在组织中的权力阶层应足够高，这样在因风险经理出具了负面意见而导致某些人员不满时，这两个实体可以出面保护风险经理。

最好的保护来自风险经理自身。如果风险经理对风险管理工作的重要性深信不疑，并坚定地投身于这一工作之中，那么无论外界对风险经理施加了多大的压力，风险经理都能挺过难关。如果风险经理掌握有最新的分析技巧，拥有完整的信用风险证据，并向管理层明确无误地展示这些证据及分析结果，风险经理的意见将能获得应有的尊重，整个组织也能就相关风险问题达成共识，并接受风险经理的建议。在呆坏账损失极其严峻的时期，没有哪家银行敢置风险经理的意见于不顾。

因此，高级管理层、同事及下属的尊重对风险经理而言极为重要。事实上，高级管理层可以通过任命合适的风险经理人选从而在组织中营造出这种（尊重风险经理的）氛围。比如，所任命的风险经理人选在消费信贷业务领域有深厚的风险管理背景，有良好的工作习惯，德识兼备，正直诚实，这样的风险经理必然能获得组织上下的普遍尊重。

风险管理培训

消费信贷管理技能很难从学校教育中学到。尽管大学课程和研究生学位专业中都会涉及市场营销、财务、数据处理、一般管理以及审计等科目或专业，但在大学校园里很难有机会学到最新的消费信贷管理技能尤其是风险管理技能。很多银行指望通过在职培训使员工掌握相关管理技能，比如让员工干中学，希望员工从一两次失败的经历中领悟到相关工作的真谛所在。实践证明，这种"干中学"的方法并不是很奏效，该方法存在明显的缺陷。

银行在将任何高素质员工提拔到高级管理岗位上之前，可以要求这些员工先行参加一个完整的正式培训项目。当然，这种正式的培训本身也具有一定的优缺点，银行务必意识到这一点。

正式培训的主要目的在于：

- 避免重蹈覆辙。正式的培训可以帮助银行总结过去的经验教训，避免过去的错误一再重现。将过去的失败经历总结成案例研究的形式（为保护相关当事人，案例研究中应隐去真实的姓名和职位等信息）非常可取，银行可以在案例研究中描述失败的原因以及为避免这种问题再次发生，银行应采取哪些强有力的措施。培训中还应向员工传授银行最基本的技能要求。

- 鼓励相关技能在银行中的交叉培训。通过这种交叉培训，学员能成为消费信贷业务的全方位能手，在某项工作人手不足时，可以迅速找到合适的员工作补充。

- 参加正式培训时，员工可以暂时离开工作岗位。为期几天的正式培训使员工能集中精力学习相关技能，培训讲师的讲解能帮助员工扩大视野，正式培训使员工有机会分享银行的集体智慧。

行业协会（如银行家协会）和行业专家（如专业公司）均提供这种培训项目。一些大型银行自行开发风险管理培训课程，面向内部员工开办这种培训班。自行开发培训项目的成本十分高昂，只有大型银行才有实力这么做。

一些银行为逃避培训（比如为节省培训费用），采用了挖其他银行墙角的做法，比如将其他银行经验丰富的专业人士挖走。主要银行都曾遭遇过相关专家被其他银行挖走的经历，特别是那些以善于培养优秀管理人才著称的银行，其优质人才更是其他银行竞相争夺的目标。当然，这些遭遇人才流失的银行有时也会从其他银行挖走优秀人才。直接挖竞争对手的墙角，用更为优厚的条件将竞争对手的专门人才挖走，这种做法固然很省事，比如银行不用费劲制定内部培训方案，也无需为实施内部培训方案大伤脑筋，但这么做的代价十分高昂。根据一家猎头公司总裁的说法，为从竞争对手处挖得一名经验老练的专家，正常情况下，银行给这位专家开出的薪水必须比市场水平高出25%~40%，这种薪水条件一旦开出，它就会成为银行的一项固定开支，因为银行在未来的很多年中至少必须保持这一薪水水平不变，更何况银行原有的工作人员也会要求自己的薪水应与这位新聘用的专家一样高。

消费信贷培训：一个被忽视的盲点

这里讲两个故事，目的是对银行在商业信贷培训和消费信贷培训上的不同做法作一个对比。

故事一

菲利普于几年前开始了自己的银行从业生涯，最初是在一家银行的商业信贷部做管理培训生。商业信贷部给菲利普提供了为期10个月的脱产培训机会，在这段时间内，菲利普不用做任何事情，惟一的任务就是到银行自己开办的培训学校上课，学习与商业信贷管理相关的各种技能。讲课的老师都是在商业信贷管理领域有丰富经验的专家，这些老师极有活力，讲课十分精彩，他们十分注意课堂教学方法，培训的效果非常好。培训学校的课程设置十分全面，包括会计、现金流分析、财务报表发布及报告撰写等内容。为期10个月的培训结束后，菲利普已完全准备妥当，可以作为一名真正的银行家担当重任。

故事二

与菲利普几乎同时加入该银行的玛丽的遭遇完全不同。玛丽也是该银行的管理培训生，惟一不同的是，玛丽被分配到消费信贷部。消费信贷部的办公室位于同一层楼最靠边的位置。到消费信贷部报告的第一天，有人将玛丽领到她的办公桌前，那是一个靠近盥洗室的位置，介绍玛丽认识了同一办公室的其他同事，交给玛丽一本操作指南，告诉玛丽按指南上的要求开展消费信贷业务。这是典型的在职培训。当然，玛丽的贷款决策需由高级贷款审批员进一步审核。通过在实践中学习，玛丽基本上掌握了与消费信贷业务相关的所有技巧。

玛丽和菲利普的不同经历在银行业中是一个非常普遍的现象。很多银行在商业信贷培训方面拥有悠久的传统，但消费信贷培训却做得很不够。在职培训固然也能取得一定的效果，但对银行而言，在职培训的代价十分高，比如老员工的坏习惯可能会"代代相传"。

制定培训方案

员工培训可以采用两种方式进行，一种方式是使用外部的培训机构，另一种方式是制定内部培训方案。这两种方式均有各自的优缺点。

外部培训

- 使用外部培训机构可能比较便宜。银行可以让员工参加外部培训机构开办的专门培训班，以提升员工的相关技能。
- 外部培训机构由于面临竞争压力，因此会不断改进培训课程的质量，外部培训机构往往能在第一时间介绍最新的技术和理念。与此相反，内部培训方案由于面临官僚层的压力，往往不得不保留一些老掉牙的培训项目。

- 外部培训机构的讲师都是相关领域内的领袖级人物，专业素养十分深厚，并且一般拥有多年的讲课经验。与此相反，银行内部的培训讲师一般仅了解本行的相关情况，并且缺乏必要的讲课经验。
- 外部培训机构有固定的讲师和固定的培训时间安排。与此相反，银行内部的培训往往没有固定的时间安排，培训的实施十分混乱。

需要注意的是，外部培训并非适用于所有管理层级，比如，经验较少的管理人员可能认为培训师的讲解太深奥，很难理解；经验丰富的管理人员可能认为培训师的讲解太简单，不值得听。因此，在选择外部培训机构前，银行有必要首先明确培训中将要讲解的具体内容。在大量派遣员工参加外部培训项目之前，最好先派遣一两个人实地考察一下培训的效果。

内部培训

- 在开发出内部培训方案之后，该方案可以反复使用，由此能降低每次培训的成本。
- 外部培训课程可能无法反映银行的组织文化。实施内部培训，银行可以更为明确地向目标受众解释和传达银行的管理哲学（事实上，很多外部培训机构可以根据银行的组织文化特点，为银行定制培训方案）。
- 教学经验是培养优秀经理人员的重要一环。事实上，在教学的过程中，培训师学到的东西往往比学员学到的东西还要多（至少对刚刚走上讲台的培训师而言是这样）。使用外部培训机构会导致银行的相关管理人员在其职业发展生涯中缺失教学经验这一环。

这两种培训方法孰优孰劣并无定论。聪明的银行意识到了员工培训所能带来的巨大回报，因此愿意为员工培训投入巨资。在员工培训方面比较吝啬的银行终有一天会尝到苦果。一些银行的呆坏账核销额高达上千万美元都毫不心疼，却对上十万美元甚至上万美元的员工培训费斤斤计较（比如在培训员工如何控制贷款损失方面不愿意多投入一点资金），这种做法极其短视，完全是因小失大。

第 13 章

经济衰退与消费信贷管理

现实中总有一些银行愿意相信经济和股市将永远保持繁荣状态（事实上，经济和股市的衰退已给了这些银行当头一棒）。人们太容易遗忘人类经济在衰退时期所面临的惨况，尤其是严重的、大范围的经济衰退来临时，很少有银行能全身而退。

次贷危机对美国经济的影响至今仍未结束。美国经济因次贷危机步入了明显的下行周期，那么，什么是经济衰退呢？根据经济学给出的经典定义，经济衰退是指"GDP连续两个季度下滑"。尽管针对经济衰退还有更为复杂的定义，比如根据就业趋势、工业产值、真实收入以及消费者信心等指标来判断经济衰退，但公众普遍认可的是GDP指标。

银行必须做好充分的准备，以应对经济衰退可能给消费信贷业务造成的影响。传统上认为，经济衰退对消费信贷业务的影响将是负面的，问题是，仅仅因为消费信贷业务在经济衰退期会遭受重创，银行在消费信贷管理上就应消极作为吗？或者，一旦经济出现衰退的迹象，银行是否就应高度戒备，不再发放新的消费贷款，降低现有的信用限额，并加强贷款回收活动的力度？更具体地讲，在经济面临全国性的衰退时，银行应采取哪些措施来保护自己的消费信贷业务？

答案是，如果银行在消费信贷管理上秉持既有的原则（即动用所有可行的消费信贷管理工具，严格控制消费信贷业务的风险水平），那么经济衰退对银行消费信贷管理的影响会很小。对管理完善的银行来讲，经济衰退甚至给银行提供了扩张业务的大好机会，尤其是在其他银行因经济衰退而纷纷削减业务规模时。如果银行在消费信贷管理中盲目跟风，或不顾自己的风险控制能力盲目扩张业务，一旦经济发生衰退，该银行就得十分小心。对于业绩原本就不理想的银行而言，经济衰退无异于是雪上加霜。

历史上的经济衰退

经济衰退是美国经济发展史上挥之不去的一个阴影。作为经济衰退的一个关键指标，失业率在1980年的衰退中曾超过7%，在1982年的衰退中超过9%。与此相反，在经济繁荣期，失业率仅为4%（比如在20世纪末21世纪初的繁荣期）。经济衰退所导致的主要问题就是失业以及对失业的恐惧。由于担心有一天会失业，消费者会紧缩开支，并在提心吊胆中度日。当然，经济衰退并非意味着所有事情都是负面的。下文以历史经验为依据，总结了经济衰退时期消费信贷业务的主要发展趋势，包括正面趋势与负面趋势：

- 刷卡消费额与信用余额的增幅均会下滑。
- 汽车贷款、住房抵押贷款、游艇贷款、休闲车贷款等消费信贷业务的交易量会下降。在1990~1992年的经济衰退中，第二抵押贷款和房屋净值贷款的业务量保持平稳；这两项业务的规模在衰退前达到历史新高。
- 为收回相同数额的逾期贷款，银行必须付出更多的贷款回收努力。
- 新获得的客户的总体质量会下滑，在受衰退影响较为严重的地区，呆坏账核销率会显著上升。然而，客户质量的下降并不像人们普遍认为的那样具有一般性。
- 次级贷款会遭受重创。
- 汽车经销商和零售商的破产率更高。
- 由于总体利率下滑，资金成本下降；这里假设央行的政策重心是对抗衰退，抑制通胀退居其次。固定利率贷款的利差会增大。可变利率贷款也能从利率下滑中获得一定的好处，比如，资金成本的下降幅度可能高于客户贷款利率的下调幅度。类似地，具有利率下限的可变利率贷款也能从利率下滑中获得一定的好处（这种贷款的利率与某个指数相挂钩，但事先会设定一个贷款利率的下限水平，在指数下跌幅度超过一定数额时，贷款利率将以利率下限为准，不再与指数挂钩）。
- 管理层更为关注贷款风险的控制（有时这种关注为时已晚，但有总比没有强）。
- 逾期费与其他杂项收费的数目会增加。

● 银行仍会采用信用评分系统来筛选客户，但与衰退前相比，在发生经济衰退时，相同信用评分水平下的损失率一般更高。考虑到总体损失率水平更高，银行应仔细审查信用阈值水平（稍后会进一步探讨这个问题）。

另外，无论是经济繁荣期还是经济衰退期，银行的收入水平至少是信用卡业务的收入水平具有显著的稳定性。以美国为例，在20世纪80年代初取消了对信用卡的价格限制后，信用卡业务的利润率在此后相当长一段时间内（无论是经济繁荣期还是经济衰退期）都保持在17%~19%的水平上。尽管在经济衰退期因总体利率下滑，银行的收入水平也会下降（今天，大部分贷款都是可变利率贷款），但还有其他一些因素对银行的收入水平具有积极影响，如逾期费、交换费（Interchange fees）等收入因素，因此银行的总体收入水平表现出显著的稳定性。示例13.1展示了过去20多年间，信用卡业务的平均收入水平与短期资金成本。

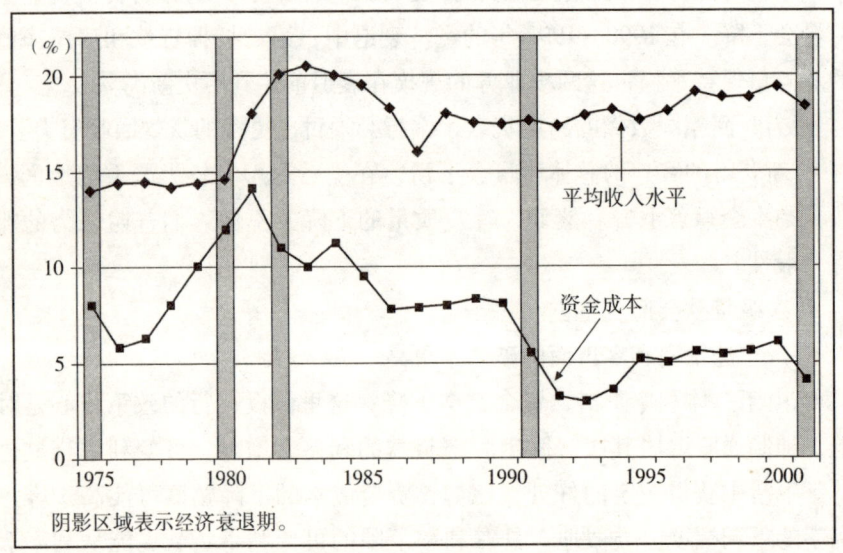

示例13.1 信用卡业务的平均收入水平与短期资金成本

阴影区域表示经济衰退期。

从示例13.1中可以看出，在经济衰退期，即使资金成本大幅下滑，信用卡的价格（信用卡贷款的利率）也明显保持稳定。但这一规律并不适用于其他消费信贷产品，如汽车贷款、住房抵押贷款等产品。汽车贷款和住房抵押贷款等产品的利率是大众关注的热点，并且这些产品的利息收入在产品总收入中所占的比例更大。每次央行调整基准利率水平，公众就会再一次集体关注市场的存贷款利率尤其是住房抵押贷款的利率。在基准利率下调时,电视上经常可以看到这样的评论:"经济衰退迫使央行再次下调基准利率,随着基准利率的下调,住房抵押贷款的利率也达到23个月以来的最低水平,目前住房抵押贷款的最新利率是6.75%。"当然,在基准利率上调时,情况正好相反。与汽车贷款和住房抵押贷款不同的是,信用卡业务可以从经济衰退中获益,至少在经济衰退导致呆坏账核销率上升时,信用卡业务的盈利能力也不会受到影响。下面将分析信用卡业务在不同衰退期的呆坏账核销率。

信用卡业务的呆坏账核销率

很多因素都会影响到呆坏账核销率,经济衰退只是诸多影响因素中的一种。下面以美国为例,分析信用卡业务在1980~1982年、1991~1992年和2001年这三个经济衰退期以及20世纪90年代的经济繁荣期这四个阶段的呆坏账核销率。示例13.2以图形的形式展示了信用卡业务在不同时点的呆坏账核销率。

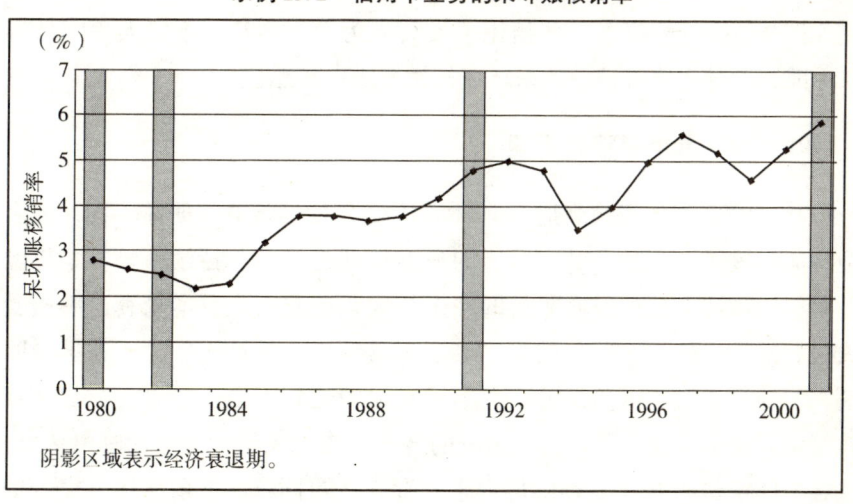

示例13.2 信用卡业务的呆坏账核销率

阴影区域表示经济衰退期。

1980~1982年的经济衰退期

信用卡业务的呆坏账核销率在1980年一度急剧上升,之后在1981~1982

年持续下降。同一时期，其他贷款人的呆坏账核销率也表现出了相同的下降趋势，这些贷款人包括主要汽车信用公司（如福特汽车金融服务公司和通用汽车金融服务公司）、主要金融公司（如 Household International 和 Beneficial Finance）、主要零售商（如 Penney's、Montgomery Ward's、Sears 和 Roebuck）以及其他机构。在 1981~1982 年的经济衰退期，呆坏账核销率为何会持续下降呢？这是否意味着风险经理应欢迎经济衰退期的到来，以帮助他们解决让人头疼的呆坏账核销问题？

关于这一时期呆坏账核销率为何持续下降的问题，可以给出以下三个方面的解释：

- 1980 年信用卡业务的核销率急剧上升，这可能是因为银行在 1978~1979 年期间疯狂扩张信用卡业务的结果，这导致呆坏账核销高峰出现在随后的 1979~1980 年期间。
- 1981~1983 年期间，大型信用卡发行人纷纷削减开支，因为这一期间的资金成本十分高昂，同时由于监管机构设定了信用卡贷款利率的上限，这极大地限制了银行的盈利空间。
- 1984 年之后（本轮衰退已告一段落）呆坏账核销率显著上升，这反映了个人破产率的上升，以及随着信用卡利差幅度明显扩大，信用卡发行人实施业务扩张策略的后果。一些信用卡发行人为获得客户，不惜大幅降低客户获取标准，大量劣质客户导致呆坏账核销率进一步恶化。

1991~1992 年的经济衰退期

1991~1992 年的经济衰退与 1980~1982 年的经济衰退明显不同，前者的典型特征是核销率不断上升，后者的典型特征是核销率持续下降。本轮经济衰退对中层管理人员和普通职员的冲击最大，蓝领工人在本轮衰退中遭受的损失很有限，1980~1982 年的经济衰退对蓝领工人的冲击较大。在里根时代逐渐兴起的行业，如国防工业，在本轮衰退中遭到重创。在 20 世纪 80 年代末的繁荣周期中界定为理想目标市场的客户在本轮衰退中开始面临财务危机，这些客户的偿付能力（不是偿付意愿）存在严重问题。如前所述，完善的客户筛选流程既要识别客户的偿付能力，同时也要兼顾客户的偿付意愿。20 世纪 90 年代，信用档案公司的报告得到日益广泛的使用，与此同时，银行的授信范围也日益扩大，并且借款人的信用质量必须达到银行的最低要求。在这种情况下，呆坏账核销率持续攀升只能归咎于财务状况的变化。1991 年，万事达卡公司进行了一项客户破产研究，研究发现，客户在申请破产时平均拥有 7 笔贷款或信用额度，如果破产申请获得批准，6 年后该客户平均拥有 18 笔贷款或信用额度。从破产申请时的 7 笔贷款到 6 年后的 18 笔贷款，这意味着借款人在破产后仍能获得信用，银行对有破产记录的借款人的信用审查无疑会更为严格，也就是说，借款人在这 6 年时间内的信用表现必须无懈可击，否则他们根本无法获得信用。没有证据表明借款人没有还款意愿。因此，借款人还款能力的丧失源于某些人生事件或灾难，主要是因为失业，这或许可以解释 1991～1992 年的经济衰退中呆坏账核销率持续上升的原因①。

20 世纪 90 年代的经济繁荣期

20 世纪 90 年代的经济繁荣期在呆坏账核销率上具有两个显著特征，一是在 1995～1998 年期间，核销率持续上升；二是在 1999～2000 年期间，核销率持续下降。如何解释这种现象呢？本轮经济繁荣见证了美国历史上失业率最低的时期。核销率在 1995～1998 年期间持续上升，最可能的原因在于个人破产申请的批准率大幅提高。示例 13.3 展示了各年的个人破产数目。

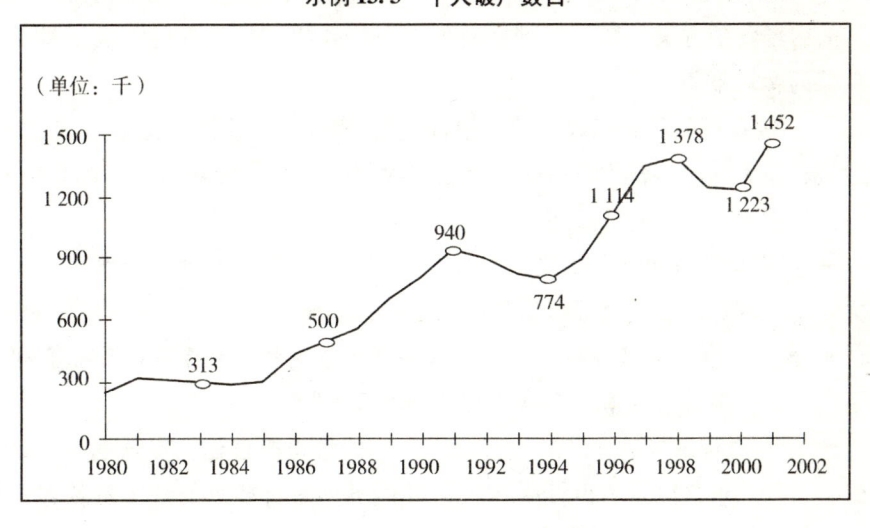

示例 13.3　个人破产数目

由于信用卡债务很容易发生，并且很容易通过破产得到勾销，随着个人

---

① 在 2001～2002 年的经济衰退期，呆坏账核销率也持续攀升。

破产数目的上升，个人破产对信用卡业务核销率的影响越来越大。个人破产对担保贷款如汽车贷款和住房抵押贷款的影响很小，这是因为银行可以收回违约客户的汽车和住房，因此这两类担保贷款的核销率并没有像信用卡业务那样明显上升。

管理全国性的经济衰退

一国经济的总体状况只是影响消费信贷业务质量的诸多因素中的一个。事实上，银行的管理水平对消费信贷业务也有十分重要的影响。对消费信贷业务质量具有重要影响的其他因素包括：

- 客户获取流程的准确性和完善性。从统计意义上进行推导并予以验证的客户筛选系统是完善的客户获取流程的必要组成部分。某些银行的信用卡组合的核销率高达15%（卡龄为18个月），另一些银行卡龄相同的信用卡组合的核销率仅为3%～4%（后者的客户获取流程十分保守）。两家银行在信用卡业绩上的差异可归因于两家银行不同的目标市场定位、客户筛选标准及客户筛选流程。
- 为鼓励优质客户使用本行信用卡所实施的相关实务。包括与客户保留相关的市场营销方案，提供管理完善的业务操作以支持客户的相关活动，以及良好的客户服务。
- 高效运行的贷款回收部门。银行应充分利用贷款回收人员的工作时间，并给贷款回收部门配备优质员工。贷款回收部门应使用最新的信用评分系统，并将工作重心放在最有可能还款的客户身上。
- 客户与银行建立合作关系的时间长短。与老客户相比，新客户的风险更大。新老客户的比例对银行的利润水平也有影响。
- 客户组合的地理分布。不同地区的经济发展状况和个人破产率有很大的不同，具体信息可参考第7章"贷款回收战术"。
- 银行对贷款发放标准的执行力度。比如禁止擅自延长贷款期限，禁止降低首付款要求，以及不得接受相关条件达不到银行要求的汽车贷款客户和第二抵押贷款客户。一旦降低贷款发放标准，汽车贷款违约客户的平均损失可能会增至原来的三倍，比如损失率从0.5%增至1.5%；住房抵押贷款的核销率也可能会超过1%。

消费者一般具有一定的自律性。比如在面临财务困难时，消费者会主动削减开支,延迟可自由决定的购买(Discretionary purchases),为及时还债,消费者愿意紧衣缩食艰难度日。如果消费者不具备这样的还款意愿,整个信用系统将全盘崩溃,因为在消费者对自己的债务缺乏责任意识的情况下,所有贷款回收工作都是无用功。换句话说,消费信贷业务的成功要求银行密切关注业务的具体细节,并严格遵循本书中列出的若干原则。在消费信贷管理不到位的情况下,相关人员很容易盲目追随最新的潮流,放松贷款审批标准,最终给银行带来巨额损失。

消费信贷管理中的第一要务是制定合适的管理流程,以使一切业务活动尽在银行的掌控之中。对全国性的经济衰退提前做好准备也是消费信贷管理流程的内在组成部分,当然并不是最重要的组成部分。

地区性的经济衰退

地区性的经济衰退对消费信贷业务也有很重要的影响。全国性的经济衰退并不常发生,相比较而言,地区性的经济衰退发生的频率要大得多。以美国为例,不同地区曾相继发生过程度不一的地区性经济衰退,如下所示:

- 低/高油价对美国西南部地区和其他产油州的经济衰退/繁荣周期有显著影响。
- 随着产业转移以及自动化生产线的引入,中西部地区的制造业遭到毁灭性的打击。
- 股市在1987年和1989年两次跳水,这给纽约市的经济造成了不小的负面影响。
- 农产品价格下跌、严重的干旱以及农作物歉收等情况对农业州的经济有很大的负面影响。
- 2000年能源成本的上涨对加州的经济也带来了负面影响。

总之,如果客户组合高度集中在正发生经济衰退的地区,银行的消费信贷业务可能会暂时面临困难;如果情况正好相反,那么地区经济的繁荣也能使银行从中受益。银行应密切关注地区经济数据,当然国民经济数据也不容忽视,但与后者相比,地区经济数据与银行业绩间的相关性更高。

经济衰退期的消费信贷管理

如前所述，经济衰退是消费信贷管理所面临的一项挑战，为更好地应对这项挑战，银行可以采取一些专门的举措。在经济面临全国性或地区性衰退时，高级管理层务必谨慎，并与董事会协商应对经济衰退的管理举措。

下面列出了银行在经济衰退期可以采取的消费信贷管理举措。

界定问题所在

第一步是定期分析（比如每季度进行一次这样的分析）全国性和地区性经济衰退的关键指标，以明确界定问题所在。关键经济衰退指标可以由银行内部的相关部门选定，也可以根据常识选取，比如最近的工业产值、新住宅的销售情况、失业率、零售销售数据、分期偿还贷款的发放情况、通胀率、制造业订单、存货水平以及其他指标等。根据这些指标所揭示的信息，银行可以回答以下问题：

- 该次衰退是全国性的还是地区性的？如果是地区性经济衰退，哪些地区会受到这次衰退的影响，哪些地区不会受影响？
- 该次衰退是仅影响到一两个主要行业如农业、汽车工业，还是对很多行业都有影响？
- 该次衰退有多严重？与上次衰退相比，本次衰退的严重程度如何？
- 政府为解决经济衰退问题采取了哪些举措？政府是否在动用一切可行的财政政策和货币政策来刺激经济发展，抑或政府认为相比经济衰退，通货膨胀问题更为严峻，因此所有政策的重点均放在抑制通货膨胀上？
- 本轮经济衰退预计会持续多长时间？哪些经济信号能表明经济正在从衰退中复苏？

制定行动计划

管理层应就经济衰退制定出一份完善的行动计划，计划中应列出将采取的各种举措。比如行动计划中可以列示以下内容：

针对经济衰退时准备接受的新客户

- 短期内，暂停面向经济严重受损地区的所有促销活动。
- 将受经济衰退影响较为严重的目标客户群从银行的客户清单中删除，比如房地产经纪人、汽车销售员等将不再是银行的目标客户对象。
- 提高客户筛选标准，严把客户质量关。
- 加大对信用评分系统的检查力度，确保信用评分系统的有效性。如果信用评分系统的区别力仍很可靠，在经济衰退环境下银行应适当提高信用评分阈值水平，以免因经济衰退导致呆坏账核销率过高。如果检查中发现信用评分系统的区别力低于预期水平，银行应立即着手使用新的标准来开发新的信用评分模型，银行也可以转而使用一般信用评分模型。在经济衰退时期，一般信用评分模型也许能更好地满足银行的需要。
- 提高债务负担标准。
- 提高对担保贷款的首付款要求。
- 在经济衰退时期，应对更多的客户采用两种信用评分系统进行评分。也就是说，除了使用银行的定制信用评分模型进行评分之外，银行通常还应使用信用档案公司的一般信用评分模型对信用质量不是那么确定的客户进行第二次信用评分。综合使用两种信用评分模型能提高信用评分结果的可靠性，这一点在经济衰退期显得更为重要。
- 对新客户应分配较低的信用限额和较短的信用宽限期。除非行为评分结果表明该客户的信用消费十分频繁且还款非常及时，否则就不应考虑提高该客户的信用限额。
- 某些职业受经济衰退的影响较大，对这些职业应设定较高的上行超驰比率；或者在有迹象表明客户的债务负担过大时，也应允许较高的上行超驰比率。

针对受经济衰退影响的现有客户

- 提前实施贷款回收活动（贷款回收活动的实施要么以主观判断为基础，要么以信用评分结果为基础），以在竞争对手之前联系到客户，从而提高本行的偿债优先级。
- 给贷款回收员提供足够的灵活度，在客户暂时面临财务困难时，贷款回收员可以自行批准客户只偿还部分贷款或降低客户的每月还款要求。
- 在提高信用限额、延长信用期限或向现有客户提供新产品前，有必要先提高业绩评分标准，只有达到新的评分标准要求的客户才有资格获得额外的信用。银行应使用新的测试组和控制组样本来验证新的评分标准的有效性。

● 调查信用档案公司的客户业绩记录（比如信用档案公司给出的客户行为评分），以明确客户在其他银行处是否有逾期贷款未偿还。根据调查结果，银行可能需要采取以下行动：

◇ 除了盈利能力最强或信用质量最优的客户之外，暂缓或停止给其他客户提高信用限额。

◇ 淘汰信用评分较低的客户。这种淘汰应以银行自己的业绩记录为准或以客户在其他银行处的业绩记录为准。银行必须向客户解释其被淘汰的原因（如果客户履行了其对银行的承诺，仅因为客户的信用评分较低而遭淘汰，这种情况势必会引起客户的不快），只要银行的行为符合法律要求且与银行的既定政策保持一致，银行就有权淘汰不理想的客户。

◇ 如果合同条款允许，银行可以降低某些客户的信用限额，或者在条件合适时强化针对评分较低的客户的贷款回收活动。

◇ 加强对个人破产的控制，使用训练有素的专家和律师向打算申请个人破产的客户提供替代解决方案，防范客户在破产申请中的欺诈行为和夸大行为。

◇ 对间接消费信贷业务，应更为经常、更为仔细地审查经销商、经纪商或零售商的非正式业绩指标，比如是否开始裁减销售人员，是否有连锁商店关门，以及存货水平是否居高不下。尽量终止与高风险经销商（经纪商或零售商）或无利可图的经销商间的业务关系，比如通过在经销商间引入竞争机制，使经销商实现优胜劣汰，或者一旦发现经销商有欺诈嫌疑，立即终止与该经销商间的所有业务往来。如果出于某些原因以致银行无法淘汰掉这些经销商，那么银行一定要严密监控与这些经销商间的业务关系，在给这些经销商提供贷款时更是要万分小心。

◇ 对质量较好的长期客户，应给他们提供强有力的支持以帮助这些客户顺利度过难关。在客户面临困难时银行伸出的援助之手是提高客户忠诚度的有效武器。

实施行动计划

在相关经济指标表明经济的确已进入下行周期时，银行就应着手实施该行动计划。千万不要等到政府部门正式宣布经济衰退时才开始实施行动计划，这时实施行动计划为时已晚，达不到应有的效果。例如，在 1990~1992 年的经济衰退中，等到官方正式宣布经济衰退时，本轮经济衰退已基本步入尾声。等到官方的正式宣布出台，经济衰退大体已告结束。

恢复消费信贷业务

在经济衰退已见底时，比如在月度或季度经济数据不再继续下滑时或略有上升时，银行就应谨慎恢复消费信贷业务（与衰退前相比），尤其是在受衰退影响较为严重的地区，消费信贷业务的恢复更应及早着手进行。当然，这么做的假设前提是，政府正在积极地刺激经济发展，在受衰退影响的各个地区，地方政府当局已在着手解决经济衰退所导致的各种问题，并且这些问题完全可以得到解决，而经济的下滑只是暂时性的。如果这些假设前提能得到满足，那么一旦经济有复苏的迹象，银行应在第一时间抓住机会，积极恢复消费信贷业务，获取更多的市场份额。与市场形势彻底好转时众多银行一窝蜂地追逐市场份额相比，在经济衰退见底时果敢地进入市场无疑需要更大的勇气。幸运的是，市场往往会给这种勇气提供丰厚的回报，例如，在石油价格急剧下跌以致得州的经济遭到毁灭性打击时，万国银行（NationsBank，已与美国银行合并）准确地把握住了得州经济的反弹点，果敢决定进入得州市场，并从这一市场行动中获得了巨额回报。

美国经济遭到万劫不复的毁灭性打击（即发生极为严重的经济衰退，以致任何刺激经济复苏的政策都很难取得立竿见影的效果）的可能性永远存在，当然我们都希望这种情况最好不要发生。过去真的能够预测未来吗？没有人能确切地回答这个问题。然而，回顾过去 30 年（现代消费信贷业务的生命周期）的经济发展史，世界范围内的经济衰退并没能阻挡人类前进的步伐。事实上，对大胆、果敢的银行来讲，经济衰退反而提供了一个全新的业务机会。如前所述，对银行而言，持续关注地区性的经济衰退更为重要，管理经济衰退的能力是对银行业务素质的一大挑战。

衰退评分

在经济衰退期，银行面临的一个关键问题是：贷款申请信用评分系统的区别力是否像预期的那样有效或像先前一样有效？如果信用评分系统的有效性大打扣,银行就有必要放弃该评分系统,转而采用其他的评估方法。如果信用评分系统的有效性没有受到任何影响,银行可以继续使用该系统辅助信用决策的制定。研究发现,在发生经济衰退时,经过严格验证的信用评分系统的有效性不会受到负面影响,然而与每一评分水平相对应的贷款申请人的质量会下降。示例13.4展示了经济衰退对坏账率的影响。

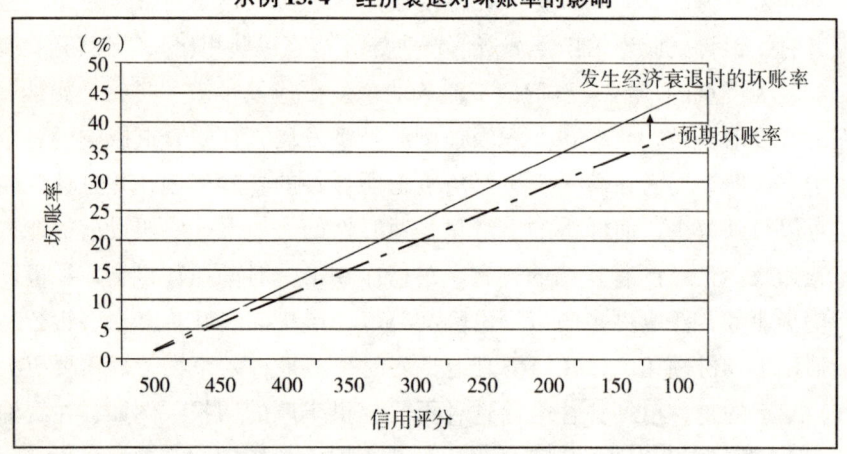

示例13.4 经济衰退对坏账率的影响

银行发现,在经济繁荣与经济衰退期使用相同的信用评分卡会降低经济衰退期的贷款审批率。这是因为在经济景气较差时,申请贷款的潜在客户数目较少(在经济困难时期,大部分人都会缩减开支),并且由于贷款申请人的信用特征一般会因经济衰退而恶化,因此通过信用审查的贷款申请人会比较少。

在经济衰退期,银行应更为细致地审查信用评分结果,审查中应利用所有可行的测试,如样本总体稳定性测试、信用特征稳定性测试、实际业绩测试、按信用评分范围划分的贷款逾期率测试等。如果信用评分系统的有效性未受到任何负面影响,银行应适当提高信用评分阈值水平,以反映经济衰退期贷款申请人的信用质量普遍下降这一事实。当然,信用评分阈值水平也不能设定得太高,否则大量优质客户可能会遭到银行拒绝,而坏账率并不能得到明显改善,这对银行来讲显然得不偿失。

小　结

至此为止，本书已完成了对零售银行消费信贷管理的讨论。下面的消费信贷管理"十诫"简单地总结了本书的内容：

消费信贷管理"十诫"

1. 信誉是银行始终应坚持的信条。单纯追求业务量或业务的增长都不可取，质量是消费信贷管理的命脉。
2. 信用政策应与信贷法律保持一致。
3. 了解本行的产品，细化产品盈利能力分析。
4. 充分利用经过验证的信用评分系统的各项功能。
5. 管理信息系统的第一要义是准确性和及时性。
6. 某些产品可能无法很快带来盈利，某些产品方案可能会以失败告终，这些都是业务发展过程中的必然经历，不必太过在意。
7. 并不是所有的投入都能获得回报。错误定位的目标市场可能会使银行毫无所获，但只要银行能认真吸取教训，将这种错误发生的可能性限制在最小的范围内，消费信贷业务的总体盈利能力就不会受到影响。
8. 比较实际业绩与预测业绩，并进行差异分析，明确差异发生的原因。
9. 严格控制贷款额度价值比，确保在债务人违约时可以合法收回债务人的资产。
10. 目标要现实且可以实现。不现实的目标只会打击员工的积极性。

最后，希望在本书的帮助下，中国的零售银行在消费信贷管理上能取得质的突破。果真如此，作者将甚感欣慰。